DESIGN THINKING

디자인 씽킹

인간, 조직, 기업의 이노베이션

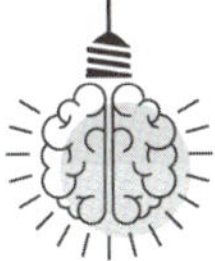

DESIGN THINKING

디자인 씽킹

인간, 조직, 기업의 이노베이션

곤노 노보루 저 노경아 역

나건 감수(홍익대학교IDAS 디자인경영학과 교수)

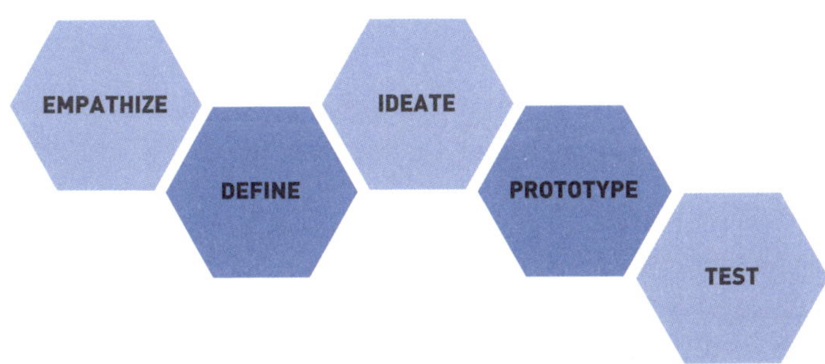

머리말

백 년이 지난 후에 현재를 돌아본다면, **21세기 산업사회 전체를 아우를 수 있는 콘셉트는 '디자인'일 것이다.** 지금부터 이와 같은 관점에서 '디자인 시대'의 경영에 대해 생각해 보았으면 한다. 어째서 디자인이 중시되는가. 그 배경과 의미에 대해 알아보고, 디자인을 지적 기반으로 하는 '디자인경영(Design-based Management)'에 필수불가결한 실천적 사고에 대해 논할 것이다.

왜 디자인인가? 그것은 20세기의 분석적이고 관리적인 경영학이 경시했던 창조성, 즉 감정적 지성과 현장성에 바탕을 둔 행동하는 지성의 회복을 가져온 지(知)의 본질이 '디자인'이라는 말에 추상적으로 집약되어 있기 때문이다.

21세기에 들어선 지도 벌써 10년, 일본의 기업들은 본격적인 재생을 부르짖는다. 그러나 세계 경제와 사회는 전에 없던 전환기를 맞고 있다. 이제 일본 기업만 분발한다고 해서 큰 변화를 기대하기는 어렵다. 내향적인 일본식 경영론과 기업론만으로는 이 상황을 타개하는 데 한계가 있다. 그러므로 위기 상황일 때 자신의 체질과 자질을 재확인하고 큰 시대의 변화 속에서 감당해야 할 역할을 찾아내어 실행방식과 사고방식을 바꾸어야 한다. 그렇지 않으면 여전한 폐쇄감에서 벗어나기 어려울 것이다.

여기에 바로 디자인의 지(知)로서의 가능성이 있다. 최근 일본 기업들을 살펴보면, 과거의 사고방식이나 업무방식을 그대로 적용해서는 그저 상황만 더 복잡하게 만드는 게 아닌가 싶다. 마치 아포리아(Aporia, 한 가지 물음에 대해 모순된 결론이 나오는 막다른 곳-역주)와도 같은 상황이다. 그렇다면 스마트한 장치나 조직 활성화 이전에 근본적인 지(知)의 쇄신, 즉 '리디자인(re-design)'이 필요하지 않을까?

그러나 이 거창한 테마를 잘 다룰 수 있을지 걱정이 된다. 디자인이라고 하면 주변 사물의 형태에 관한 디자인, 특히 상품 디자인을 떠올리기 쉽다. 물론 그 역시 디자인의 일면이다. 그러나 디자인의 본질적인 의미와 가치는 형태로 표현되기까지의 콘셉트. 제품과 서비스를 구성하는 많은 요소 간의 관계를 형성하는 힘, 즉 조직화하는 힘에 있다. 디자인은 인간의 힘을 활용하면서 가치를 창출하는, 지금 시대에 적합한 사고법이자 실천적 '지(知)'라고 할 수 있다.

디자인은 '디(de)'+'사인(sign)', 다시 말해 기존의 의미(기호)를 부정하고 바꾸는 것이다. 상식을 부정하고 눈앞의 여러 상황을 단순하게 해결하려는 '뺄셈' 방식이기도 하다. 이는 어떤 프레임워크를 적용하고, 분석하여, 일반화시키는 것과는 전혀 반대의 개념이다. **디자인은 우리의 직관, 신체, 감정, 지성을 활용하여 현장의 개별적이고 구체적인 현실로부터 가설을 만들어내고 목적을 향해 모든 요소를 종합하고 창조하는 지(知)이다.** 이는 복잡하고 불확실한 사회에 사는 우리가 반드시 체득해야 할 사고법이 아닐까?

디자인의 대상과 영역은 이미 상품뿐 아니라 서비스와 이노베이션, 그리고 비즈니스 모델에까지 미치고 있다. 우리는 보이지 않는 것을 디자인의 대상으로 삼는 '지식 디자인'의 시대에 살고 있다. 물론 전에도 그 중요성은 알고 있었지만 따로 실천하는 기업이 없었다. 그러나 이제는 경제와 경영 측에서도 디자인을 재인식하는 중이다. 다만 이들이 주목하는 것은 1980~90년대와는 달리 경제와 디자인의 조합, **인간적인 서비스 경제와 지식 디자인이라는 조합이다.**

향후 디자인이 가장 큰 부분을 차지할 영역은 전 세계적으로 지속 가능한 이노베이션이 아닐까? 이제 세계는 '과도한 제품 생산과 공급, 욕망 환기에 의한 마케팅 시대'로부터 '인간과 사회를 위한 최적의 관계와 서비스화된 기술, 사물의 본질을 모색하는 시대'로 변화하고 있다. 따라서 기업들은 각 지역 및 고객과의 관계를 바탕으로 인간 사회와 문화를 깊이 이해하고 행동해야 한다. 그런데 이를 위해서는 예전과 같은 획일적이고 이상적인 세계화 기준으로는 해결할 수 없는, 다원적인 가치의 대립과 공존이라는 어려운 문제를 극복해야 한다.

이 책은 기존에 흔히 접하던 '디자인에 관한 책'이 아니다. '지(知)를 디자인하는 시대'의 경영이라는 관점에서, ① **상품 이노베이션 등에 관한 지(知)의 방법론으로서의 디자인** ② **비즈니스 모델 등에 관한 생산 시스템으로서의 디자인** ③ **지속적인 경영 혹은 인간 중심의 경영과 리더십 철학으로서의 디자인**이라는 세 가지 측면을 분석하고 디자인의 지식 기반에 대해 생각해 보는 것이다.

PART 1의 제1장에서는 이노베이션을 촉진하는 디자인 씽킹(지식 디자인), 제2장에서는 상품 및 서비스 수준을 넘어선 가치생산 시스템으로서의 디자인, 제3장에서는 21세기의 지속 가능한 경영에 관한 디자인을 논한다.

PART 2에서는 제1장~제3장에 이어, 저자가 경영대학원과 디자인 스쿨의 프로그램으로 전개 중인 실천적 디자인경영의 방법론과 사고법을 소개한다. (1) 콘셉트 디자인 방법론인 에스노그래피(Ethnography) 등의 정성적 연구 방법론(제4장), (2) 관계성 디자인인 비즈니스 모델 디자인(제5장), (3) 시나리오에 기초한 디자인(제6장)을 차례로 설명하겠다.

이 책은 2009년 말, 도요(東洋) 경제신보사의 베테랑 편집자 오누키 히데노리(大貫英範) 씨와 다른 논의를 진행하던 중, 디자인경영에 대한 책을 내보자는 이야기가 구체화되면서 탄생했다. 그즈음 경영자들도 디자인에 대해 점점 많은 관심을 보이기 시작하던 터였다. 모 대형 IT 서비스기업 대표가 '이제는 디자인'이라면서 우리 회사 간부에게 디자인에 대한 강의를 의뢰한 적도 있다. 도쿄대학 공학부에는 i-school(이노베이션 학교)이 설립되었고, 구와사와(桑沢) 디자인연구소에서는 〈STRAMD〉라는 전략적 디자인경영 프로그램이 열렸다. 필자가 심사위원으로 있는 '굿디자인 대상'에서는 '서비스 분야 디자인상'이 새로 만들어졌다. 일반 단체들과 일본 디자인 매니지먼트 협회 등의 조직화에 대한 상담 의뢰도 계속 들어오고 있다. 거창한 일들은 아니지만, 모두 과거의 일본식 경영 현상, 모노즈쿠리(장인정신 즉 최고의 제품 만들기를 최우선하는 일본의 제조업 정신-편집자 주)에 치우친 폐쇄적 상황을 디자인으로 타파할 방법을 찾아보려는 강한 염원을 반영하고 있다.

그러나 이러한 경영이념이 일시적인 유행이 되지 않도록 주의해야 한다. 현 시대는 편리하고 재미있다고 덤벼들어도 괜찮을 만큼 녹록치 않다. 그러므로 정말 시도할 거라면 절대 '디자인 잔치'여서는 안 된다. 조금 해보다가 '어렵고, 이해도 잘 안 되고, 즉시 도움이 되지도 않아서' 그만둔다면 본질에 다다르기도 전에 관심이 사그라지고 말 것이다. 솔직히 말해 지금 디자인 세계에는 옥석이 뒤섞여 있다. 디자인에는 막연한 구석이 있어서 당장 화제가 되었다는 이유로 금세 본질을 깨우칠 수도 없다. 그러나 이 모든 어려움에도 21세기의 지(知)인 디자인의 중요성은 부정할 수 없다.

감사의 말

이 책을 엮는 데 많은 사람의 도움을 받았습니다. 그분들과의 대화를 통해 세상을 보는 방법을 배우고 깨달음을 얻었습니다.

우선 고인이 되신 소니 머천다이징 전 전략본부장 와타나베 히데오(渡辺英夫) 씨께 감사드립니다. 오랫동안 필자의 멘토가 되어 주셨습니다. 사실 처음에 이 책을 쓰고자 결심한 것도 와타나베 본부장님의 평생 관심사였던 디자인과 지식경영에 관한 대화의 끈을 놓치고 싶지 않다는 마음에서였습니다.

구와사와 디자인연구소 소장이신 우치다 시게루(內田繁) 씨, 구와사와에서 〈STRAMD〉를 주최하신 나카니시 모토오(中西元男) 씨(와세다대학 전략디자인연구소 객원교수), IFI(패션산업 인재육성기구) 비즈니스 스쿨 전 학장이며 유학시절 선배이기도 한 오하라 요코(尾原蓉子) 씨, 도쿄대학 대학원 공학계 연구과 교수이자 i-school 창설자인 호리 히데유키(堀井秀之) 씨, i-school 디렉터인 나카무라 오키(中村大) 씨, 전 교세라(京セラ) 회장이자 현재 도시샤대학 대학원 객원교수인 니시구치 야스오(西口泰夫) 씨, 그리고 일본 선마이크로시스템즈의 전 대표 야마다 히로히데(山田博英) 씨를 비롯한 많은 분들께서 비즈니스에 관한 디자인 지(知)의 의미를 다양한 기회를 통해 확인하게 해 주셨습니다.

이 책에서 소개하는 디자인 씽킹, 비즈니스 모델, 시나리오 플래닝 방법론에 대해서는 IDEO 연구원이며 스탠퍼드 대학교수인 배리 케이츠(Barry Katz), 알렉스 오스터왈더(Alex Osterwalder, 로잔대학), 제이 오길비(Jay Ogilvy, GBN 공동창업자) 씨에게서 각각 큰 도움을 받았습니다.

지식 디자인 또는 디자인 씽킹에 대한 고찰은, 지식경영의 스승이신 히토쓰바시(一橋)대학 명예교수 노나카 이쿠지로(中野郁次郎) 선생님의 지도에 기반을 두고 있습니다. 더불어, 다마대학 지식리더십 종합연구소(IKLS)의 도쿠오카 고이치로(德岡晃一郎) 소장을 비롯하여 동 연구소에 재직 중인 파워블로거 하시모토 다이야(橋本大也) 객원교수님, 그리고 가타오카 유지(片岡裕司) 씨, 야마나카 겐지(山中健司) 씨, 시바타 유스케(柴田裕介) 씨 등 객원연구원들에게도 많은 지원을 받았습니다.

또 필자의 수업을 들으면서 콘셉트 디자인과 시나리오 플래닝 연구에 관한 워크숍에 참가했던 다마대학 대학원생들과 졸업생 여러분께도 감사를 드립니다. 졸업생 중 가나리 세무회계사무소의 가나리 유코(金成裕行) 씨에게는 디자인의 관점에서 본 회계 시스템 평가에 대한 조언을 얻었습니다. 무코에 분석실의 무코에 미오(向江美緒) 씨에게는 현장 작업에 관한 도움을 받았습니다.

무엇보다 KIRO(지식이노베이션연구소)의 컨설팅 및 리더십 프로그램을 통해 도움을 주신 많은 기업인들, 닛켄(日建)설계의 Team-X 여러분에게도 이 자리를 빌려 감사를 드립니다. 그리고 오누키 씨와 오누키 씨를 소개해 주신 가츠키 나미코(勝木奈美子) 씨에게도 감사드립니다.

마지막으로 영국헌장 디자이너협회 회원(FCSD)이기도 한 내 아내 곤노 구미(紺野久美)의 조언, 두 아들 데루히사(晃久), 겐지(兼史)의 응원이 없었다면 이 책을 완성할 수 없었을 것입니다. 정말 고맙습니다.

곤노 노보루

추천사

본 책에 대한 추천의 글을 시작하기 전에 먼저 이렇게 좋은 책이 한글로 번역되어 국내 독자들에게 소개될 수 있다는 것에 대하여 저자와 역자에게 감사의 마음을 전하고 싶다.

최근들어 디자인의 중요성은 디자인계는 물론이고 대기업과 서울, 경기도 등 지방자치단체, 그리고 중소기업을 넘어서 1인창조기업에까지 알려지고 전략적으로 활용되고 있다. 디자인의 중요성은 이론적 단계에서부터 애플의 성공 사례를 중심으로 활용의 단계에 접어들고 있다. 그러나 디자인을 통한 성공은 쉽게 그리고 누구나 원한다고 해서 이룰 수 있는 것은 아니다. 디자인의 성공적 활용을 위해서 무엇보다도 중요한 것은 최고의사결정자를 비롯한 많은 관련된 사람들의 디자인 씽킹이다. 즉, 문제에 대한 시스템적 접근과 시각화 능력이다. 디자인 씽킹을 가지고 구성원들 사이의 원활한 소통과 이를 통한 그룹의 창의성을 이끌어내어야만 디자인을 통한 창조경영이 가능하다. 그러나, 디자인 씽킹의 선행조건은 디자인 마인드셋(Mind Set)이다. 이는 모든 것을 디자인 관점에서 보려는 적극적 노력을 의미한다.

'창조경영을 위한 디자인 씽킹'은 기존의 책들과 다르게 디자인 씽킹을 현대인들이 가져야 할 중요한 지(知)로서 간주하고 이를 활용하여 이노베이션을 낳을 수 있는 방법을 아주 구체적이고 체계적으로, 그리고 Reader-friendly(독자친화적)하게 제시하였다. 특히, 새로운 비즈니스 모델을 디자인하고 시나리오를 통하여 그 가능성을 미리 예측할 수 있도록 해 줌으로써 '새로운 비즈니스 모델'을 찾기 위해 불철주야(不撤晝夜) 노력하는 기업들에게 많은 도움이 될 것을 확신한다.

나 건(홍익대학교 국제디자인전문대학원 디자인경영학과 교수)

Innovate by Design-based Management

DESIGN THINKING

디자인 씽킹

목차

수년 전 나는 애플 iPod의 가치는 하드웨어뿐 아니라 소프트웨어 및 서비스와의 삼위일체에서 나온다는 글을 쓴 적이 있다. 그리고 일본 기업은 이런 측면에 약하다는 이야기도 덧붙였다. 그 후, 많은 사람이 이 이야기가 마치 기본 지침이라도 되는 듯 비슷한 주장을 펼치고 있지만, 좀처럼 실천으로 이어지지는 않았다. 사실 여기서 말하는 실천이란 하드웨어, 소프트웨어, 서비스를 하나로 잇는 디자인 행위 그 자체가 아닐까?

20세기 산업의 키워드는 진보(Progress), 분업적 노동과 테러리즘, 품질 관리, 상품 생산 등 대부분 공장과 사무실에 관련된 것이었다. 그런데 최근에는 '디자인 씽킹'이 하나의 중요한 키워드로 꼽힌다. 가치 현장과 접근방식이 달라진 탓에 고객과의 상호작용, 다양한 요소의 네트워크 및 협업 등이 중요해진 것이다. 그렇다면 이제 21세기 지식사회 경제에서 가장 중요한 말은 '디자인'이 아닐까? 디자인의 지(知)를 지닌 기업

지(知)를 디자인하는 시대

과 개인이 새로운 가치를 창출한다. 이미 우리 주변에서 그런 변화가 꿈틀대고 있다. 이런 현상은 과학 분야도 비슷하다. 17세기부터 내려온 실증과학이 20세기 들어 양자역학 등의 새로운 과학으로 교체되었다. 이뿐만 아니라 경영 분야 역시 이러한 차세대 지(知)로의 변화가 시작되고 있다. 이제 본질적인 발상의 전환이 필요한 시기가 온 것이다.

PART 1에서는 디자인을 '상품을 디자인'하는 것이 아닌 '경영을 위한 지(知)'로 풀어본다. 상품 및 서비스 단계의 디자인 씽킹과 혁신을 촉진하는 기법으로서의 지식 디자인(제1장),

상품 및 서비스 단계를 넘어선, 비즈니스 모델 혹은 가치생산 시스템으로서의 디자인(제2장),

그리고 21세기 경영에 큰 의의를 지니는 지속성 혹은 지속 가능한 경영에 관한 디자인 마인드(제3장)를 함께 생각해 보자.

Chapter 1

지식 디자인과 디자인 씽킹

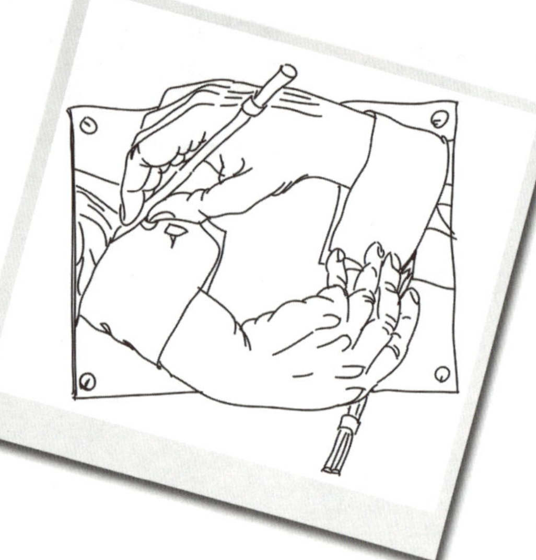

오른쪽 그림은 네덜란드의 판화가 에셔(Maurits Cornelis Escher)의 작품인 '그리는 손' (1948)을 모사한 것이다. 이 작품은 두 개의 손이 서로를 그리고 있는 특이한 구도로 되어 있다. 회화는 창조적이긴 하지만 3차원의 사물을 2차원에 집어넣어 속박한다는 모순이 있다. 그런데 이 그림 속의 손은 그 고정관념을 깨려는 것으로 보인다. 하지만 정말 고정관념을 깨고 싶다면 일단 손이 움직여야 할 것이다.

1.1 모순을 극복하는 지(知)

창조적 조직문화에 매진하는 기업

지금 이 책을 읽는 독자의 회사는 몇 번이나 이노베이션을 거쳤는가? 이노베이션이란 말을 쓰지 않아도 괜찮다. 다시 말해, 평소에 고객에게 얼마나 자주 신개념이나 새로운 방식을 선보이고 있느냐는 것이다.

스페인 회사인 인디텍스가 전개하는 세계 최대의 패스트 패션(Fast Fashion) 브랜드 '자라(Zara)'(참고로 패스트 리테일링의 유니클로는 5위)에서는 신상품이 약 2주, 빠르면 1주 안에 개발되어 전 세계 매장에 유통된다. 신속하고 타이밍에 맞는 상품 개발로 고객의 구매를 유도하여 재고를 가능한 한 적게 남기려는 방식인데, 이를 가능케 하는 것이 바로 디자인에서 마케팅에 걸친 기능 횡단적이고 국제적인 커뮤니케이션이다.

이런 패션 제조 소매업(SPA ; Specialty store retailer of Private label Apparel)에는 글로벌한 연구개발팀과 생산·조달, 판매팀 조직이 필요하다. 전에 싱가포르의 최신 쇼핑센터에 가보았더니 유니클로가 방한의류를 판매하는 중이었다. 적도에 가까운 나라에서 겨울옷을 파는 것이 이상해 보였지만, 알고 보니 싱가포르의 부유층은 해외에서 스키를 즐기기 때문에 방한의류가 부의 상징이라고 한다. 이런 점에서 유니클로는 이미 저가상품 소매업이 아니라 새로운 기술을 속속 시장에 내놓는 이노베이터라 해야 할 것이다. 싱가포르 사람들은 유니클로의 상품을 통해 미처 몰랐던 라이프스타일, 새로운 이노베이션을 접하게 된 것이다. 패스트 리테일링의 업무 현장 또한 매우 활기찬 것이 특징이다(곤노 2008).

네슬레(NESTLE)와 페리에(Perrier), 킷캣(KitKat) 등 세계적인 식품 브랜드를 거느린 스위스의 세계 최대 식품회사 네슬레그룹은 메일을 등록한 회원에게 매달 막 발매한 신제품과 리뉴얼 제품을 보내준다. 네슬레는 역사가 140년에 이르는 거대한 기업이지만 이에 안주하지 않고 세심하게 소비자 니즈를 파악하여 경쟁사보다 앞선 신제품을 도입하기 위해 열정적으로 활약하고 있다. 사내에서는 이를 위해 사원 교육을 장려하고 프로젝트팀의 활동이 활발하게 이루어지도록 지원한다. 또한 패스트팩(FastPack)이라 불리는 아이디어 창출 과정을 도입해서 몇 주 안에 신상품 기획을 내놓는 시도까지 하고 있다. 가령 일본에서는, 지역사회를 겨냥하여 수험생을 위한 '필승 합격'(일본어 발음인 킷토캇츠는 브랜드명인 킷캣의 발음과 비슷함-역주) 홍보 활동을 벌여 화제를 모으기도 했다. 네슬레는 단기적인 주주 이익 최대화에 부정적이며, 무엇보다도 '사원이 가장 중요한 자산'이라는 철학에 따라 운영된다.

이러한 지속적이고 조직적인 이노베이션은 이전보다 더 밀도 높게 이루어지고 있다. 지역이나 업종과 상관없이 말이다. 21세기 비즈니스에서는 일반적인 기업 활동의 수준을 넘어선 고객 가치창출 활동, 또는 조직적 이노베이션이야말로 경쟁에서 우위를 점할 수 있는 원동력이기 때문이다. 따라서 궁극의 테마는 바로 창조적 조직으로의 전환이다.

1980~90년대의 세계 경제에서는 비용과 통제에 능하고 분석력이 강한 기업이 우위를 차지했다. 이러한 기업들의 대표적인 것이 바로 일본의 제조업이다. 왜냐하면 비교적 안정적인 시장에서 점유율을 획득하는 데에는 고품질의 상품 생산력과 경쟁력, 그리고 비용과 통제가 효과적이었기 때문이다. 또 이 시대(80~90년대)는 분석력과 논리적 사고를 필요로 하는 경영의 시대이기도 했다. 그 대표적인 것이 미국의 금융 서비스업이었다. 그런데 일본 모델과 미국 모델, 둘 다 한계에 직면하게 된 것이다.

이들을 대신하여 창조성과 이노베이션경영이 새로운 기업경영 신조로 떠올랐다. 그리고 현재 전 세계의 기업이 이노베이션 능력을 지닌 조직으로의 전환을 꾀하고 있다. 급변하는 산업구조로 말미암아 선택의 여지도 없이 말이다.

타타그룹 내 타타품질경영서비스社 CEO인 수닐 싱하(Sunil Sinha) 대표는 비즈니스 위크지를 통해 "우리에게는 이노베이션의 민주화가 필요했다."라고 말한 바 있다. 타타자동차는 소형차 '나노'의 도입으로 세계적인 화제를 모은 성공한 기업이지만, 이젠 거대한 복합기업이 전부 이노베이션 기업으로 전환하려 하고 있다. 또한 타타그룹은 21세기부터 지식경영(Knowledge

Management)에 주목하여, 지식창조 이론과 지식경영에 대해 꾸준히 학습하고 있다. 산업구조가 달라졌기 때문에 타타그룹도 어쩔 수 없이 주요 산업을 중공업 등에서 IT 서비스 등으로 전환해야 했던 것이다.

타타가 내부적으로 TGI(Tata Group Innovation) 포럼을 개시한 것도 이런 배경 때문이다. TGI 포럼은 상급 간부 열 명 남짓으로 구성되며, 타타그룹 내 이노베이션 조직문화의 양성을 그 목적으로 한다. 1980~90년대 세계 기업들은 비용과 통제로 성장할 수 있었지만 앞으로는 이노베이션이 성장의 원천이 될 것이다. 타타는 바로 이 점을 확신했던 것이다.

그래서 그들은 일단 세계적 이노베이션 이론의 구루(Guru, 대가)로 불리는 사람들을 불러 조언을 구했다. 그리고 유럽과 미국, 일본의 이노베이션 기업을 방문하여 선진 사례를 배웠다. 충분한 학습을 통해 '우리도 할 수 있다'는 자신감이 생기자 그다음에는 소수의 이노베이션 워크숍을 개최했다. 그러고는 그 수를 서서히 늘려갔다. 이러한 타타의 이노베이션 조직문화 형성 과정이 세계 최소의 사륜차 '나노'와 같은 이노베이션을 촉진했다는 것은 새삼 말할 필요도 없는 사실이다.

모순을 극복할 방법론의 요청

이러한 이노베이션 시대에 가장 적합한 경영 및 조직의 지(知)란 바로 디자인이다. 왜일까? 이노베이션이란 원래 일반적인 기업 활동을 넘어서는, 모순으로 가득한 활동이다. A인가 B인가, 일반적으로 둘 중 하나밖에 생각할 수 없는 대립적인 요소를 타협 없이 연결하는 활동인 것이다. 이때 반드시 현실적이면서도 창의적인 시선으로 문제를 조망하여 해결해야 한다. A와 B에 대입할 수 있는 요소로는 이런 예가 있다. 효율적 생산과 개인고객 대응, 저가격과 고가격, 기술 지향과 사회 지향, 사업 유지와 혁신, 효율성과 창조성, 관리적 경영과 창조적 경영……. 이러한 모순을 뛰어넘어야 이노베이션이 탄생한다. 그런데 이러한 요소는 대부분 양자대립 또는 이율배반의 관계에 있다. 이들을 아무리 분석해도 모순은 해소되지 않는다. 오히려 모순이 더 극명해질 뿐이다.

그러므로 새로운 결합은 방관자적 분석으로는 나오지 않는다. 개별 현장과 현실을 접해야 비로소 단면을 볼 수 있다. 그래서 디자인이 눈길을 끄는 것이다. 물론 여기서 말하는 디자인은 좁은 의미의 상품 디자인을 의미하는 것이 아니다. 디자인이라는 지(知)를 통해 사람들의 관점과 사고가 바뀌고 융합하며, 아이디어가 생겨나서 시각화되고, 이노베이션이 원활해지는 등, 이런 기능을 모두 통합하여 디자인이라 총칭하는 것이다. 디자인의 지(知)와 방법이 조직문화에 미치는 효과는 심대하다.

디자인은 일반적인 사고 활동과는 다른 지(知)라 할 수 있다. 즉, 디자인은 인간의 가장 깊은 곳에 있는 능력이자, 정감과 구체적 능력을 최대한으로 끌어올리는 현장적 사고이며, 지식을 낳는 방법론이다. 또한 디자인은 사람들을 창조의 기쁨으로 이끄는 힘이 있어서 두뇌만으로는 해결할 수 없는 문제의 모순을 넘어설 가능성을 품고 있다.

이노베이션 시대가 온 것은 비단 기업의 영리활동뿐만이 아니다. 현재 전 세계에서 다양한 사회적 혁신이 사회적 창업가 등으로 불리는 신흥 벤처기업이나 비영리 단체(NPO ; Non-Profit Organization) 등에 의해 대두하고 있다. 이러한 소셜 이노베이션의 대부분이 모순적인 사회 문제를 해결하기 위한 해법으로 제시되었다. 여기서 사회 문제란 사회 내부의 모순 또는 현실과 이상 사이의 모순을 말한다. 예를 들어 물과 식료품 등의 문제를 어떻게 해결할까?

빈곤지역의 물 문제를 해결하려
면 우선 지역공동체와 주민의식
등 현장의 문제를 분석한 뒤 그에
맞는 해결책을 개발하고 또한 사
회적인 시스템과 사람들의 의식을
혁신해야 한다. 바로 여기에서 디자
인의 역할이 절실하게 요구된다.

개발도상국의 과제를 디자인으로
해결하려는 시도인 '세상을 바꾸는 디
자인전'(개발도상국에 존재하는 물, 식료품, 에너

세상을 바꾸는 디자인 – IDE의 페달식 펌프를 사용한
지역 개발 디자인(방글라데시)
제공 : IDE(International Development Enterprise)

지, 건강, 교육 등의 과제를 디자인으로 해결하자는 테마로 2010년 5~6월에 도쿄에서 개최) 등
의 이벤트는 매우 큰 관심을 끌고 있다. 이러한 '지속가능성'을 중시한 활동
이야말로 디자인이 활약할 여지가 가장 큰 영역 중 하나가 아닐까?

이노베이션에 대한 주장과 그 실천에는 거리가 있다. 가령 위에서 지시가
내려오는 형식인 하향식 접근(Top-down)으로 문제를 해결하려는 경우이다.
이때 경영진과 컨설턴트가 이노베이션에 관한 구체적인 아이디어를 얻기 위
해 직원들을 닦달하지만 대부분 성과를 거두지 못한다. 그렇다면 반대로 상
향식 접근(Bottom-up)으로 접근하면 문제가 해결될까? 아니다! 보통 직원들
은 평소에 어떤 생각을 품고 있다가 기회가 생겼을 때 자발적으로 혁신과 창
조에 나서지 않는다. 그러므로 경영자는 직접 현장에 뛰어들어 잠재적인 혁
신에 대한 열망에 불을 지펴 주어야 한다. 목소리만 높일 것이 아니라 그런
조직문화를 만들어가는 것이 중요하다.

이런 조직문화가 뒷받침되어야 디자인과 같은 창조적인 방식이 파고들어

갈 여지가 생긴다. '바람과 해님'이라는 우화에서 알 수 있듯이 긍정적인 조직문화를 만들어 나가기 위해서는 디자인이 효과적이다.

이노베이션을 촉진하는 장

〈비즈니스 위크〉지는 해마다 '세계에서 가장 혁신적인 기업'을 선정하고 있는데, 2009년도에는 애플, 구글, 도요타, 마이크로소프트웨어, 닌텐도, IBM, 휴렛팩커드, 노키아 등이 상위에 올랐다. 이들은 모두 디자인과 관련이 깊은 기업이다. 타타, 그리고 화학기업인 릴라이언스 인더스트리즈(Reliance Industries) 등의 인도 기업도 15위 안에 등장했다. 그중에서도 독자적 이노베이션과 디자인을 심도 있게 활용한 기업이 바로 미국의 P&G(Procter & Gamble)사다.

질레트 면도기나 크레스트 치약 등 수많은 브랜드를 전 세계에 팔고 있는 P&G사는, 2000년부터 9년 동안 CEO였던 A. G. 래플리(A.G Lafley) 회장을 중심으로 '코넥트 앤 디벨롭먼트'(C&D ; Connect & Development)라는 오픈 이노베이션 기법을 확립하여 사내외의 지식을 폭넓게 활용해 왔다.

C&D란 사내외의 지식을 통합하여 '더 좋게, 더 빠르게, 더 저렴하게' 제품과 서비스를 개발한다는 이념이다. C&D가 전통적 R&D(연구개발)와 크게 다른 점은 사내 연구소에서 나온 지식뿐 아니라 개인, 대학 및 기업을 네트워크화한 거대한 지식자원을 자사 개발에 활용한다는 점이다. 연간 매출이 800억 달러가 넘는 거대기업이 지속적인 성장을 유지하려면 사내 지식만으로 한계가 있음을 인식했던 것이다.

오픈 이노베이션에 대해서는 여전히 찬반양론이 존재하지만, P&G는 1837년에 창업하여 2008년에 포춘 글로벌 500사 중 순이익 기준으로 세계

39위를 차지한 유수의 기업이다. 그러므로 이런 시도는 의의가 크다고 할 수 있다. 동시에 P&G 사내에서는 일종의 도제제도를 통한 인재교육에 힘쓰며 외부와의 지(知)의 균형을 추구하고 있다.

광범위한 생활용품을 취급하는 P&G로서는 당연히 디자인은 생명과도 같다. 그러나 이는 단순히 눈에 보이는 디자인이라기보다 이노베이션의 조직적 지(知)의 방법론으로서의 디자인이다. P&G는 본사 가까이에 이노베이션 센터를 마련하여 워크숍을 열고 이노베이션 아이디어를 모집하는 등 갖은 노력을 기울였다. 이곳에 사원과 고객을 초대하고 이노베이션 서비스 회사인 IDEO(IDEO)사에도 지원을 의뢰해서 경영자의 주도 아래 이노베이션 조직문화를 양성하기 위해 힘써왔던 것이다.

그 결과, 아동을 위한 메시지를 직접 입력한 히트상품 프링글스 감자칩을 미국의 완구업체 하스브로사와 함께 만들고, 바닥청소기 스위퍼의 마케팅 모델을 타사와의 브랜드 제휴를 통해 기획할 수 있었다. 스위퍼 핸디와이퍼는 일본 유니참의 핸디와이퍼인 웨이브 핸디와이퍼를 전용(轉用)한 것이다. 〈비즈니스 위크〉는 이런 활동을 높이 평가하여 2007~2008년 두 해에 걸쳐 P&G를 '세계에서 가장 혁신적인 기업' 베스트 10으로 선정했다.

디자인으로 변혁을 시도하는 일본 기업

일본 기업도 일부에서는 이미 지(知)의 디자인을 활용하여 다양한 시도를 하고 있다. 특히 각사 연구소의 조직혁신은 중요한 과제다. 그들은 시장, 고객, 비즈니스와 동떨어진 연구소의 실정을 절감하고 종래의 '공장 문화형' 연구소에서 이노베이션 문화로 전환하기 위해 새로운 시도를 하려는 듯 보인다. 또한 경영 변혁을 위한 지식의 장(場)을 어떻게 디자인할지 계획을 세우는 것도 하나의 과제다.

〔후지필름 선진연구소〕

후지필름은 연구소라고 하는 공간의 개편 프로젝트를 조직문화 양성의 기회로 잘 활용했다. 후지필름이 연구개발의 핵심으로 2006년 4월에 개설했던 '후지필름 선진연구소'가 바로 그곳이다.

디지털 카메라 보급과 함께 필름 시장이 급감하면서 후지필름 내부의 이노베이션에 대한 요구가 거세졌다. 이는 어찌 보면 당연한 일이다. 결국 '지식을 융합하고 새것을 창조하자'라는 깃발 아래 연구소 개편이 이루어졌다. 그때 디자인이 촉매 역할을 했다. 우선 개편된 연구소의 조성을 살펴보면, 전에는 분리되었던 여러 연구소를 집약하여 상호교류가 가능한 공간을 만들었다. 새 연구소의 콘셉트는 연구자들 스스로 팀을 짜서 주도적으로 기획했는데 그 핵심이 바로 지식창조 과정을 구현하는 것이었다. 그중에서도 가장 심

후지필름 선진연구소 : 지식 카페(아래)와 터치존에서 태어난 '기술 오브제'(오른쪽 위). (제공 : 후지필름)

혈을 기울인 부분은 '지식 카페'(교류의 장) 또는 '터치존'(핵심 기술을 프로토타입으로 접하는 장)으로 불리는, 조직 내 기술자들이 연구 내용을 공유하는 장소였다. 이 터치존을 조성하는 데는 디자인 부문이 적극적으로 협력했다. 이는 각각의 연구자가 자기 연구의 중간 성과물을 영상이나 모델 등의 오브제(objet)로 제시할 수 있도록 하기 위해서였다.

터치존은 연구소 개설 후 계속 운영되고 있다. 물론 연구자가 오브제를 만들기는 쉽지 않으므로 사전에 디자인 연수를 시행한다. 예를 들어 거리를 관찰하거나 그룹으로 아이디어를 내면서 프로토타이핑(prototyping)이라는 형상화 방법을 디자이너 주도 하에 전수하는 것이다. 연수에 참가했던 연구자는 새로운 시도가 망설여질 때 다른 영역의 연구자와의 대화를 시도할 수 있고, 이로써 사내 지식자산의 융합이 이루어진다. 후지필름에서는 이처럼 누구나 갤러리에 전시된 오브제를 보고 만지도록 함으로써 한층 더 나아간 조직 횡단적인 지식의 교류가 이루어지고 있다.

〔히타치(日立) 제작소 디자인 본부〕

2010년에 100주년이 되는 히타치 제작소의 디자인 본부는 역사가 50년이 넘은 부서이다. 그런데 21세기가 되면서 그들은 기존의 백색가전 제조를 위한 디자인 부문에서 벗어나 히타치그룹 이노베이션의 허브로 거듭나기 위해 자기 혁신을 감행했다. 오자와 다카오(大沢隆男) 본부장은 '소셜 이노베이션 디자인'을 표방하고 상품 디자인이 아닌 '경험 디자인'(Experience Design, 사용자의 경험 과정을 통하여 사용자에게 최고의 경험을 제공하기 위한 디자인)을 제창했다. 그리고 그런 목적을 이루는 데 필요한 과정 및 고객 대화의 방법론을 개발하고, 나아가 새로운 장(場)을 열기(디자인 부문 사무실 이전)에 이르렀다. 그들은 장차 무형

히타치 제작소 디자인 본부의 비즈니스 오리가미. (제공 : 히타치 제작소)

의 개념과 시나리오까지 디자인할 것이다. 이를 위해서는 기본적으로 디자이너뿐 아니라 다양한 전문가와 관계자들이 대화할 장소가 필요하다. 거기서 '비즈니스 오리가미'(Business Origami, 회의 등에서 문제나 현안을 가시화하기 위해 종이 접기를 활용하는 방식-역주) 같은 독자적인 사고 지원 장치를 활용하여 혁신을 이루기 위한 디자인 작업이 진행될 것이다. 비즈니스 오리가미는 계획 중인 서비스나 비즈니스 모델의 구성 요소를 사람이나 건물 등의 장면으로 표현하고 그것들의 역할과 관계성을 기술함으로써 마치 게임을 하듯 사업을 검토할 수 있는 도구다.

〔닛켄(日建)설계〕

도쿄 스카이트리 등의 설계를 담당했던 세계 최대의 설계사무소 닛켄설계에서는 종래의 건축설계 서비스뿐만 아니라 사용자 관점의 건축 공간에 대한 경험을 디자인하여 제공한다. 그래서 Team-X라는 프로젝트팀을 만들었는데, 이는 하드웨어를 담당하는 설계팀과 협조하여 현실적인 콘셉트를 제공할 그룹 내외의 멤버들로 이루어진 태스크포스다.

그 배경에는 시행주체의 사업 환경 변화 및 복잡화, 건축물(하드웨어)을 초월한 경영적 관점에서의 디자인 서비스 등 고객 요구의 고도화, 건축설계 서비스 자체의 다양화 등이 있다. 시행주체조차 자신의 요구사양을 제대로 표현하지 못할 정도로 건축설계 서비스의 환경은 복잡해졌다. 그래서 오카모토 게이치(岡本慶一) 사장은 '전문 서비스 기업'(PSF ; Professinal Service Firm)을 표방하여 시대의 변화에 대응하려 하고 있다.

참고로 법률사무소를 비롯한 PSF 파트너를 지원하는 MPF(Managing Partners' Forum, 1995년 설립, 영국에 본사를 둔 비즈니스 컨설팅 기업)사가 발행한 2007년 보고서, 'The MPF Global 500 Annual Report 2007'에 따르면, 세계 상위 PSF 100사 중 17사가 소위 '디자인(설계계획 플래닝 및 엔지니어링)' 부문이다. 예를 들자면 대형 설계사무소, 디자인사무소, 건축 엔지니어링, 환경 서비스 등이다(닛켄은 전체 285위). 설계사무소 사업도 새로운 단계에 접어든 것이다.

Team-X의 역할은 장래 사회 · 경제의 변화를 예측하여 소비자, 사용자의 시점에서 디자인 방향성을 도출하는 것이다. 그러려면 ①시나리오 플래닝, ②에스노그래피(Ethnography) 등의 정성적 연구 방법론(PART 2 참조)이 필요하며, ③자사의 객관적 상황 등, 브랜드적 관점(소셜 매핑)의 교환을 통해 시행주체와 긴밀한 관계를 유지하면서 방향성과 콘셉트를 함께

닛켄설계 Team-X의 현장 작업.
(제공 : 닛켄설계)

책정해야 한다. 이러한 과정에서, 시행주체가 말로 표현하기 어려워서 요구하지 못했던 요건이나 혹은 시행주체 자신도 몰랐던 중요한 지(知)를 끄집어 낼 수 있다. Team-X는 이것들을 정리하여 사용자가 그 건축공간과 도시에서 어떤 경험을 할지 상상하며 디자인한다. 그것이 바로 하드웨어와 소프트웨어를 연결하는 매개체가 된다. 지금까지 닛켄은 대학 캠퍼스 및 도시 개발, 금융 영업점 등의 디자인 방향성을 결정할 때 이런 방식을 적용해 왔다.

〔산업사회의 산업디자인 타파〕

일반적으로 디자인이라 하면 그래픽 디자인의 색상과 형태, 또는 상품 디자인이나 공업 디자인 같은 사물에 관한 디자인을 연상하기 마련이다. 그러나 이들은 기본적으로 20세기에 주를 이뤘던 디자인이다. 20세기는 산업사회의 시대여서 이에 가장 적합한 상품 디자인과 산업디자인이 주목받았다. 그러나 21세기에 들어서서는, 디자인의 개념과 방향성이 크게 달라졌다.

지금 우리가 주목할 것은 20세기 디자인의 '비연속적인 연속'이라 해도 좋을 경험과 사건에 대한 디자인과 사건 속에 사물을 포함시키는 지적 방법론이다.

요즘 디자인이 화제가 되는 것만은 분명하다. 그러나 잘 살펴보면 물건의 모양이 좋다고 해서 다 잘 팔리는 것은 아니다. 보기 좋은 디자인이 성숙한 소비자의 구매에 필요조건이기는 하지만, 실제 소비와 비즈니스는 기술적 가치가 주도한다. 즉, 물리적인 제품 디자인이 소비를 주도하지는(아름다운 디자인 만 보고 사람들이 그 물건을 사지는) 않는 것이다. 물론 휴대전화 같은 제품은 소비자가 디자인을 보고 선택한다는 조사 결과가 있지만, 그것은 이미 특정한 기술과 시스템이 전제되어 있기 때문이지 절대 기술에 관계없이 디자인이 뛰

> "정말로 좋은 디자인을 원한다면 제품을 '이해'하라. 과연 어떤 제품인지, 진정으로 공감하고 완전히 이해해야 한다."
>
> 故 스티브 잡스
> (와이어드 뉴스 2005년 5월 16일)

어난 상품을 선택한다는 뜻은 아니다. 생각해보라. iTunes나 iTunes Music Store가 없는 iPod이 과연 매력적일까?

마찬가지로, 기술만으로는 매력적인 제품이나 서비스를 완성할 수 없다. 기술의 지(知)가 있어도 시장에의 지(知)가 없으면 그 우위성을 잘 조합하여 가치를 창출할 수 없기 때문이다. 그 요소들을 연결하는 것이 바로 디자인의 본질이다. 그러므로 디자인과 엔지니어링의 연계·융합이야말로 21세기 비즈니스의 성공법칙이라 할 수 있다. 기술 측에서는 디자인적 요소를 흡수해야 하고, 디자인 측에서는 새로운 디자인 환경에 눈을 떠야 한다.

작고한 애플의 전 CEO 스티브 잡스는 디자인보다 중요한 것은 없다고 생각했다. 물론 그가 말하는 디자인은 그저 피상적인 디자인이 아니다. 그는 '디자인은 인간 창조물의 근본적인 혼(Soul)이며, 그것(디자인)이 결국 제품, 서비스의 외양에까지 나타난다.'라고 주장했다. 이를 설명하자면, 겉모습으로 디자인을 평가하는 것은 '베니어합판'의 겉면만 보는 것과 같다. 좋은 디자인이란, 내면의 콘셉트와 그에 따른 기술적 관련 요소, 부품, 소프트웨어, 시스템, 서비스, 그리고 그 상품을 통해 우리가 경험할 라이프스타일 등이 다층적으로 연계되면서 가장 적합한 형태를 띠는 상태를 말한다. 그러므로 형태가 없어도 이 같은 연계 과정 자체가 디자인이라고 할 수 있다.

게임, 예술, 엔터테인먼트, 스포츠, 영화 등 소위 창조적 산업에는 이런 형태 없는 디자인이 특히 중요하다. 보기 좋은 것도 중요하지만 사용자의 경험, 감동을 어떻게 디자인하느냐가 가치를 좌우하기 때문이다. 그러므로 '게임 디자인(Game Design)'이란 게임의 내용, 규칙, 줄거리 등 게임 전체를 디자인하는 행위를 총칭한다고 볼 수 있다. 이것은 비단 게임 소프트웨어에만 국한된 이야기가 아니다. 스포츠 비즈니스 역시 게임 디자인이 중요하다. 스페인 리그에서 좋은 성적을 올리고 있는 FC 바르셀로나(FC Barcelona)의 핵심전략은 '스펙터클한 축구'다. 흥분되는 게임, 페어플레이, 스타 선수로 이루어진 팀, 이런 것들을 통해 공격적이고 의외성 있는 게임을 디자인하는 것이 그들의 진정한 목표다.

모순투성이인 디자인

지금까지 내용을 보면 디자인을 맹목적으로 예찬하는 것 같지만, 사실 디자인은 모순덩어리이기도 하다. 그러니 이쯤해서 디자인의 정의를 한번 내려보자. 그렇다고 디자인의 모순을 전부 정리하여 알기 쉬운 한마디로 정의해야 한다는 말은 아니다. 디자인은 본질적으로 끊임없이 변화하기 때문에 이같은 정의는 의미가 없다.

우선 디자인의 본래 목적은 단순히 아름다운 것을 만드는 일, 즉 심미성의 추구가 아니다. 마치 '디자인했다!'라고 내세우는 것처럼 눈에 확 띄는 화려한 디자인은 오히려 좋은 평가를 받지 못한다. 그리고 효과 측면에서도 단순히 미적인 인상을 사람들에게 주는 것이 디자인의 목적은 아니다. 때론 사용자에게 불쾌감과 부정적 감정을 일으켜 오용을 방지하거나 자기 존재를 감추고 유머를 활용하여 어려운 기능을 친숙하게 느끼도록 하는 등, 디자인의 목적은 실로 다양하다. 그러므로 인간의 다양한 감정을 활용해서 신체적인 반응을 불러일으킬 수 있는 디자인이야말로 좋은 디자인이라 할 수 있다.

디자인은 20세기 이후, 산업과 경제·경영에 큰 영향을 미쳤다. 이것은 디자인의 모순된 특징 덕분이기도 한데 20세기 초 대두한 사회·문화 운동인 아방가르드(Avant-garde)는 소비사회에 디자인이 등장하게 된 계기를 마련했다. 아방가르드는 혁신적 예술 창조를 위해 기성 개념과 형식을 강력하게 부정한 운동이다. 그중에서도 이탈리아 미래파(futurism), 러시아 구성주의(Constructivism), 다다이즘(Dadaism), 초현실주의(Surrealism) 등이 잘 알려져 있다.

이와 관련하여 디자인은,

de=sign: 디=사인

기존 기호(sign)의 부정 · 분해(de)를 의미한다.

라는 해석도 나왔다. 기존 사회·문화의 고정관념을 비판하고 그것을 기호로 분해(파괴)한 뒤 새로 짜는 것(창조)이 디자인이라는 주장이다. 여기서 디자인은 기존 사물을 기호로 분해하여 재구성하는 일이다. 참고로 접두사 'de'에는 '분리', '부정', '소멸', '역전', '악의', '완전' 등의 의미가 있다.

그러나 아방가르드는 산업사회를 비판하면서도 한편으로는 대중사회를 이끄는 매력을 지니고 있었다. 본래 디자인의 중요한 역할 중 하나가 예술의 힘을 빌려 사물의 형태와 색으로 소비자의 욕망을 환기하는 것이다. GM(General Motors)을 필두로 20세기 대형 제조회사가 대두했을 때, 마치 이러한 시대적 행보에 보조를 맞추듯 산업디자인이 태어난다. 당시 근대 디자인 운동 속에서 탄생한 산업디자인은 공업형 산업사회에 무기로써 활용되었다. 가령 GM이 고안한 '모델 체인지'는 동적 진부화 전략이라고도 불리는데, 기존 자동차의 외관 디자인을 진부하게 만들어서 새로운 모델로 사람들의 관심을 유도하는 전략이다. 즉 디자인은 가치의 파괴와 창조, 그리고 대중 영합이라는 딜레마를 품고 있는 것이다.

이처럼 디자인은 소비욕구 확대의 첨병 역할을 해왔지만, 언제부터인가 지속성을 위한 디자인 역시 중시되는 추세다. 이처럼 디자인은 항상 모순을 안고 발전해 왔다. 디자인에 대한 다양한 이미지도 이 같은 과정에서 만들어진 것이다.

이 책은 경영에 대한 디자인의 중요성을 주로 다룬다. 지금 이 책을 읽는 독자가 경영자 또는 활용자의 위치에 있다면, 이러한 디자인의 역사와 경위를 파악하여 디자인 감정사가 되어야 할 것이다. 디자인을 하는 사람이라면 '디자이너가 기업을 죽일 수 있다.'는 유명한 격언을 명심하기 바란다.

세계적 디자이너이자 구와사와(桑沢) 디자인 연구소 소장인 우치다 시게루 씨는 한 심포지엄에서 현대의 디자이너들이 아방가르드적 성향을 지니고 있다고 지적했다. 그들이 남다른 것, 눈에 띄는 것, 앞서 가는 것을 만들어야 한다고 생각하는 탓에 지나치게 디자인하는 문제가 생긴다는 것이다. 소니의 머천다이징 실장을 역임한 故 와타나베 히데오 씨는 독일 디자인계의 중진(重鎮) 디터 람스(Dieter Rams)가 이끄는 브라운(Braun)사의 디자인 전략을 '예술품'이라고 비꼰 적이 있다. 보기에는 아름답지만, 거기에 얽매여 기술 변화를 따라잡지 못한 탓에 결국 오디오를 비롯한 근간 산업을 축소해야 했던 일을 말하는 것이다. 아무리 훌륭한 디자이너의 작품이라 한들 슬라이드로 보기만 해서는 알 수 없지 않은가. 실제로 쓰고 경험해 보아야만 얼마나 편리한지 알 수 있을 것이다. 그러니 고객의 반응 역시 다양할 수밖에 없다.

디자인의 지(知), 그 본질

겉보기에는 다양해 보여도 디자인에는 보편성이 있다. 우리는 디자인을 통해 기존의 인식을 먼저 '파괴(de)'한 후, 다양하게 관련된 요소(기호, sign)의 집합으로 사물을 재인식한다. 그리고 그것들을 종합(Synthesize)한다. 디자인은 이러한 지(知)의 방법론(Methodology)이다. 이는 21세기에 우리가 처한 모순 가득한 상황과 다양한 문제를 극복하고 이노베이션을 통해 인간사회를 지속시키는 데 큰 도움이 된다.

21세기는, 우리가 20세기에 경험했던 다양하고도 양립될 수 없는 가치관이 축적되어 만들어진 아포리아(aporia, 통로가 없는 막힌 길)의 세계다. 이렇게 상충하는 가치관은 우리의 일상에까지 영향을 미치는 중대한 문제다. 그런 상황에서, 개별구체성에서 나온 디자인이 틀에 박힌 사고를 뛰어넘어 해결책을 제시한다는 것은 생각보다 큰 의미를 지닌다. 디자인의 영역은 기업 활동 전반이라고도 할 수 있다. 그리고 지금은 일반적·보편적 원리로 특수성을 다루는 '위로부터의 하향식 사고'가 아니라 개별적 특수성으로 본질을 이해하는 '아래로부터의 상향식 사고'가 필요한 시점이다.

디자인이 완성되기까지 그 과정은 끊임없는 대화의 연속이다. 그러나 대화로 끝나서는 안 된다. 디자인에 정말 필요한 능력은 이상과 현실을 오가며 실생활에 도움을 주는 능력(Pragmatism, 실용주의)이다. 그러므로 이러한 디자인 씽킹 및 지(知) 디자인의 방법론을 체득하는 것이야말로 21세기 기업이 나아가야 할 방향일 것이다.

1.2 디자인 씽킹이란 무엇인가

디자인의 지(知)를 해체한다

디자인의 변화는 21세기 이후 점점 뚜렷해지고 있다. 아래 그림에서 보여주듯이, 20세기 경영을 지배하던 분석적, 결정론적 사고에 반대되는 새로운 사고가 바로 디자인이다. 여기서 말하는 디자인은 20세기 산업사회의 산업 디자인(Industrial Design)의 연장이 아닌 21세기 지(知) 사회의 지(知) 디자인(Knowledge Design)을 뜻한다. 다시 말해 디자인의 의미 자체가 변경되었고, 더 나아가 아예 해체, 탈구축(Deconstruction)된 것이다. 프랑스 철학자인 자크 데리다(Jacques Derrida)가 주장한 이 생각은 폐쇄적 상황을 타개하기 위해 그 전제인 틀을 깨고 새로 구축하는 접근방식을 말한다.

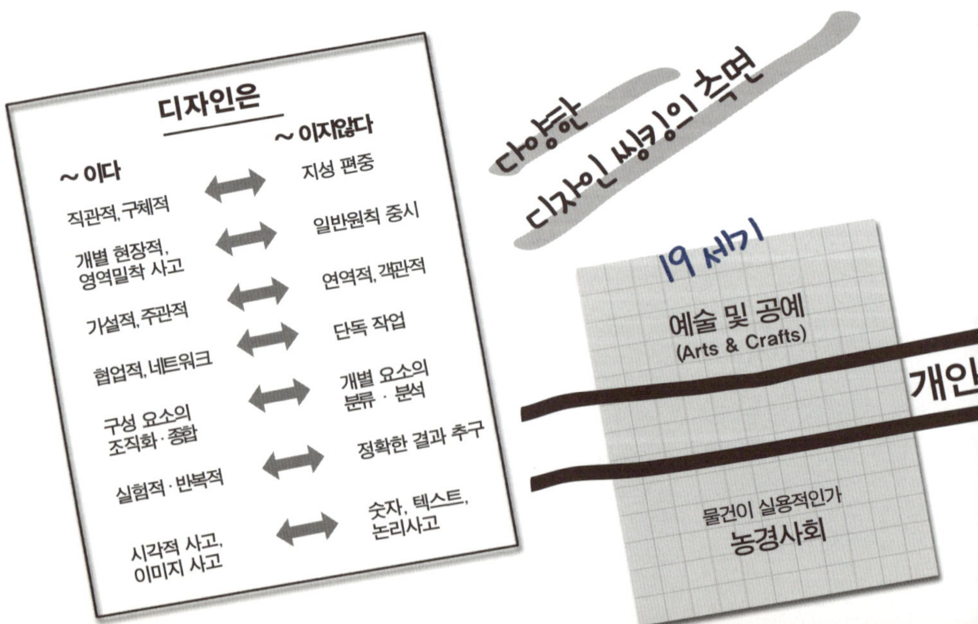

최근에 자주 들리는 디자인 씽킹(Design Thinking)이란 말은 이런 지식사회 디자인의 전형이라 할 수 있다. 즉 이 말을 통해 디자인의 핵심인 직관적이고 종합적인 사고를 설명하려는 것이다.

또한 21세기 이후, 이노베이션에 대한 근본적인 시각도 달라졌다. 그것은 바로 이노베이션이 기술 중심이 아니라 인간 중심(Human Centered)이라는 인식이다. 그래서 디자인 씽킹, 지식 디자인 방법론이 반드시 필요한 것이다. 이노베이션은 인간사회에 드러난 다양한 격차를 발견하고 그것을 해결하고자 하는 의지에서 나온다. 특히 사회적 약자에게 주어진 문제는 넓은 의미에서 봤을 때 사회의 뒤틀림과 불화를 예고하는 징후이다. 바로 이것을 해결하려는, 그리고 새로운 비즈니스로 디자인하려는 노력이 진정한 이노베이션을 낳는다.

디자인 씽킹의 본질

서적 형태로 디자인 씽킹이 처음 소개된 것은 20여 년 전인 1987년, 피터 로우(Peter G. Rowe)가 지은 〈Design Thinking〉[1]이라는 건축 디자인 책에서였다. 로우는 이 책에서 다양한 디자인 씽킹을 몇 가지 유형으로 분류했다.

● **고전적 디자인 지(知)의 모델** 인간의 머릿속에 떠오른 이미지가 결합을 거듭하여 일정한 아이디어를 형성한다는 생각(관념연합).

● **일반적인 아이디어 발상 과정** 먼저 많은 이미지 데이터를 수집하여 아이디어를 생성하는 과정.

● **정보처리 이론** 문제를 명확하게 밝힌 후, 문제 해결을 위해 정보를 생산·조작하는 이론. 퍼즐 해법을 활용하거나 문제를 체계적으로 분류한 후 재구성하는 방법 등이 있음.

● **발견적 기법** 문제를 어떻게 풀어야 할지 잘 모를 때, 탐정처럼 다양한 가설과 스토리를 만들어가며 문제에 의미를 부여하는 매력적인 방법

● **유추(Analogy)** 각 사물의 의미와 형태에 대해 유추하여 아이디어를 내거나 문제를 해결하는 방법.

그러나 이러한 패턴들은 각각 따로 존재하는 것이 아니며, 디자이너의 활동에 따른 사고 과정으로서 공통된 일련의 과정을 밟는다. 그 핵심 내용은 오른쪽 표와 같다.

디자인 씽킹은 원래 시각적(직관적) 사고이지만 꼭 그림을 그리거나 형태를 만들거나 조합해야 하는 것만은 아니다. 또한 '씽킹'이란 말은 머릿속에서만 일어나는 일이 아니라 현장, 사물, 사람과의 대화로 이루어지는, 신체적이고

실천적인 사고를 의미한다. 탁상공론이나 분석 작업만으로는 불가능한, 본질적인 문제 해결의 지혜인 것이다.

그러므로 디자인 씽킹이란, 고객과 일체화된 '장(場)'에서 직관과 상호작용을 통해 모든 개별·구체적 요소의 관계성을 도출한 후 그 요소들을 시공간

디자인 씽킹의 과정

1) 먼저 직관적으로 그 대상을 살피고 에피소드(삽화 또는 이야기) 몇 가지를 만들어 가정을 세운다. 디자이너는 그 가정을 머릿속에 즉시 시각적으로 표현할 수 있어야 한다.

2) 다음으로, 관련된 주변 사물과 정보에 직접 관여해서 사람들과의 대화를 통해 그 에피소드를 수정하고, 그 과정에서 일정한 '이해'를 형성한다. 디자이너는 신체, 감각, 지성을 모두 활용하여 사용자를 관찰하고 최종 형태를 결정한다. 그 형태는 언어로도 표현되지만 전체적 이미지는 역시 시각적이어야 한다.

3) 전체 과정이 원활하지 않다면 디자이너는 몇 번이든 문제점이 발견된 단계에서 원점으로 돌아가 위의 과정을 반복해야 한다.

4) 최종적으로 물리적인 해결에 도달하게 되는데, 이는 대상에 관한 모든 요소 또는 지식을 심미적·전통적·문화적·사회적 시스템을 통해 암묵적으로 조직화하는 행위이다(이들 에피소드나 시스템의 양과 질은 디자이너의 자질, 지식, 경험에 따라 달라진다).

5) 이 과정에는 끝이 없어서, 관계자들의 관여(Engagement)가 계속되는 한 창조도 계속된다. 이러한 과정을 통해 요소 간·조직 간 조정과 결합, 개념의 시각화 등 디자이너의 지(知)적 성과가 나타난다.

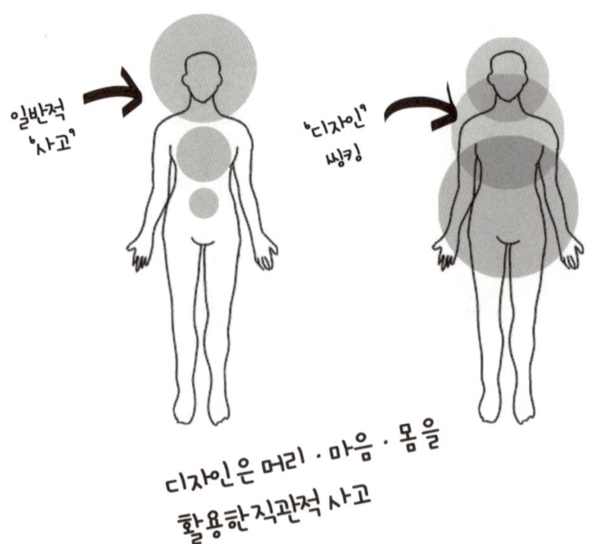

속에 역동성 있게 조직화(형태화)하는 과정이라 할 수 있다.

여기서 잊지 말아야 할 것은 이러한 과정을 통해 나온 답은 수식이나 문자가 아닌 비전, 모델, 이야기의 형태를 띠는 개별적 해법이라는 점이다. 이는 되도록 객관적으로 정보를 분석하여 매뉴얼대로 디지털화된 해법을 구하려 하는 분석적 접근방식과 결정적으로 다른 점이다.

지식 디자인 모델

로우 등이 제창한 디자인 씽킹을 형식화한 것이 오른쪽 도표와 같은 지식 디자인 모델이다. 이 모델은 다음과 같은 3단계로 구성된다. ① 직관적 가설 형성 → ② 모든 요소를 조직화한 개념 형성 → ③ 목적과 현실을 연결한 모델 형성. 이러한 단계는 지식창조의 과정이며, 현장에서 신체적·감정적 상호작용이 융합되는 과정이기도 하다.

　　지식창조는 암묵지(暗默知, Tacit Knowledge)가 명시지(明示知, Explicit Knowledge)로 변환되는 과정에서 나온다. 여기서 지식창조 이론이란, (1) 현장에서 신체, 환경의 상호작용에 따른 암묵지 획득과 이것에 따른 가설 추론, (2) 개념 창출(표출화), (3) 모델 형성(연합화), (4) 지(知)의 전달 및 실천(내면화) 과정을 통해 지식이 창조된다는 개념이다. 이에 대해서는 〈지식창조 방법론(知識創造の方法論)〉[2]에 잘 나와 있으므로 이 책에서는 상세히 다루지 않는다. 다만, 이 지식창조 과정과 디자인 특유의 요소를 씨실과 날실로 엮은 것이 아래 도표의 지식 디자인 모델이다.

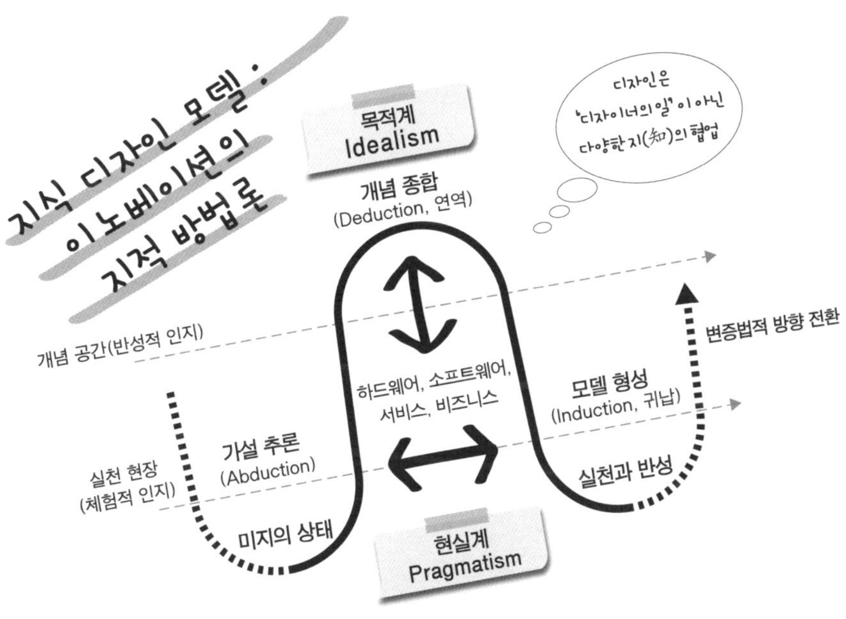

2_노나카 이쿠지로 & 곤노 노보루 지음, 동양경제신보사, 2003

디자인 특유의 요소는 현장의 고객과 사물, 고객과 환경의 신체적·정서적 관계, 에피소드와 콘셉트의 추출, 프로토타입과 모델의 생산, 구성 요소의 조직화 등, 인간과 사물·환경의 다양한 상호작용을 의미한다.

이 과정을 변증법적으로 반복하는 것이 바로 지식 디자인 모델이다. 이 과정에서 우리는 직관적 가설 추론방식을 사용한다. 또는 연역, 귀납 등의 추론방식을 총동원하여 객관적 가치를 축으로 한 사업 및 제품 콘셉트를 도출하며, 그 콘셉트를 구현하는 데 필요한 하드웨어, 소프트웨어, 서비스, 비즈니스를 조직화하고 평가한다.

왜 지식 디자인이 이노베이션 프로젝트에 효과적인가?

이러한 디자인의 지(知)는 '가설 창조의 지(知)' 또는 '가설 추론의 지(知)'로서의 역할이 가장 중요하다. 즉 가설이 무엇보다 중요하다는 뜻인데 이러한 방식은 분석을 철저하게 한 뒤에 이론적으로 문제를 해결하는 방식과는 정

야마자키 유니코 씨의 그래픽 퍼실리테이션

반대이다.

신제품 개발 프로젝트든 기회탐색형 프로젝트든, 대부분의 시간을 분석 작업에 할애하기보다는 각 업무를 담당하는 사람들이 조기 협업을 통해 콘셉트 및 사업 모델을 만드는 것이 더 효과적일 것이다. 이때 지식 디자인 방법론을 팀 차원에서 구사한다면 훨씬 신속하게 시안을 만들어낼 수 있다. 혹은 '조기 실패(Early Failure)하는 효과'가 있다. 그 실패를 토대로 새롭게 시행할 수 있는 것이다. 이는 비용면에서도 훨씬 효율적이다.

디자인은 모델, 프로토타입 등 구체적이고 가시화된 결과물(정보·지식), 즉 시각적인 결과물(output)과 인공물을 만들어내는 특징이 있다. 한편 이노베이션에는 반드시 끊임없는 시행착오가 필요한데, 디자인은 그 시행착오를 돕는 최고의 방법이다.

대표적으로 '그래픽 퍼실리테이션(Graphic Facilitation)'이라는 디자인 기법이 있다. 프로젝트 팀에서 진행되는 논의 내용을 시각적으로 표현하는 것인데, 자신들의 작업 내용의 문제점을 찾고 피드백을 주고받는 데 매우 효과적이다. 먼저 이 디자인 기법을 담당할 그래픽 퍼실리테이터가 회의가 진행되는 동안 바로 옆에서 벽에 붙은 모조지에 묵묵히 글과 일러스트를 쓰고 그린다. 그리고 회의가 끝나면 팀 차원에서 이 글과 일러스트를 살펴보며 검토의 시간을 갖는다. 이제 이런 프로젝트 풍경은 일상적으로 볼 수 있다. 다양한 회의 내용을 '그림'으로 표현함으로써 불분명하던 회의 흐름을 시각화하고 회의의 콘셉트를 대담하게 추출한다. 자주 나오는 키워드를 뽑아내고, 글로는 표현할 수 없는 이미지를 그림으로 표현한다. 이는 단순한 의사록이 아니므로, 논의가 고조되거나 가라앉는 등의 분위기까지 표현하여 회의 도중에는 의식하지 못하는 것까지 알아챌 수도 있다.

콘셉트를 디자인하다 : 현장 관찰을 바탕으로 아트스쿨 학생과 협업하는 경영대학원생

또한 이런 지식 디자인의 장(場)에는 담당 팀과 워크숍 참가자만이 폐쇄적으로 작업하는 것이 아니라 다른 부문 및 외부와의 인간적 네트워크를 구축할 수도 있으며, 그 효과는 상당하다.

당연한 말이지만, 프로젝트를 진행하려면 고객의 현장도 방문해야 한다. 디자인적 접근방식이 다른 방식과 가장 다른 점은 행동 면에서 찾을 수 있다. 디자인적 접근방식에서 발상과 발견은 현장에서 관찰한 것을 기반으로 이루어진다. 이러한 발견에는 아무리 사무실에 앉아 데이터를 분석해도 얻을 수 없는 깨달음과 놀라움이 있다.

그 다음에는 현장 관찰 결과를 바탕으로 프로토타입을 만든다. 그것은 일종의 모델이나 이야기, 또는 모형이나 임시장치일지도 모른다. 그리고 그 프로토타입을 바탕으로 다시 현장을 관찰하고 다른 사람의 피드백을 받아가며 더 실천적인 모델을 완성하는 것이다.

디자인의 역할은 이처럼 지(知)를 결합하여 새로운 가설과 아이디어를 만들어내는 데 있다. 지식 디자인은 '목적계'(프로젝트의 상위목적인 조직의 전략 목적, 비전 등 고매한 의미 또는 의의)와 '현실계'(개별 구체의 현지·현실·현물)를 오가는 지적 운동이다. 우선 고객과 관계자의 실천 현장에 뛰어들어 체험적 인지를 통해 데이터를 체득하고, 그것으로 대화와 가설을 만들어낸다. 그것을 프로젝트의 상위 목적과 대조해가며 수정을 거듭해서 최종 개념이 될 때까지 결과물을 종합하는 것이다.

1.3. 개념을 창조하는 직관적 사고의 패러다임

디자인 지(知)의 진수인 업덕션(직관적 가설 추론)

일반적으로 사고라 하면 좌뇌와 대뇌 신피질에서 이루어지는 논리적 사고를 떠올린다. 그러나 디자인 씽킹은, 신체와 감정이 높은 비율을 차지하며 분석적 사고와는 전혀 다른 흐름을 거친다는 점에서 보통의 사고 과정과 차별화된다. 무엇보다 디자인은 직관(Intuition)이 최대한 활용되는 사고다. 직관이란 직접적 감각을 활용한 실제 관찰에서 나오는 것으로, 눈을 감았을 때 머릿속에 떠오르는 감각(내적 직관, 직감, 연상)과는 전혀 다르다.

인간은 오감과 직감을 활용하여 다양한 사물과 현상을 어림짐작으로 느끼고 행동하는데, 거기에는 일종의 논리(추론)가 존재한다. 그러므로 직관적 사고란 직접적인 본질 파악방식 또는 '가설 추론의 지(知)'(Abduction)라고도 할 수 있다. 다만 그 가설은 데이터 분석 과정에 쓰이는 가정(假定) 사고의 수준이 아니다. 사물을 파악하는 데 현장이나 현실, 특히 인간의 낌새를 기반으로 하는 본질적이고 때로는 비약적인 방식이다.

한마디로 말해 셜록 홈즈 같은 탐정의 방식이라 할 수 있다. 이 방식은 철저히 분석한 후 이론적으로 문제를 해결하는 접근방식과 정반대다. 연역 및 귀납법과는 전혀 다른 사고법, 추론법이다.

아래에 잘 알려진 홈즈의 추리를 예로 들었다. 홈즈는 먼저, 사소한 단서에서 왓슨이 우체국에 갔다는 것을 직관적으로 알아낸다. 그 다음, 한 가지 '사실'-오전에 편지를 쓰지 않았는데 우체국에 갔다-로부터 왓슨의 목적은 우체국에서 전보를 치는 것이었다고 가설 · 추론한다. 관찰에서 추론까지 이어지는 이러한 과정이 업덕션이다.

홈즈 자네가 오늘 아침 위그모어가에 있는 우체국에 갔다는 사실을 내게 알려준 것은 관찰, 그리고 거기서 자네가 전보를 쳤다는 것을 가르쳐 준 것은 추리라네.

왓슨 맞네! 둘 다 맞아! 그런데 어떻게 그걸 알았나? 오늘 아침에는 갑자기 생각나는 바람에 아무에게도 말하지 않고 나갔는데.

홈즈 그거야 간단하지. 설명할 필요도 없을 만큼 간단하지만 관찰과 추리의 한계를 설명하는 데는 도움이 되겠군. 내 관찰에 의하면 자네 신발 발등에 붉은 흙이 조금 묻어 있었어. 위그모어가에서는 요즘 포석을 들어내고 흙을 가는 중이야. 그런데 우체국에 가려면 꼭 그 길을 지나야 하지. 내가 아는 한, 이런 묘한 색의 적토는 다른 데서는 볼 수 없어. 여기까지가 관찰이고, 이제부터가 추리라네.

왓슨 그런데 전보를 친 걸 어떻게 알았냐니까?

홈즈 오늘 아침에 줄곧 자네와 함께 있었지만 편지를 쓰는 모습은 못 봤고, 게다가 활짝 열어둔 자네 서랍 안에는 우표와 엽서가 여전히 가득했거든. 그래도 우체국에 갔다는 건 전보가 목적이라고 생각하는 수밖에 없지. 불가능한 모든 경우를 제외한 뒤 마지막으로 남은 답이 정답이라네.

— 코넌 도일, 〈네 개의 서명〉

어떤 이들은 이를 두고 억지스러운 추측이라고 할지도 모르겠다. 사실 업덕션이란 단어의 첫 번째 뜻은 '유괴'다('에일리언 업덕션'은 UFO에 탄 우주인이 지구인을 납치하는 것을 말한다). 두 번째 뜻은 억지 논리의 적용이란 의미로 사용된다. 이 말의 어원은 그리스어인 아파고게(개연적 삼단논법 : 소전제가 진실하여 결론도 진실하다고밖에 할 수 없는 삼단논법)다. (Note 참조)

이것이 바로 직관적이고 비약적인 '업덕션 논리(가설 추론)'이다. 그리고 업덕션은 감성의 문제이기도 하다. 감성이라고 하면 몇몇은 최근에 자주 쓰이는 표현인 '센스가 있다' 또는 '없다'는 말을 연상할지도 모른다. 즉 업덕션을 가볍고 피상적인 무언가로 생각하지만 사실 그것과는 전혀 다른 개념이다. 감성은 업덕션의 근저에 있는 직관능력이며, 미지의 부분을 남기면서도 '지식의 문'을 열어주는 열쇠다. 우리는 감성으로 도출한 가설을 통해, 무엇을 만들고 무엇을 해야 할지 밝혀나간다.

또한 직관은 '뺄셈'(쓸데없는 것을 버림)이기도 하다. 그것은 복잡한 상황을 단순하게 해결하고자 하는 지적 작용이다. 직관 또는 업덕션의 원칙은 간소하다. '오캠의 면도날'이라는 말이 있다. '검약의 방식'이라고도 하는데, 14세기 영국의 철학자 오캠(W. Occam)이 주장했던 '무언가를 설명하기 위해 도입하는 가설은 필요 이상으로 복잡해서는 안 된다.'는 원칙을 가리킨다. 이는 분석적 경영에 관련된 지(知)가 지나치게 복잡해지는 데 대한 안티테제(Antithese)로 쓰이기도 한다.

업덕션의 기반에는 열정과 집요한 탐구심이 있다. 물론 특정 분야에 관한 해박한 지식 또한 중요하다(홈즈는 이상하리만치 화학에 정통했다). 원하는 결과를 얻고자 할 때 그저 시장 환경만을 논리적으로 분석하여 전략을 세우고 시책을 만든다면 누구도 참여하려 하지 않을 것이다. 정말 효과적인 시책을 세우려면

업덕션 (Abduction)의 논리

업덕션은 일반적인 사고법과 전혀 다른 측면이 있으므로 좀 더 보충하기로 하자. 업덕션이라는 말은 미국의 철학자 퍼스(C. S. Peirce)가 처음 소개했다. 퍼스는 천재였지만 동시에 괴짜에 가까운 인물이었는데 한편으로는 '실용주의'라는 미국 철학의 시조이기도 하다.

퍼스에게 업덕션은 사고의 출발점이었다.

연역적 삼단논법, 소위 논리적 사고로는 아무것도 얻을 수 없다. 모든 인간은 동물이다(대전제). → X씨는 인간이다(소전제). → 그러므로 X씨는 동물이다(결론). 이것이 전형적 삼단논법인데, 처음에 '인간은 동물이다'라는 전제를 인정하고 나면 그 외의 사실은 전혀 알 수가 없다. 아니, 오히려 새로운 사실이 튀어나오지 않도록 검증하는 것이 연역법의 역할이다. 이러한 논법에서는 처음부터 대전제를 인정하기 때문에 새삼 '그러므로……' 하고 말한다 해도 이미 알고 있던 사실을 반복하는 것에 불과하다. 논리적 사고와 기존 지식(전제)을 이용하는 지렛대 사고는 반드시 필요하고 또 효과적이긴 하지만, 유감스럽게도 그 방식을 통해서는 새로운 정보나 지식을 얻지 못한다. 가설과 전제 역시 나오지 않는다. 이 방식의 주목적은 커뮤니케이션과 경제적 효율성이기 때문이다(원래 대전제를 증명하고 전개하는 과정이므로 다른 명제가 나와서는 안 된다).

한편, 데이터 분석을 전제로 '이렇게 되지 않을까' 하고 가정하는 일을 '귀납적 비약'이라 한다. 이는 가설임은 분명하지만, 어디까지나 전제에서 크게 일탈하지 않는 합리적인 사고 과정이다. 이 방식에서도 역시 놀라운 혁신적 비즈니스의 씨앗, 즉 의외성(Surprise)을 기대할 수는 없다.

한편, 퍼스의 업덕션은 '가설적 비약'이라 해도 무방하다. 이는 일반적인 감각으로는 획득하기 어려운 것을 거듭 강행하여 얻어내는 방식이다. 전형적인 예는 보통 사람은 놓쳐버리는 단서로 의외의 논리를 전개하며 현장의 사소한 징후나 증거를 관찰하면서 시작되는 '추리'다. 논리적 사고도 삼단논법이지만, 사실 업덕션도 삼단논법의 형식을 취한다. 업덕션은 결론부터 시작하여 대전제를 향해 역방향으로 진행하면서 가설을 수립하고 중간 과정(소전제)을 표시한다. 예를 들자면 다음과 같다.

① 놀랄 만한 사실 C가 관찰되었다(산꼭대기에서 조개 화석이 발견되었다).(결론)
② 만약 A(그곳은 옛날에 바다였다)가 사실이라면 C가 일어난 것은 당연하다.(대전제)
③ 그러므로 A가 사실이라고 생각하는 것은 일리가 있다.(소전제)

　퍼스의 업덕션은 논리학의 기준으로는 받아들이기 어려운 불완전함을 안고 있다. 그러나 업덕션은 우리가 일상적으로 쓰는 사고 과정이기도 하다. 그렇다면 퍼스가 주장했던 또 하나의 사상인 프래그머티즘(지(知)적 실용주의)과 업덕션은 어떻게 연결될까? 그것은 불완전하고 한정된 정보로만 가득한 현장을 떠올리면 알 수 있다. 그 장(場)에 관한 최선의 가설을 세우고 그것을 실증(확증하면서 실천하는 일)하는 것이야말로 프래그머티즘의 진수다. 프래그머티즘이 미국의 개척자 정신을 낳았다는 것을 생각해보면 금세 감이 오지 않는가? 실천을 위한 가장 중요한 추론법이 바로 업덕션이다.

$$A \, ! \, C \quad \text{vs.} \quad \begin{array}{c} a \to b \to c \\ a = c \end{array}$$

업덕션　　　　　　　　　　일반적 논리

일견 상식의 범주를 벗어난 것처럼 보이는 일에도 도전해서 이를 풀어볼 수 있어야 한다. 그러기 위해서는 감성과 직관력이 꼭 필요하다. 이러한 업덕션의 과정을 꾸준히 연습하면 직관력이 탁월해지는 효과를 얻을 수 있다.

한편, 디자인에 관한 직접적인 사고에는 두 가지 측면이 있다. 인지 심리학자이자 인터페이스 분야의 선구자인 도널드 노먼(Donald A. Norman)은 인간에게는 창조에 꼭 필요한 두 가지 인지방식이 있다고 주장했다. 바로 '체험적 인지'(Experiential Cognition)와 '반성적 인지'(Reflective Cognition)다.

체험적 인지란 신체적 지각(오감)으로 경험하고 관찰하여 생긴 직관을 말한다. 지식 디자인을 발전시키려면 현장에 침투해서 체험하는 일이 필수적이다. 그러므로 체험적 사고란 신체적 요소를 활용하여 사고하는 것으로 정의할 수 있다.

그러나 그것만으로는 개인 체험의 한계에 갇혀 버릴 수 있다. 그래서 그와 함께 반성, 즉 개념적 본질과 진리를 추구하는 작업을 수행해야 한다. 다시 말해, 반성적 사고를 통해 비교 대조 및 사고, 판단 등이 이루어지므로 결국 새로운 아이디어, 새로운 행동이 나타나는 것이다(노먼). 반성적 인지는 신체성, 오감 체험의 한계를 극복하게 하는 직관의 일면이다.

또한 전자인 체험적 사고는 현장과의 관계방식에 따라 수동적, 또는 능동적 형태를 취한다. 반성적 사고 역시 포괄적(거시, Macro) 인지일 수도 있고, 반대로 개별구체적(미시, Micro) 인지일 수도 있다. 우리가 직관적 행위인 디자인 활동을 할 때에는 이 두 가지 직관적 사고가 상호작용하여 우리 내부에 아이디어, 이미지, 비전, 모델 등이 생성된다. 이것이 오른쪽 도표에 십자로 표시된 과정이다. 이 과정은 다음과 같은 네 단계로 정리할 수 있다.

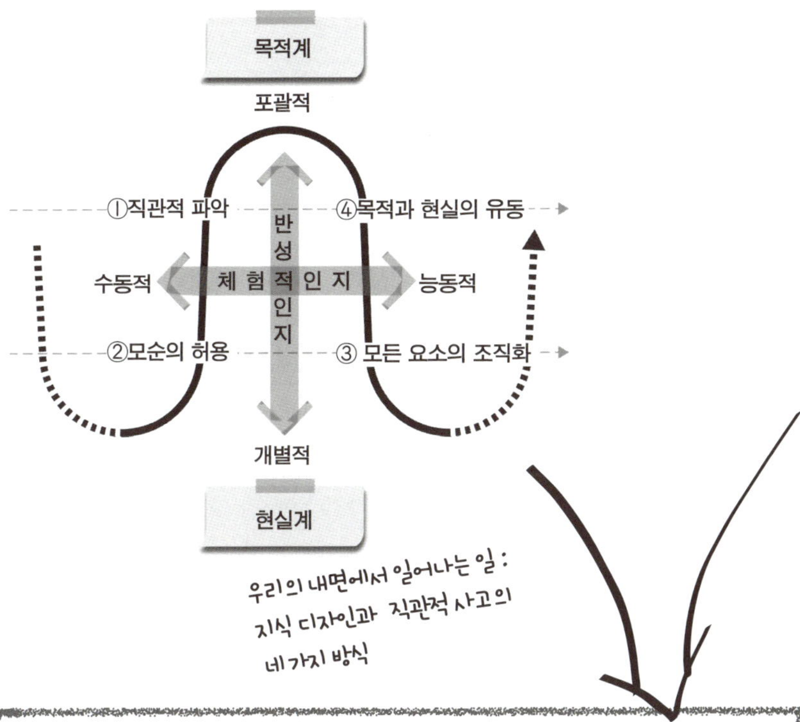

① **직관적 파악** : 수동적 · 체험적 인지와 포괄적 · 반성적 인지의 작용. 이는 모든 디자인 씽킹의 기점이다. 우리는 그저 번뜩 깨닫는 것이 아니다. 신체 (오감)라는 안테나로 인상을 받아들여 무언가를 암묵적으로 깨닫는 것이다. 가설이 흐릿하게 떠오른다면 우리가 사용자에게 딱 붙어서 정확한 사용자 관점으로 현상을 체험하는 장면을 상상하기 바란다. 이것이 바로 '순수경험'을 얻는 장면이다. 이때는 분석하지 말고 편견 없이 포괄적 · 직관적으로 인상을 받아들여 고객과 현장의 생생한 데이터를 흡수해야 한다.

② **모순의 허용** : 그러나 이렇게 인식한 현실은 분석적인 틀에 끼워 맞추었을 때와는 달리, 매우 복잡한 모순으로 가득하다. 이럴 때 이를 흑백으로 나누거나 분석하기보다는 다양한 의미와 현상의 집합으로 인식하여 각각

비교 대조하면서 그 관계성을 이해해야 한다. 그리고 개별구체의 의미나 현상의 관계성 역시 편견 없이 있는 그대로 받아들여야 한다. 이것이 바로 수동적이면서 개별적인 양상에 주목하는 인지상태다. 그리고 여기에 비약이 일어나면서 가설이 생성된다. 이는 디자인 씽킹을 하는 사람의 내부에서 개념의 '성숙'이 이루어지는 단계라 할 수 있다.

③ **모든 요소의 조직화** : 개별적인 이해를 기반으로 오감을 작동시킨다. 이때 업덕션이 작용한다. 그리고 현장의 개별적 현상과 그 의미의 관계성을 이해하고 각각 비교 대조를 거쳐 모든 요소를 조직화함으로써 개념을 구축한다. 구체적인 예로는 사용자와의 심층 대화, 브레인스토밍(Brainstorming) 등을 생각하면 되겠다. 이때 머리로만 사고할 것이 아니라 사람들과의 대화나 구체적인 상호작용도 반드시 필요하다. 몸으로 참여하면서 개별현상을 이해하고 연결시킨다. 프로토타이핑이나 바디스토밍(bodystorming) 등 신체를 활용한 대화의 좋은 예다.

④ **목적과 현실의 유동(遊動)** : 그런 다음, 문제를 해결하고 새로운 의미를 창출한다. 체험적 인지와 반성적 인지의 능동적인 협업이 새로운 가설과 콘셉트를 이끌어낸다. 여기서 문제 해결과 새로운 가치, 그리고 방향성 제시와 논리적 줄거리 구상이 이루어진다. 프로토타이핑을 활용한 고객과의 협업 장면을 상상해 보라. 참고로 여기서 말하는 '유동'*이란 대립하는 요소 간의 놀이, 즉 인터플레이(interplay, 상호작용)이며, 새로운 창조적 균형의 발견이다. 이를 변증법적 역학(모순·대립에서 승화로)이라 해도 좋을 것이다. 그리고 오감에서 얻은 경험을 초월하는 '승화'가 있을 때, 콘셉트나 비전은 종합(Synthesize)되어 창조적으로 변한다. 이러한 과정은 분석적 사고에서

는 찾아볼 수 없다.

> ※ : 마지막 단계의 '유동'은 사실 독일 철학자인 칸트의 개념이다. 칸트는 근대 미학의 기초가 될 아이디어를 제시했는데, 그것은 '우리의 구상력과 오성(惡性)의 유동(유희)으로 미적비판이 이루어진다.'는 것이다. 쉴러는 칸트의 이론을 이어받아, 대상을 수용하고자 하는 소재충동과 대상을 규정하고자 하는 형식충동이 동시에 작용하는 '유희충동'이 미를 이끌어낸다고 했다. 즉 이 같은 유희를 통해 인간을 완전해질 수 있다는 것이다.

직관력과 '경영의 지(知)' 패러다임

방금 언급한 직관적 지(知)의 세계는, 디자인 영역뿐 아니라 경영 자체의 지(知)의 변화와도 밀접하다. 다른 이야기를 해보자.

댄 브라운(Dan Brown)의 소설[3]을 원작으로 하는 영화 '천사와 악마'에 '반(反)물질'이라는 말이 나온다. 우리 세계의 형태를 띤 물질이 전부 입자(전자·양자·중성자)로 이루어졌다고 하면, 모든 입자에는 반입자가 존재한다는 것이다. 반입자, 즉 양전자·반양자·반중성자로 이루어진 물질이 바로 반물질이다. 물질과 반물질이 서로 만나면 에너지가 방출되어 폭발하므로 결국 소멸한다. 이것이 '천사와 악마'의 기본 줄거리인데 굳건해 보이는 물질적 세계가 사실은 불안정한 상태여서 한순간 맥없이 무너질 수 있다는 이야기다. 이 영화는 입자의 알갱이로 세계가 구성되어 있다는 세계관에 기초해 있다.

1925년에 하이젠베르크(Werner Heisenberg)가, 그리고 1926년에 쉬레딩거(Erwin Schrodinger)가 발견한 양자역학은 17세기부터 이어져 온 뉴턴식 세계관

3_《천사와 악마》, 댄 브라운 지음, 홍성영 옮김, 문학수첩, 2008 / 일본판 『天使と悪魔』, ダン·ブラウン 지음, 에치젠 도시야(越前敏弥) 옮김, 가도카와문고(角川文庫), 2006 / 원서 Andgels & Demons, Dan Brown, Pocket Star, 2001

(결정론적 세계)을 뒤집을 역동적인 세계를 제시했다. 바로 그때, 러시아 아방가르드 예술가들이 양자적 세계관과 일맥상통하는 디-사인(de-sign)을 보여준 것이다. 양자역학과 아방가르드의 세계관에는 공통점이 있다. 과학적 세계에 인간의 의지, 그리고 역동적인 관계성을 포함시킨 것이다.

실증적, 과학적 접근방식이 지배적이었던 경영계에까지 그 파도가 닥쳐왔다. 디자인으로 대표되는 직관적 지(知)가 바로 그런 현상을 상징한다.

20세기는 물질 패러다임의 시대, 상징적으로는 원자의 시대였다. 17세기에 뉴턴이 등장한 이후 세상을 지배했던 물질적, 기계적 세계관은 근대과학에서 제시한 계층 및 트리(Tree) 구조였다. 기업조직 역시 마찬가지여서 조직은 분업과 계층화를 통해 몸을 불렸고 인간은 그 한 부분이 되어갔다. 그런 세상의 구조를 밝혀내는 데에는 논리적인 분석의 지(知)가 효과적이었다. 전체가 부분으로 이루어진다고 믿는다면 '쪼개는 일', 분석이 우선시된다. 그래서 직관이 그다지 필요하지 않았던 것이다.

그러나 우리는 관계성 패러다임의 시대인 21세기에 살고 있다. 상징적으로는 인터넷 시대다. 이 시대에 일어나는 모든 현상은 역동적이며 동시에 연

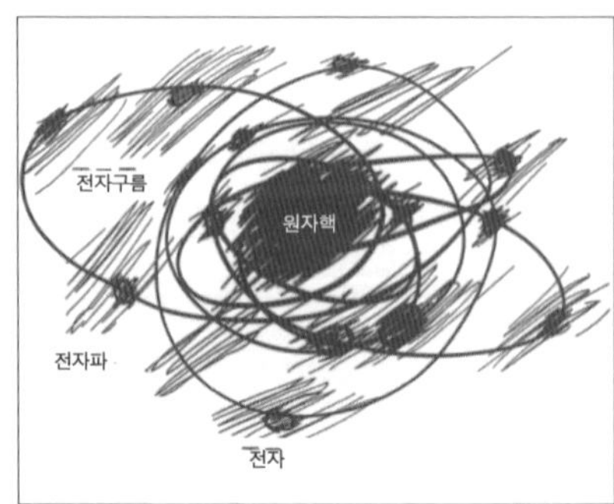

양자역학적 세계

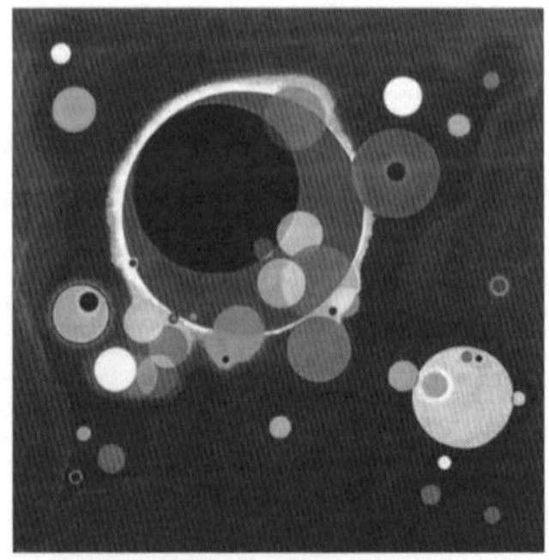

바실리 칸딘스키(Vasily Kandinsky)
《몇 개의 원》 1926년

쇄적으로 연결되어 있다 그러므로 상호 관계성은 대단히 중요하다. 이는 다른 말로 풀어서 경험적 혹은 유기적 세계관이라 한다. 그런 세계관에 비추어 볼 때 가장 중요한 인간적, 조직적 자산은 직관(Intuition) 또는 직관적으로 전체를 파악하는 종합력이다. 그리고 그 관계성 패러다임의 지(知)가 곧 지식 디자인이며, 더 구체적으로 말하자면 디자인 씽킹이다.

이는 그저 추상적인 이야기가 아니다. 20세기 말쯤 되자, 경영은 분석에 너무 편중하여 직관적 요소를 전부 배제한 나머지 지성 중심의 매우 난해한 분야가 되고 말았다. 오늘날 디자인에 대한 관심이 높아지는 현상은 인간적 측면이 부활한다는 증거다.

참고로, 분석적 경영의 아버지인 데카르트 역시 '분석과 종합'이라는 지적 방법론을 제시했다. 그러나 데카르트가 말한 '종합'은 어떤 사건을 작은 부분으로 분석하여 이해하고 다시 그것들을 연결하여 전체적으로 통일한다는 소위 '분석적 종합'을 의미한다. 이와는 달리 직관적인 종합은 전체의 본질을 먼저 생각하는 사고다. 인체를 산산이 쪼개 분석한 후 다시 모으려 해도 원래대로 돌이킬 수 없는 것과 같은 원리이다. 직관적 접근방식은 가설을 세우고 다양한 시각을 통해 부분들을 연결하여 전체상을 이해하고자 한다.

21세기 초인 현재, 경영과 경영학은 모색기에 있는 것 같다. 기존의 미국형 자본주의가 한계에 부딪혔기 때문에 새로운 자본주의 모델을 구축해야 할 단계에 이른 것이다. 이러한 상황에서 우리는 사고방식 자체를 바꿀 필요가 있다. 예전에는 어떤 일을 하건 과거의 업적과 성공을 분석하거나 이론화하여 프레임워크로 만든 후 하향식 접근방식으로 실천했다. 54쪽 도표의 왼쪽 세계는, 물질 및 유형자산을 중심으로 한 경제 모델이다. 즉 조직을 구축하여 통제하는 것이 합리적이었던 시대의 시스템이다.

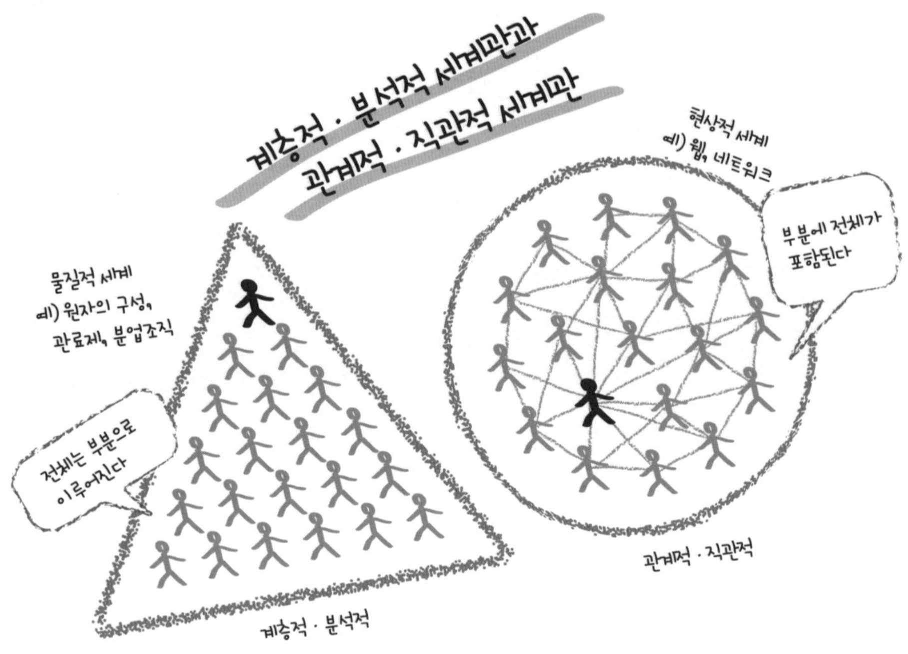

　　그에 비해 오른쪽 세계는 지식을 중심으로 하는 경제와 경영이다. 즉 현재와 같이 개별적 지(知)와 네트워크가 지식 조직 전체에 깊이 관여하는 시스템이다. 이런 세계에서는 일단 바깥 세계와의 관계를 유지하면서 그에 상응하는 개인의 생각과 의지를 이끌어내는 조직문화가 중요하다. 다마대학 대학원의 도쿠오카 고이치로 교수는 이를 '신념에 의한 경영(MBB ; Management By Belief)'라고 부른다.(《MBB : '생각'의 매니지먼트》)[4] 왼쪽 세계에서는 리더십, 경쟁력과 같이 리더 개인의 능력에 좌우되는 리더십이 활약했지만 오른쪽 세계에서는 직관적으로 관계성을 창출할 수 있는 소셜 디자인 리더십이 관건이 된다.

4_이치조 가즈오(一條和生) & 도쿠오카 고이치로 & 노나카 이쿠지로 지음, 도요경제신보사, 2010년

디자인은 공진화(共進化)하는 지(知)

이번 장에서는 마지막으로, 디자인 지(知)의 근간이 될 또 하나의 요소, 즉 공진화(Co-Evolution)와 공발(共發. Co-Emergence)을 생각해 보려 한다. 공진화는 원래 생물학의 개념이다. 이는 복수의 종이 서로 적응하면서 진화하는 것을 말한다. 대표적인 예로 식물의 꽃과 꿀벌이 서로 수분과 촉매를 쉽게 하려고 함께 진화해 간다는 가설이 있다. 또 생물이 진화할 때는 부분과 전체가 대립하지 않고 협동하여 진화한다고 한다.

실리콘밸리의 지역 산업과 대학 등 교육연구기관의 관계를 공진화 관계로 보면 이해가 쉬울 것이다.

위에서 든 예는 무엇을 의미할까? 그것은 주체와 객체가 대립하지 않고 같은 장(場)에서 공생하며 더 새로운 지(知), 즉 진화한다는 사실이다. 인터넷 상의 개체들이 동시다발적으로 링크되는 이미지를 떠올려도 좋다.

디자인 과정에서 디자이너는 고객의 문제를 파악하고 해결하면서 새로운 지식을 창출한다. 그러나 디자이너는 결코 방관자적인 존재가 아니라 사용자의 현장에 상주하는 '주객 미분리'의 위치에 있다. 이처럼 디자이너와 사용자, 또는 기업과 고객이 만나는 장(場)에서 공진화의 계기가 생겨나는 것이다.

그 장에서는 예기치 못한 진화도 일어난다. 이는 분석적이거나 논리적인 방식으로는 실현되기 어려운 관계다. 즉 체험적 사고와 반성적 사고를 왕복하는 과정에서 고객(현장)과 주체(디자인하는 사람)의 상호작용을 통해 새로운 관계성이 만들어진다. 그리고 새로운 질서(모델)가 생겨나 그에 따라 기술과 물질이 재편성, 조직화된다.

바로 디자인이 이러한 이노베이션에의 지적 기반을 마련하는 것이다.

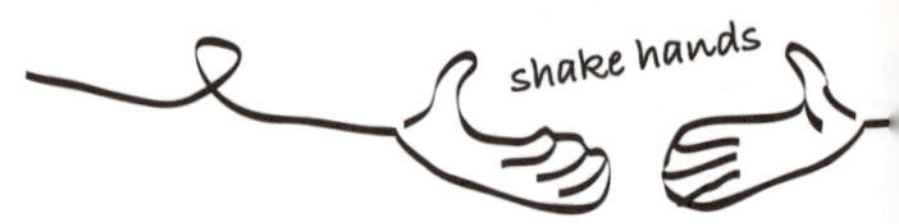

chapter 2

디자인은 산업사회의 지(知)

도쿄역, 에키나카(역내 상업시설 구역-역주) 'GRANSTA'의 한 장면. 서비스화된 경제에서 디자인은 새로운 사회적 관계성으로 가치를 창조하는 역할을 담당할 것이다.

2.1. 디자인 시대의 생산 시스템

디자인 씽킹을 뛰어넘는 디자인의 역할

디자인은 제품과 서비스의 이노베이션에 반드시 필요한 사고다. 직관적인 디자인 지(知)가 기술과 인간 · 사회의 지(知)를 지식화하고 융합시킬 때 이노베이션이 실현된다.

그런데 디자인의 의의와 효용은 이와 같은 상품 이노베이션 수준에 그치지 않는다. 21세기인 지금, 디자인은 '산업의 지(知)'로서 이전 세기보다 더 큰 의미와 활동 영역을 담당하고 있다. 즉 디자인은 제품, 서비스, 기업 브랜드 등에 있어 '이미 있는 것'에 부가가치를 부여하기보다 산업과 기업의 가치생산에 영향을 주는 근본적 장치가 되기 위해 변모하는 중이다. 이는 모노즈쿠리의 전통을 이어 온 일본 기업에는 도전인 동시에 기회다.

다시 말해 마치 디자이너가 인공물을 만들어서 제공하듯이 기업과 그 조직이 디자인이라는 '지(知)적 방법'을 통해 고객의 필요를 파악하고, 디자인 과정을 통해 그 필요를 해결하는 가치생산 시스템으로 전환되고 있는 것이다. 또 생산 시스템 자체의 목적도 단순한 경제성장, 경쟁, 이익이 아닌 지속성(sustainability)에 기초한 사회성을 추구하는 쪽으로 변화하고 있다. 이러한 변화가 계속 진행된다면 경제와 이익 구조 역시 재편될 것이다. 특히 경제의 서비스화, 지식화는 이러한 변화와 매우 밀접한 관계에 있다.

회계 시스템으로 상징되었던 20세기 산업

20세기에 세워진 대량생산 공장에서는, 공장의 생산라인에 들어온 원재료(원가)와 제품으로 만들어지고 판매될 때의 가격(매출) 차이가 부가가치(이익)로 계산되었다. 그러므로 이익에서 경영관리비를 빼면 순이익이 나온다. 이러한 개념은 기업의 일반회계 원리(GAAP ; Generally Accepted Accounting Principle)에 그대로 반영되어 있다(매출-원가=부가가치). 이는 사물을 가치 단위로 삼던 교환경제 시대의 산물이다. 이 시대에는 제품이 전부였다. 제품을 경제적으로 교환하여 가치를 생산했던 것이다.

그런 시스템 아래서 디자인은, 재료가 공장의 생산 라인에 들어가기 전에 제품에 부가가치를 더하는 디자인 정보(설계사양, 의장), 즉 생산을 보조하는 역할을 했다(58쪽 도표 왼쪽). 디자인의 이러한 역할은 물론 의미가 있었지만, 생산 시스템 전체에서 보자면 부분적인 위치에 지나지 않았다. 공장 중심의 사회에서 디자인 활동은 상품 기획 단계 또는 제품 엔지니어링 단계에서 끝나

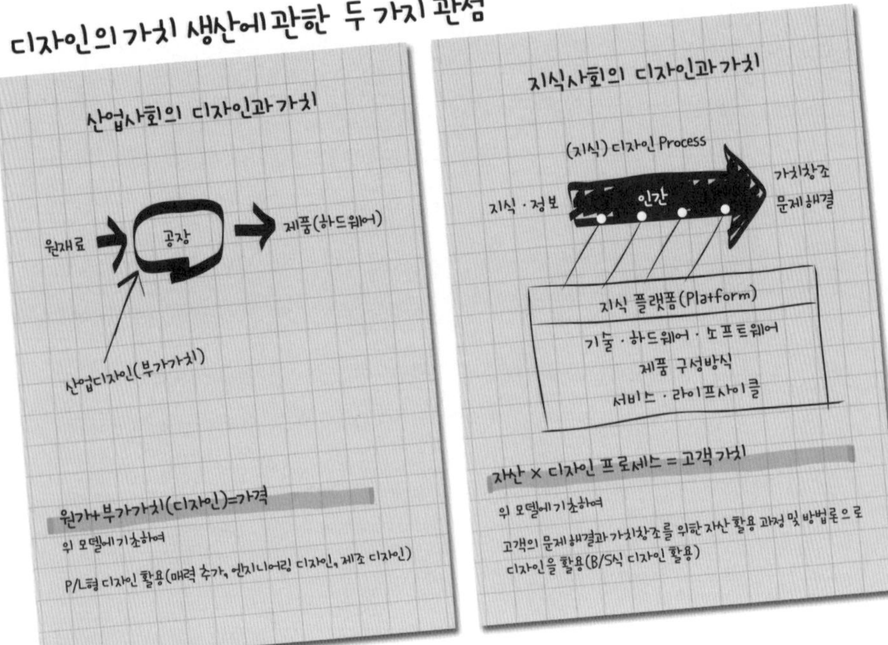

버렸다. 디자인은 P/L(손익계산서) 속에 갇혀 있었던 것이다.

한편, 기업은 점차 디자인을 기업의 가치 실현을 위한 일관된 과정으로 받아들이게 되었다(대부분 암묵적이기는 하지만). 여기서 일관된 과정은 '원가+디자인 정보=부가가치'라는 뜻이 아니다. 그렇다면 이것은 어떤 의미일까? 위의 그림 오른쪽과 같이 현재 있는 유무형의 자산을 기초로 고객과의 상호작용적 디자인 프로세스를 거쳐 가치를 창출하는 모델이다. 그러므로 P/L이 아닌 B/S(Balance Sheet, 대차대조표)[5]의 자산과 비용가치의 증대가 새로운 과제로 떠올랐다.

여기서 제품 및 기술은 디자인 과정을 통해 고객 가치를 실현하는 데 매개로 작용한다. 상품을 매개로 한 서비스 모델이지만 어디까지나 모노즈쿠리 지식과 능력을 활용하여 가치를 낳는 구조이므로 기존의 서비스업과는 다르다. 그보다 여전히 서비스업과 제조업을 양분하는 사고방식이 문제다. 제품을 만들어 팔고 끝내는 것이 아니라 그 전후의 라이프사이클까지 포함하여 고객 가치를 최대화하는, 과정 전체의 디자인이 필요하다.

디자인 패러다임으로의 전환

이러한 변화는 이미 현실이 되었다. 그리고 IT 업계는 이런 변화를 일찌감치 받아들였다.

우리의 일상생활에 이미 침투한 온라인 상품 판매(전형적인 예는 아마존이지만 영화 티켓 예매 또는 온라인 교육 서비스까지 포함)는 이러한 가치생산 과정을 구현한 분야다. 20세기의 판매업 및 매장이 고부가가치 상품과 일용품을 대량으로 유통시키는 장치였다고 한다면, 이들 온라인 사이트는 고객의 정보를 획득하여 적절한 상품, 서비스 또는 지식 접근 수단을 제공하는 디자인 프로세스가 적용된 플랫폼이다.

다시 말해, 디자인이라는 사고방식과 방법론이 현대적 가치생산의 핵심 과정이 된 것이다. 예를 들어 소프트웨어 개발(지식생산) 분야에서도 기존의 공장식 폭포수 모델[6]을 대신하여 '애자일 스크럼'(Agile Scrum)[7] 같은 새로운 방식이 늘어나고 있다. 애자일 스크럼방식은 계획에 기초하여 단계별로 개발

5_대차대조표와 손익계산서는 둘 다 기업의 경영 상태를 나타내는 재무제표이나, 손익계산서는 일정 기간의 영업성적을 기말에 결과론적으로 나타내는 재무재표이며 대차대조표는 기초와 기말에 한 번씩 작성하여 손익계산이 반영된 기업 영업성적의 변동을 보여준다.

6_개발 과정이 명확하게 단계화되어 순차적으로 진행되는 전통적인 소프트웨어 개발방식

7_히토쓰바시대학의 노나카 이쿠지로와 타케우지 히로시고가 처음 소개한 애자일(기민한) 소프트웨어 개발방식으로, '지식창조기업'이라는 일본의 조직론에 그 이론적 기반을 두고 있다.

하는 것이 아니라 관계자가 고객과의 상호작용을 통해 '작동하는 프로그램'을 만들어내는 것을 우선시하며 이 같은 과정을 거쳐 모델링을 반복하는 기법이다. 이때, 각 기술자와 전문가의 협업을 위한 장(場)이 디자인 플랫폼으로 중시된다. 예전의 개발방식과 어떤 점이 다른지 58쪽 도표와 비교해 보면 그 변화를 명확히 알 수 있을 것이다.

이러한 변화는 더욱 큰 패러다임 전환을 시사한다. 전 일본 선마이크로시스템즈의 야마다 히로히데 씨의 말에 의하면, 예전에 대형 컴퓨터와 PC를 팔던 IBM은 이제는 컴퓨터를 제조하는 회사도 소프트웨어를 제공하는 회사도 아니다. 물론 단순한 컨설팅, 아웃소싱 회사도 아니다. IBM은 이제 정보 네트워크 기술을 무기로 고객에게 필요한 각종 서비스를 제공하는 세계적인 기업이다. 즉, 앞에서 말한 디자인 과정이 회사의 기반이 된 것이다. 이러한 디자인 과정이 추상적인 비유에서 끝나지 않고 실제로 IBM의 서비스와 이노베이션에 침투해 있다는 점이 놀랍다.

IT 업계만이 아니다. 처음에 소개했던 패스트 리테일링 같은 새로운 업태 역시 새로운 디자인 프로세스의 결과물이다. 제조업에도 디자인 패러다임의 물결이 들이닥친 것이다. 일본의 제조업 역시 고부가가치형 모노즈쿠리에서 서비스형 디자인 모델로 전환하는 중이다.

예를 들어 공업용 연쇄파석과 연삭지석(Grinding Wheel)을 제조하는 회사인 디스코는 자사의 지식자산을 '자르기', '갈기', '깎기'의 세 영역으로 정의한 뒤 그것을 바탕으로 고객 니즈에 세심하게 대응한 결과, 획기적인 제품을 지속적으로 내놓고 있다.

구리타(栗田)공업은 전에는 수(水) 처리장치 하나만을 판매했지만 현재는 반도체와 액정부품 세정 서비스 및 수(水) 정화장치 운전관리, 유지·보수 등 고객의 니즈에 따라 분야를 세분화하여 고수익을 올리고 있다.

이 같은 변화는 무언가를 사들인 후 조립하여 상품으로 만들어 파는 것과는 차원이 다르다. 그렇다고 물건 대신 서비스를 상품화해서 파는 것도 아니다. 이는 제조업이 고객의 요구에 따라 지식자산(기술)을 디자인해서 제공하기 시작한, 자연스러운 진화다.

사실 서비스업도 이러한 진화 요구에 쫓기고 있다. 여태까지는 서비스업도 20세기의 공장형 회계 시스템에 따라 경영할 수밖에 없었다. 즉 '서비스라는 상품'을 팔았던 것이다. 그러나 본래 서비스란 자사가 이용 가능한 지식자산, 능력 등을 바탕으로 고객과의 공유의 장(場)에서 상호작용으로 수요를 가시화하고 서비스 요소를 조합하여 가치를 실현하는 경영 행위다. 사실 여행 서비스도 본질적으로는 고객과의 상호작용을 통해 가치를 창조하는 과정이다. 그러나 여행을 '패키지'로 만들어 판다면 서비스를 상품화하여 P/L의 관점에서 제공하는 것이다. 원재료를 매입하여 제공하는 행위이므로 결국 제조업처럼 일용품화라는 문제에 부딪히게 될 것이다.

한편, 서비스 경제화가 진행되면 제조업과 서비스업은 모두 '매출-원가=부가가치'라는 수식이 아닌,

$$'자산 \times 디자인 = 고객\ 가치 \rightarrow 이익'$$

이라는 관점을 확보해야 한다. 디자인이 창출한 가치를 직접적인 금전이나 간접적인 사회적 지식자산으로 전환하여 브랜드 육성 및 신용 확보에 활용함으로써 지속적인 이익을 창출하는 것이 서비스 경제 또는 디자인 산업 사회의 모델이다.

경제 가치를 창출하는 사건 디자인

　서비스화, 혹은 경제 지식화의 진전에 따라 디자인이 점차 중시되고 있다. S&P(Standards & Poors) 500사의 총자산 구성비, 즉 유형자산과 무형자산의 비율은 1975년에는 80:20이었다. 그런데 그 비율이 2009년에는 20:80으로 크게 달라졌다. 이런 지식경제 아래에서 상품 디자인보다 무형 지식과 사물을 교묘하게 융합한 디자인의 지(知)가 필요해진 것은 당연한 일이다.

　따라서 기업은 더욱 역동적이고 상호작용적인 가치 제공을 위한 디자인 프로세스를 비즈니스 기반으로 삼아야 할 것이다. 이러한 점에서 서비스나 경험은 진정한 디자인의 대상이다. 오늘날 디자인은 고객의 의식 변화를 받

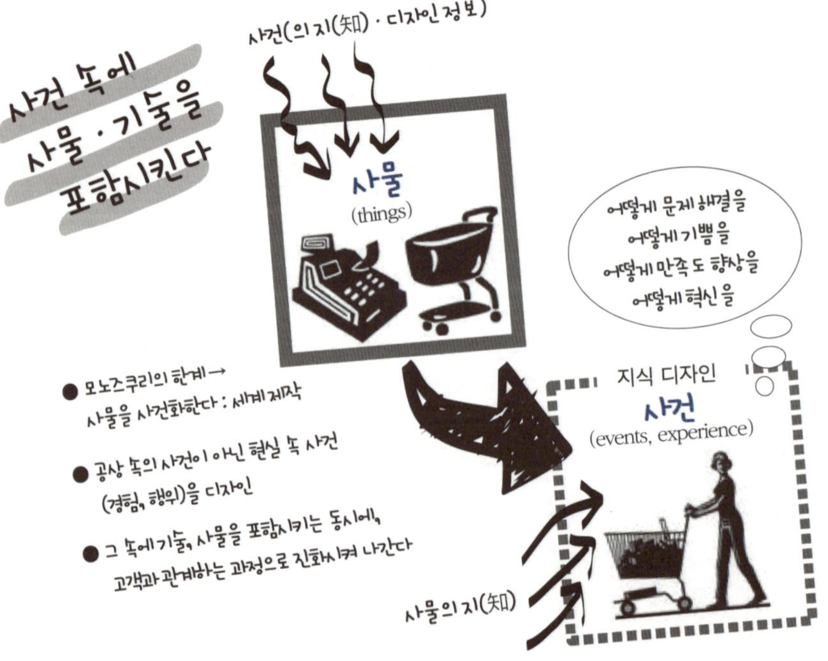

아들여 바람직한 '사건'과 '경험'을 디자인하고 그 속에 다양한 기술을 집어 넣는, 고객 현장에서부터 이노베이션을 일으킬 지적 방법론으로써 중시된다.

예를 들어 솔루션 서비스에서는 상품에 관한 지식 이외에도 다양한 지(知)를 아우르는 소프트웨어, 서비스, 문제 해결, 비즈니스 모델 구축 등의 작업이 필요하다. 솔루션 서비스를 받은 고객은 다양한 지식을 바탕으로 자신에게 적합한 가치를 제공했던 디자인 서비스만 인정할 것이다. 이러한 관점에서 보면 디자인이 지속적 이노베이션에 불가결한 '지적 방법론'이며 가치생산 시스템의 근본 과정임을 깨닫게 된다.

사건을 만든 뒤 그 안에 사물을 포함시키는 방식이 매우 중요하다. 그러려면 서비스 분야에서 '서비스 디자인 또는 가치를 낳는 일련의 서비스 제공 과정으로서의 디자인'이라는 관점을 배워야 한다. 일용품에 부가가치를 더하는 제조업의 모델이 아닌, 고객의 본질적인 가치를 기점으로 고객과의 대화를 통해 사건과 경험, '세계'를 창출하고 그에 따라 기술, 사물, 지식을 연결하는 모델이 필요한 것이다. 그 작업에 필요한 구상력이야말로 그 무엇보다 중요한 능력이다.

생산의 서비스화 · 지식화

제조업의 서비스화란 단순히 상품에서 서비스로 업태가 달라졌다는 의미가 아니다. 그 본질은 사업의 지식화이다. 서비스화는 비즈니스 모델을 진화시킴으로써 전략에 대한 관점 자체를 바꾼다. 그러나 이는 양날의 검이기도 하다. 그 예로 카메라와 사진 산업을 생각해 보자.

〔하드웨어 중심 시장〕

과거에는 사용자가 직접 필름(상품)을 사서 카메라(상품)에 장착한 뒤 사진을 찍었으며, 현상까지 재료(상품)를 사서 직접 했다. 그러나 시중에 점점 현상 대행 서비스(행위)가 늘어나자 개인적인 현상은 취미가 되었고 결국 비즈니스 판도는 바뀌었다. 그 결과 개인용 현상 재료(상품) 시장은 소멸하였다.

〔소프트웨어 중심 시장〕

그 후, 디지털 카메라(상품)의 시대에 이르러 필름 카메라(상품) 시장은 급속히 축소되었다. 사용자들은 대부분 필름 대신 메모리카드(상품)를 사서 사

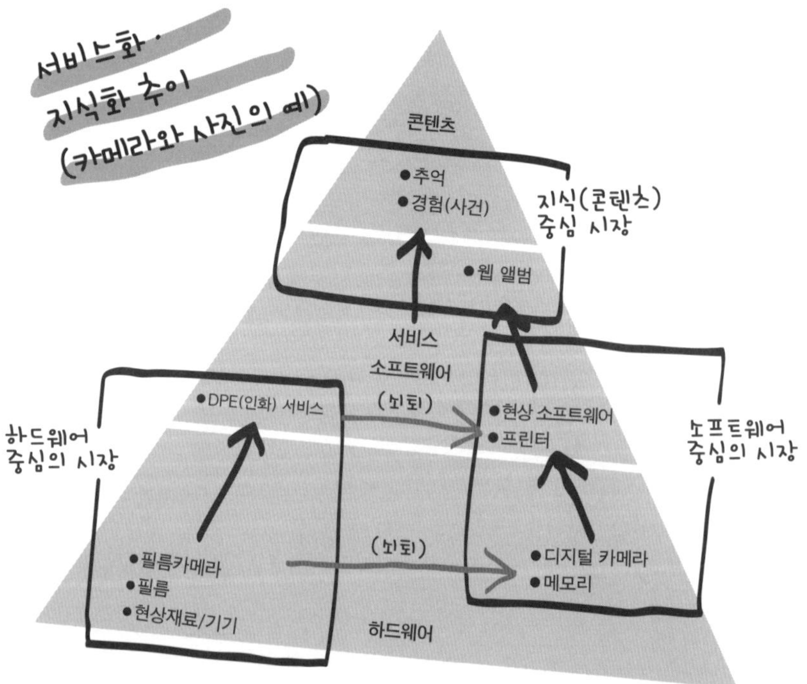

용했고 직접 가정용 컴퓨터(상품)를 이용하여 현상과 프린트를 할 수 있게 되었다.

〔콘텐츠 중심 시장〕

그런데 뒤이어 프린터(상품)의 저가화가 급속히 진행되었다. 그러자 이번에는 현상 대행 서비스업(행위)이 변화를 맞게 되었다. 사진이라는 콘텐츠(지식재산)가 중심이 된 것이다. 이처럼 하드웨어 위주의 시장에서 서비스 시장으로, 서비스 위주에서 콘텐츠 시장으로 이행되었다.

최근에는 심지어 메모리카드(상품)조차 시장이 축소되고 있다. USB를 이용하여 카메라에서 컴퓨터로 데이터를 직접 이전할 수 있게 되었기 때문이다. 따라서 이제 메모리카드 방식이 중요하지 않다. 결국에는 카메라 관련 네트워크가 발달하여 사진을 인터넷상에서만 기록하게 되어서 컴퓨터나 프린터(상품)로 현상·인쇄하는 행위도 사라질지 모른다. 하긴 컴퓨터마저 소멸의 위기라는 말이 나올 정도다.

이처럼 사물은 지속성이 없으며 사용자와 현장의 상황에 따라 모습을 바꾼다는 것을 알 수 있다. 물론 사물은 결코 사라지지 않는다. 그러나 사용자가 지닌 가치의 초점은 하드웨어에서 콘텐츠 서비스(지식)로 옮겨갈 것이고, 그에 따라 하드웨어와 플랫폼의 모습도 달라질 것이다.

이처럼 하드웨어에서 지식으로 이어지는 변천은 IT 서비스는 물론, 전자출판 비즈니스가 대두한 출판계에서도 일어날 것이다.

그럼 과연 무엇이 그 변화를 주도할까? 그 방향성은 전적으로 사용자의 필요와 욕구에 달려 있다. 물론 사용자 역시 자신의 미래 욕구를 잘 알지는 못한다. 모든 것이 상호작용에 의해 일어나기 때문이다. 이러한 변화는 비단 IT

나 출판계뿐만 아니라 온갖 시장에서 일어날 것이다. 그래서 사물뿐 아니라 경험의 디자인을 우선 생각하는 사고방식이 꼭 필요하다.

모노즈쿠리(物作) 경영의 한계

상품 중심의 경제가 서비스 중심으로 바뀌는 것은 매우 중요한 변화이다. 특히 일본은 모노즈쿠리가 세운 나라라고까지 불렸었지만, 이제는 경제(GDP)의 7할 이상이 서비스이며 기존 제조업의 대부분이 미국·유럽 기업에 비해 극히 낮은 영업이익률에 허덕이고 있다. 아예 모노즈쿠리라는 말이 무색할 만큼 일본 제조업, 특히 전자 분야는 영업이익률 면에서 미국·한국에 크게 뒤진다. 그중에서도 일본 전자 기업들의 영업이익률은 5% 이하로 인텔, IBM, HP, 노키아, 삼성 등에 10% 전후로 뒤지고 있다.

기존의 제조업 비중이 크고 서비스업의 생산성이 낮은 것은 일본의 큰 문제로 지적되어 왔다. 일본 기업들이 서비스업을 '천시'했던 것이다. 심지어 모노즈쿠리 시스템을 서비스업에 적용하면 생산성이 향상될 것이라는 제안까지 나왔다(제조업의 방식을 서비스업에 도입하면 성공한다는 가설). 필자는 몇몇 서비스업 경영자와 이 화제에 대해 이야기를 나눈 적이 있는데, 그들은 하나같이 과거 제조업과 서비스업의 관계에 불만을 표시했다. 서비스업 나름의 경영의 지(知)가 있다는 것이다. 필자 역시 현재 일본 산업의 부진과 서비스 경제의 발전을 볼 때 오히려 제조업이 가치생산의 발상을 전환해야 한다고 생각한다. 모노즈쿠리는 중요한 능력이지만, 그것을 가치로 전환하는 모델이 문제다.

드러내놓고 단기적 수익과 주주가치에 매진하는 서구적 세계 표준경영이 우수하다는 말은 아니다. 그들도 정체기를 맞고 있다. 그렇다고 일본식 모노즈쿠리 경영이 해답이라는 단순한 주장을 하려는 것도 아니다.

일본 기업의 모노즈쿠리 경영은 정체기를 지나고 있다. 일본 기업은 좀처럼 하드웨어, 소프트웨어, 시스템 또는 서비스를 결합시키지 못한다. 이는 종종 지적을 받았던 문제이기도 하다. 그러나 머리로 이해하고 입으로만 말해서는 아무것도 바꿀 수 없다. 이런 상황이기에 디자인 씽킹(지식 디자인) 같은 가치생산 과정이 더욱 중요하다. 지식 디자인을 시작하려면 우선 경험적 인지에 기초해서 직접 생활하는 사람과 고객의 암묵적 욕구를 파악해야 한다. 이것이야말로 사물이 아닌 사건을 디자인하는 방식이다.

최근 들어 일본 기업의 약점을 지적하는 논평이 많아졌다. 그 중 하나가 '일본 기업은 지식재산 관리에 약하다'라는 것이다. 맞는 말이지만 일본 기업 역시 지식재산 관리에 나름대로 관심을 기울여왔다. 하지만 장래에 관건이 될 만한 기술을 미리 상정하는 데에 어려움이 있었다. 사실 어떤 지식재산이 어떤 시점에 부상할지는 극히 불확실하다. 시시해 보였던 특허, 상표권 등이 어느 날 갑자기 화제가 되는 일은 많다. 단순히 지식재산에 관심을 가지는 것만으로는 부족한 것이다.

일례로, 일본 제조회사들은 종종 'iPad에 사용된 기술은 사실 별 볼 일 없다'라고 말한다. 그러나 첨단 기술만이 가치 있는 기술은 아니다. 그보다는 그 기술을 어떻게 조합하여 사용자가 쓰기 편하도록 소프트웨어와 서비스를 제공하느냐 하는 디자인적 가치가 더 중요하다. 지식재산은 상품, 서비스, 소프트웨어의 상호관계에 초점이 맞추어져야만 그 진정한 가치를 발휘할 수 있다. 다시 말해 기술표준화와 같은 모노즈쿠리적 발상이 아닌 시나리오와 비즈니스 모델의 구상이 중요한 것이다.

현장에 가서 현실을 면밀하게 관찰하여 솔직한 디자인으로 이노베이션을

디자인으로 사업을 변화시킨 역사 속 경영자들

20세기의 경영자들은 확실하게 디자인을 구사했다. 앞에서 언급했듯이 한계가 있었지만 어쨌건 디자인을 교묘하게 활용했던 것만은 분명하다.

예를 들어 GM은 디자인을 활용하여 '모델 체인지'라는 비즈니스 모델을 만들어냈다. 당시 자동차 산업의 아버지라 불렸던 헨리 포드 1세는 '포드 T형' 디자인을 고집하고 있었다. 이는 그의 신조였던 획일적 대량생산에서 비롯되었다. 검은색이 아닌 다른 색을 원하는 사용자들에게 '차체만 검다면 다른 곳은 어떤 색상도 괜찮다.'라며 조금도 물러서지 않았던 것이다. 1위 업체의 이런 고압적인 자세와는 달리 후발업체인 GM의 사장 알프레드 슬론 2세(Alfred P. Sloan)는 '미국 사람들이 자동차를 사는 이유는 단순히 사용하기 위해서만이 아니라 자동차를 탄 자신의 모습을 남에게 자랑하고 싶어서이다.'라는 사실을 알아챘다.

그래서 GM은 할리 얼(Harley Earl)이라는 예술가를 고용하여 '모델 체인지'라는 비즈니스 모델 이노베이션에 착수한다. 이는 동적 진부화 전략이라고도 하는데 정기적으로 디자인을 바꾸어 예전 디자인을 진부하게 만듦으로써 교체 구매 욕구를 환기하는, 당시로서는 혁명적인 모델이었다.

그때 알프레드 슬론 2세는 할리 얼에게 한 가지 지시만을 내렸다. '우리 회사 자동차가 팔리게 해 주시오.' 이때를 회상하며 얼은 '그 탓에 사내에서 가장 미움 받는 남자가 되고 말았습니다. 누구에게나 끈덕지게 붙어서 따라다녔으니까요.'라고 말했다. 할리 얼은 디자인을 매개로 회사 구조를 조정하여 일정 기간마다 신차가 개발·발매되는 체계를 구현했던 것이다. 이런 과정을 통해 GM이 실현한 이노베이션의 내용은 다음과 같다. 아래 사항은 전부 현재 기업의 디자인 부문에서 일하는 사람 대다수가 활용하는 내용이다.

● 자동차 스타일링(디자인) 부문

● 모델 라인업

● 드림카(콘셉트 카)

● 목업(Mock-up, 실물 크기 모형) 디자인

애플의 스티브 잡스도 디자인 교육을 받았지만, 정작 iMac부터 iPad에 이르는 애플의 디자인을 구현했던 사람은 영국 태생 디자이너이자 애플의 부사장인 조나단 아이브(Jonathan Ive)였다. 잡스와 아이브스의 관계 역시 알프레드 슬론 2세와 할리 얼의 관계와 비슷하다.

역사적으로 뛰어난 경영자는 누구나 디자인 마인드를 지니고 있었다. 그 중 혼다의 창업자인 혼다 소이치로(本田宗一朗)는 다음과 같은 말을 남겼다.

"상품 디자인이란, 대중의 모방성(그 사람이 했으니까 나도 한다는 유행 심리)을 흘깃거리며 창조성(독자적인 힘으로 새로운 것을 생각해서 만들어내는 일)을 쥐어짜는 아슬아슬한 과정을 통해 발전한다."

이와구라 신야(岩倉信弥) 〈혼다 소이치로에게 가장 꾸중을 들었던 남자의 혼다 어록〉[8]

"액세서리로 디자인 효과를 보려는 생각은 옳지 않다. 실용품 자체가 액세서리이며 디자인이어야 한다."

혼다 소이치로 〈나의 생각俺の考え〉[9]

"인간의 아름다움은 천연의 아름다움뿐 아니라 갈고 닦은 제2의 천성이 그에 겹쳐져 배어나오는 데 있다고 생각한다. 디자인의 가치 역시 그와 같다. 원래 예뻤던 사람은 대체로 자신의 아름다움을 지지할 지성을 연마하기도 전에 자신의 아름다움에 빠져버리는 경우가 많다."

혼다 소이치로 〈스피드로 산다〉[10]

오가 노리오(大賀典雄) 씨는 소니의 황금시대를 있게 한 경영자(CEO)이자 소니의 초대

8_〈혼다 소이치로에게 가장 꾸중을 들었던 남자의 혼다 어록- 인생에 '자기철학이 있는 사람'이 되라! 本田宗一郎に一番叱られた男の本田語録—人生に「自分の哲学を持つ人」になれ!〉미카사(三笠)서방, 2006
9_신쵸(新潮)문고, 1996년
10_지쓰교노니혼(実業之日本)사, 2006년

디자인 실장이었다. 그는 "소니는 기본적으로 경쟁 상대의 모든 제품이 우리 제품과 기본적인 기술, 가격, 성능, 기능 면에서 똑같다고 생각한다. 오직 디자인만이 시장에서 제품에 차이를 부여한다."고 말했다.

A. Forrester, Different Thinking, Kogan Page, 2007

디자인은 본질적으로 사물의 외관을 아름답게 보이기 위한 기술이 아니다. 또 같은 시각화라 해도 이미 세상에 알려진 무언가를 가시화해서 의미를 전달하거나 관리·분석하기 위해 시각화하는 것과 새로운 것(없던 것 또는 보이지 않았던 것)을 제시하는 시각화 행위는 본질적으로 다르다.

디자인은 우리가 현장과 현실에서 접하는 실제 사물과 관계하면서 우리 내면의 지적 에너지를 끌어내어 단편화된 요소를 하나의 형태로 통합하는 창조적인 지(知)이다. 바꾸어 말하면, 인간의 시각 능력과 형태 창조 능력을 바탕으로 한 지적 방법론이라 할 수 있다. 특히 창업 경영자나 벤처 경영자는 이러한 사고의 기반이 되는 강한 디자인 마인드가 있어야 한다. 디자인 마인드는 지금까지 말했던 디자인 씽킹과 지식 디자인 그 자체이기 때문이다.

이러한 방법론은 다양한 수준의 이노베이션과도 밀접하다. 그리고 우리는 상품 디자인처럼 눈에 보이는 디자인이 아니라도 '디자인'이라는 말을 쓴다. 경영 디자인, 조직 디자인, 사업 디자인 등. 이는 분석적 방법과는 전혀 다른 방식이다. 이들의 배후에는 하나같이 '콘셉트(조직과 사업의 개념)', '요소 간의 관계성', '미래지향적 사고방식'이 숨어 있다.

일으켜야 한다. 사실 일본에서도 이처럼 기본을 지켜온 기업만이 지속적으로 경쟁력 있는 제품을 만들며 비즈니스를 유지해 왔다. 그러나 요즘은 그런 사례를 찾아보기가 어렵다. 기존의 일본 기업들이 능력 면에서 저하되었기 때문이다. 이는 모노즈쿠리에서 나온 '스리아와세'(서로 부딪치며 세밀하게 맞춰 나간다는 뜻, 조정과 통합- 역주) 같은 활동을 물질적인 모노즈쿠리의 요령으로만 보왔던 탓은 아닐까? 본래 일본 기업의 강점은 고객, 파트너와 함께 하는 장(場)을 열고 그곳에서 공유된 암묵지를 기반으로 꼼꼼하게 현장을 관찰하여 사람과 사물을 면밀하게 연결시키는 것에 있었다. 스리아와세는 원래 '사건 속에 사물을 포함시키는' 일이었지만 지금에 와서는 피상적인 모노즈쿠리로 전락하고 만 것이다. 이는 조직과 사업에 디자인의 힘이 빠져 있었기 때문이라 생각한다.

일본 기업의 강점인 모노즈쿠리 능력을 살리기 위해서라도 종래의 모노즈쿠리 경영과는 다른 서비스적 관점을 취해야 한다. 물론 서비스 경제화는 제조업과 서비스업의 경계가 사라지는 구조적인 변화이므로 '사물에서 사건으로의 이행'은 절대 쉬운 일이 아니다. 그러므로 고객 가치의 기반인 서비스 시스템과 비즈니스 모델 디자인은 향후 가장 주시해야 할 영역이라 할 수 있다.

2.2. 디자인의 지(知)로 가치를 창조하는 기업

지(知)로서의 디자인은 경영의 다양한 단계에서 적용하고 활용될 수 있다. 비유하자면 디자인은 상당히 화려한 스펙트럼을 지니고 있는데 여태까지 기업에서는 일부 색상만 쓰거나 색상을 단편적으로 사용해 왔다. 그러나 적외선, 자외선에 근접한 색까지 활용한다면 디자인을 경영상 지(知)의 유용한 방법론으로써 활용할 수 있을 것이다.

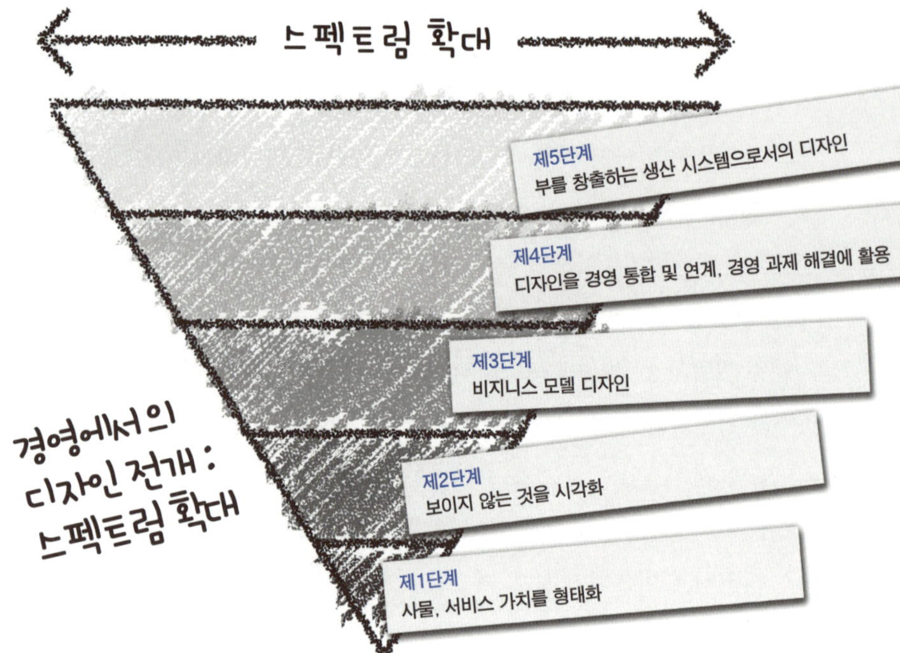

제1단계   ## 디자인으로 사물, 서비스의 가치를 형태화한다

기업이 디자인을 활용하는 첫 단계는, 예전에 해왔던 대로 상품 디자인 또는 제품 개발 단계에 디자인하는 것이다. 그러나 최근에는 에스노그래피 같은 디자인 기법(제4장)으로 인해 디자인의 역할이 세상과 시장, 그리고 고객 수요 파악으로까지 확대되고 있다. 다시 말해, 디자인은 기술에 제품으로서의 형태를 부여하며 시각적·형태적으로 문제를 해결하고 표현하는 수단이다. 단순히 형태나 색을 개선하는 것이 아니라 상품의 질을 올리는 지적 방법론으로 디자인을 사용한다는 것이다. 이를 뒤집어보면 디자인을 피상적으로

사용해서는 안 된다는 것이다. 제품에 기술적 차별성이 없을 경우, 형태적 디자인의 매력에 의지하기 쉽다. 그러나 고객이 호응하지 않으면 디자인에 들인 개발비가 고스란히 손실로 돌아올 것이다. 그러므로 디자인의 '외견 효과'를 안이하게 기대해서는 안 된다. 고객 시점에서 어떤 디자인을 할지 생각하는, 형태를 만드는 사물 디자인만이 아닌 통합적인 디자인을 하는 자세가 바탕이 되어야 한다.

제2단계 디자인으로 보이지 않는 것을 시각화한다

다음은 과연 어떤 제품을 만들지 아직 정하지 못한 단계의 디자인이다. 디자인을 통해 새로운 콘셉트를 창조하며 콘셉트와 기술, 마케팅을 통합한다는 것이다. 이는 이노베이션을 위한 디자인이라 할 수 있다. 다시 말해 디자인이 조직 내부와 고객시장을 탐색하여 새로운 기회를 만들고 이를 시각화, 개념화하는 역할을 담당하는 것이다. 이는 또한 고객과 사내의 지식자산을 파악하여 시각적으로 나타내는 일이기도 하다. 이들은 원래 시장분석을 통해 콘셉트를 도출했던 마케팅의 역할이었다. 그러나 기존 마케팅은 과거 데이터에 의존하는 경향이 있었다. 흔히 말하는 20세기형 마케팅은 이제 도움이 되지 않는다. 이제는 앞을 내다보고 가설을 세우며, 개념을 시각화해야 한다. 이노베이션 프로젝트에서는 이러한 탐색적·발견적인 디자인, 특히 프로토타이핑과 같은 기법이 큰 도움이 된다.

비즈니스 모델 디자인

세 번째는 비즈니스 시스템과 비즈니스 모델을 디자인하는 단계다. 다시 말해, 디자인을 통해 복잡한 사업적 요소 간의 관계성을 종합하거나 결합하는 것이다. 또는 고객이 보는 앞에서 그 요소를 디자인하기도 한다. 서비스 비즈니스에서는 고객이 가치를 느끼는 순간에 이익이 발생한다. 그리고 고객에게 필요한 것을 서비스하여 고객이 가치를 느끼면 그 가치에 대해 고객이 지불하는 대가에서 이익이 나온다. 이는 단순히 서비스를 '판매'하는 일이 아니다. 그러므로 고객 가치 실현(제공)을 위해서는 서비스, 소프트웨어, 하드웨어가 상호 관련되어야 한다. 비즈니스 모델과 자산의 관계성에 대한 디자인이 필요하다. 바로 이 지점에서 지금까지 그다지 주목받지 못했던 중대한 디자인 능력이 두각을 드러내게 된다. 특히 세계를 제작하는 능력, 관계성을 창출하는 능력이 중요해진다. 그러나 이는 책상에서 이루어지는 작업이 아니다. 디자인적 관점에서 시장, 고객, 파트너, 사내에 존재하는 '삶'의 현장을 면밀히 관찰하여 비즈니스 모델을 디자인해야 한다.

디자인을 경영 통합 및 연계, 경영 과제 해결에 어떻게 활용할 것인가?

디자인을 경영전략 단계에서 활용한다는 것은 제1~제3단계의 디자인 활용을 하나의 경영 '형태' 또는 스타일로서 침투, 진화시킨다는 의미다. 이 책에서는 자세히 다루지 않지만 이른바 디자인경영(디자인 자원의 전략적 활용)에 해당하는 영역이라 할 수 있다(곤노 2004). 그러나 과거에 디자인경영이라 불렸던 경영 기법은 다양한 디자인 자원과 자산(디자인된 사물과 정보, 디자이너)을 기업 브랜드 전략을 비롯한 경영전략과 사업전략에 활용하는 좁은 영역(디자인 자원 관리)에 머물렀다. 앞으로는 디자인을 기업의 가치생산 도구로 간주하고 제품·서비스 수준, 이노베이션의 응용, 비즈니스 모델 디자인을 한 덩어리로 통합하여 생각해야 한다(디자인 기반 경영 : Design-based Management). 그런 유연한 시스템이 완성되면 디자인의 효용을 단발성이 아니라 지속적으로 이끌어낼 수 있다. 또한 디자인은 지식재산권의 영역에 속하므로 기업 자산으로서도 의미가 있다. 그리고 브랜드 전략은 디자인경영에서 특히 중대한 과제다.

부를 창출하는 생산 시스템으로 디자인을 어떻게 활용할 것인가?

다음에 이어질 발전적 단계에서는 기업의 디자인 활용이 기업 생태계 및 사회와의 관계에까지 영향을 미치게 된다. 디자인이 경영 전체의 수익에 지속적으로 영향을 미칠 21세기적 가치생산 시스템으로 도약하는 것이 바로 이 단계다. 이 단계에서 디자인의 가장 중요한 목표는 기업과 사회, 시장의 관계를 생태적 측면에서 이해하고 상품, 서비스, 비즈니스 모델, 기업 자산을 통합한 플랫폼 또는 사회적 서비스 시스템을 구축하는 것이다.

예로부터 디자인은 기업 가치창조의 근간이었다. 디자인은 특히 비즈니스 모델에 매우 큰 영향을 미치는데, 서비스 비즈니스에 대한 영향은 더욱 크다.

그 대표적인 사례로 JR동일본그룹의 '에키나카'를 살펴보자. 에키나카는 역의 의미를 리디자인하여 만들어낸 비즈니스다. 예전에는 역의 상업시설이라면 작은 우동집, 키오스크(간이매점) 등이 대부분이었고, 그 밖에는 '루미네'처럼 역에 근접한 상업빌딩이 일반적이었다. 그러나 Suica(동일본여객철도가 도쿄 근교 구간에 도입한 교통카드-역주) 이용이 활발해지면서부터 역의 의미가 달라졌

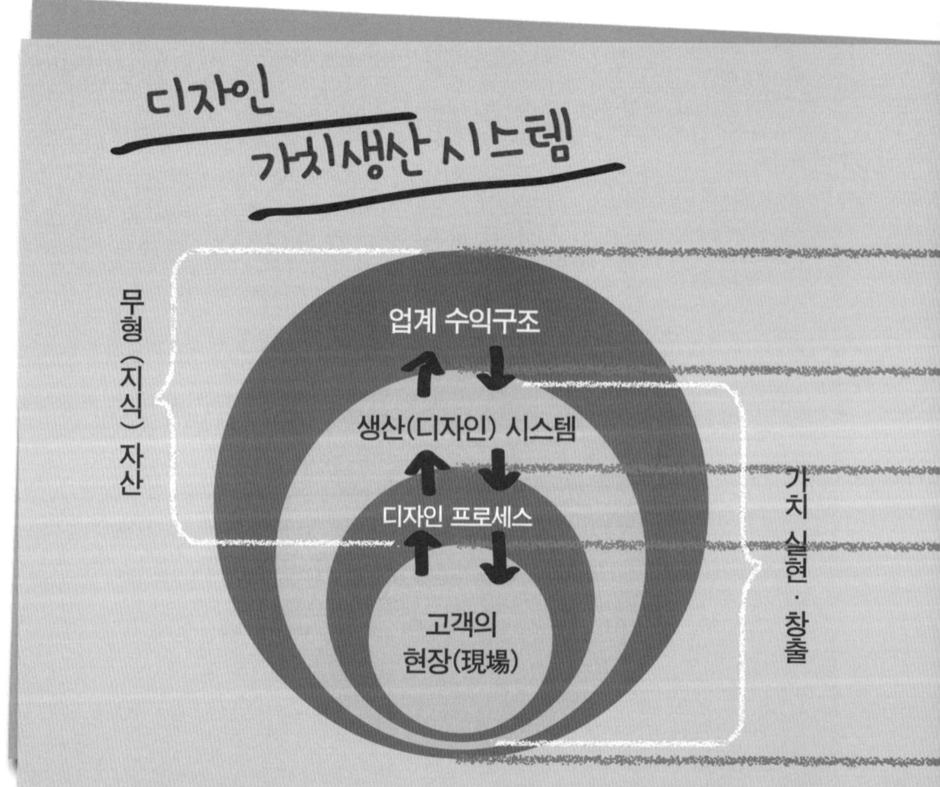

다. '에큐트(Ecute)'는 에키나카 프로젝트의 선구자 역할을 했던 '역 구내 개발 소매점'(2005년 1호점 개점)인데 예전처럼 장소를 임대하는 모델이 아니라 환경 디자인에서 머천다이징(MD)까지 통합 기획하고 전 매장을 기준으로 한 전체 매출을 중시하며, 마케팅 비용과 점포 비용 등을 제한 후 이익을 재배분하는 매출매입방식의 비즈니스 모델이다. 이 에키나카 모델을 발전시켜 2007년 가을 동경역 지하에 개장한 'GRANSTA(그란스타)' 내에는 반찬, 도시락, 디저트, 라이프스타일 잡화, 일본 전통주 등을 취급하는 50개 정도의 매장이 마련

① 델(Dell)	② 세븐일레븐	③ 마에카와제작소	④ 인텔(Intel)
부품 공급자와의 네트워크(정보공유)	점포와 점포를 연결하는 필드카운슬러, 공급자 네트워크	생산 네트워크 전개, 사회·시장 시스템으로의 진화	정보산업의 에코시스템으로의 진화
통합적 생산 플랫폼	IT를 활용한 발주 시스템 (그래픽 단말기)	통합 시스템으로서의 설비기기(자본재) 사업화	모듈셋(Module Set) 공급을 통한 사용자 지원
웹베이스의 수주 생산 (BTO ; Build-To-Order) 인터페이스	기회손실을 최소화하는 대화·가설추론	공동협력에 의한 '기업화' 계획(이론지(知)화)	에코시스템을 의식한 제품군의 개념화
대량 컴퓨터를 활용하는 기민한 비즈니스 사용자의 주문 정보 획득	지역 파트타이머를 통한 커뮤니티적 지(知) 획득	기업고객 생산현장에 상주하며 지(知)를 획득	기업고객의 개발현장·정보사회 지(知)의 획득

되었는데, 정기적으로 점포를 교체함으로써 인기 점포를 유지·관리한다는 것이 중요한 특징이다.

에키나카는 역을 새로운 소비 공간으로 바꾸었다. 역에 인접한 편의점 'NEWDAYS'는 면적당 매출 기준으로 세븐일레븐을 뛰어넘었다. 시부야(渋谷) 역내 유니클로도 높은 매출 효율을 올리고 있다. 에키나카의 효과는 막대해서 JR동일본그룹이 현재 유통업 매출 비중을 전체의 40%까지 올리기 위해 전체 비즈니스 모델을 재편하고 있을 정도다.

이 사례는 고객의 소비 및 이용 행동에 대한 디자인이 새로운 시장을 창조한다는 사실을 말해준다. 물론 JR동일본은 예전부터 토지라는 유형자산을 보유하고 있었다. 그러나 역의 의미를 리디자인하지 않았다면 현재와 같은 에키나카 사업은 없었을 것이다. 제공자의 눈으로 보면 이는 서비스 경험의 디자인이다. 경험이라는 보이지 않는 현상에 대한 디자인이 바로 가치의 기점이 된 것이다.

'디자인＝가치생산 기반의 비즈니스 모델'

우리는 자사 사업의 비즈니스 모델이 디자인(고객과의 관계나 수익구조) 및 디자인 과정을 내포한 가치생산 플랫폼인지 혹은 단순히 상품을 파는 모델인지 다시 한 번 검토할 필요가 있다. 단지 물건을 만들어 파는 것이 아니라 어떻게 디자인 과정을 통해 가치를 창출하는가가 관건이다.

다음의 사례들도 이런 관점에서 다시 살펴보면 많은 참고가 될 것이다. 이들은 모두 고객 현장의 개별적 요청을 가치로 전환하는 과정과 가치 실현 시스템 및 지식자산을 기반으로 한 비즈니스 모델이다.

① 고객 가치를 창출하는 델(DELL) 모델

델컴퓨터는 고객 주문을 받은 후 고객이 요청한 기간에 맞춤형 컴퓨터와 서버 제품을 발송한다. 고객으로서는 컴퓨터라는 물건을 '사는' 단순한 행위지만 델을 고른 배경에는 특정 사양의 컴퓨터를 특정 대수, 특정 기일에 저렴하고도 타이밍 좋게 설치하고 싶다는 욕구가 있다. 델은 이 욕구를 실현하기 위해 타사를 압도하는 수주 · 제조 · 물류 시스템을 갖추고 있다.

델은 우선 다양한 경로를 통해 개인에서 대기업에 이르는 고객의 개별적 욕구를 파악하는 데 많은 노력을 기울인다. 이것이 컴퓨터를 만드는 데 주력하는 회사들과 결정적으로 다른 점이다. 델은 고객의 주문을 받기 전까지 아무 일도 하지 않는다. 재고조차 보유하지 않는다. 그러나 고객의 주문 정보를 신속히 집적(Order Accumulation)하자마자 파트너 기업에 그 정보를 제공하고, 재빨리 컴퓨터를 조립 · 마무리하여 고객에게 제공한다. 이를 BTO(Built-To-Order, 주문생산) 비즈니스 모델이라 하는데, 델은 이러한 '고객정보 취득→디자인 플랫폼을 통해 문제 해결(개인화)→고객 가치 제고'라는 디자인 과정 자체를 비즈니스 모델로 삼고 있다. 이처럼 제조업이면서도 서비스업의 가치 제공 체제를 구현하는 델 모델의 기반에는 고객의 요구에 손쉽게 대응하고 주문에 따라 신속하게 부품을 수집하여 컴퓨터를 조립하게 만드는 디자인 플랫폼이 있다. 기존 컴퓨터 시장에서 델 모델은 이미 성숙단계에 이르렀지만 그 콘셉트 자체는 여전히 유효하다.

클라우드 컴퓨팅[11] 시대로 접어들자 델은 이 비즈니스 모델을 데이터센터 서비스 시장에 적용하기 시작했다. 클라우드에 대응하는 전문성 높은 서버를

11_인터넷상의 서버를 통하여 데이터 저장, 네트워크, 콘텐츠 사용 등 IT 관련 서비스를 한 번에 사용할 수 있는 컴퓨팅 환경이다.

집약하고 개인화하여 제공하기 시작한 것이다. 이것이 델의 '데이터센터 커스텀솔루션' 팀의 목표다.

② 세븐일레븐의 가설 발주 모델

세븐일레븐 일본의 경영방식은 다른 곳에서도 가끔 소개되므로 아는 사람이 많으리라 생각한다. 세븐일레븐의 비즈니스 모델은 단순히 상품을 팔기 위한 것이 아니다. 세븐일레븐 점포는 정보 또는 지식 디자인 과정을 내포한 가치생산 시스템의 일환으로 간주해야 한다. 이 지식 디자인 과정을 '가설-검증' 과정이라고도 하는데, 그 구체적인 방법은 다음과 같다. 매장에서 일하는 아르바이트 점원이 1) 지역 혹은 현장 정보를 취득하고, 2) 그에 기초하여 가설을 수립한 뒤, 3) 주문을 하여, 4) 보이지 않던 수요를 충족시킴으로써 고객 가치 디자인 과정의 주역이 되는 것이다. 또 그런 과정이 개별 점포뿐 아니라 기업 전체에 공유된다는 것이 세븐일레븐 일본의 강점이다.

이 과정을 통하여 각 점포에는 지역적 기회를 찾아내고 충족시킬 가설지(知)가 생성되며 이 가설지에 따라 주문 정보로부터 '기회손실 최소화'에까지 이르는 정보의 흐름이 만들어진다. 현장의 고등학생, 대학생, 주부 아르바이트 직원이 기후 등 지역 정보에 본부의 데이터를 참고하여 상품을 어떻게 진열할 것인가를 구상하는 것이다. 여기서 상품 진열을 구상한다는 것은 진열대 위에 부족한 상품을 보충하는 일이 아니라 '내일 고객이 어떤 이유에서 매장에 물건을 사러온다면, 그 고객을 만족시키기 위해 무엇이 필요할까'와 같은 '사건(이벤트)'을 예상해서 결정하는 일이다. 혹은 화제 상품이나 신상품을 과연 어떤 고객을 대상으로 판촉할지 가설을 세우는 일 등을 말한다.

이 개별 점포 수준의 프로세스를 지역에서 회사 전체로 확대시키고 조정하는 사람이 바로 OFC(Operation Field Counselor)라는 점포 경영 지원 담당자다. OFC 한 명이 7~8개 점포를 담당하여 현장지(知) 및 정보의 종합을 담당한다. 거기서 발견된 새로운 수요는 자사의 상품 개발(팀 머천다이징)로 연결된다. 이 모든 활동의 기본은 가설-검증 과정의 디자인이라 할 수 있다. 세븐일레븐 일본은 이를 위해 대화 체계, 정보 제공, 아르바이트가 간편하게 사용할 주문 시스템 등의 플랫폼을 제공한다.

③ 마에카와 제작소의 기업화 계획 모델

산업용 냉동기, 냉열 엔지니어링을 취급하는 마에카와 제작소(2006년 매출 약 1,088억 엔, 종업원 수 약 2,750명, 냉동기 및 콤프레서 분야 세계 1위)는 고객 현장에 침투하여 잠재적 수요를 구체화하는 '기업화 계획'이라는 독자적 디자인 접근법으로 잘 알려져 있다. 마에카와 제작소는 식용 조류의 자동 탈골 처리장치를 비롯한 독특한 제품들로 유명한데, 이 제품들 역시 기업화 계획 덕분에 탄생한 것이다.

그들은 자사 제품을 '생물'로 인식한다. 왜일까? 마에카와 제작소의 제품은 '자본재'로서 공장 전체의 부품에 불과하지만 고객(식품공장 등)에게는 제품의 품질·비용·납기를 좌우할 생명줄이기도 하다. 그런데 생산 시스템은 고객마다 다르고 냉동기는 독립된 장치가 아닌 생산 시스템의 일부이므로 오랜 기간에 걸쳐 해당 공장에 적합하게 조정해야 한다.

이러한 세계관에 따라 우선 마에카와 제작소의 담당자는 고객의 장 (場)에 거의 상주한다. 그 과정에서 주변 기능에 대한 수요를 발견할 수 있으므로 그것을 고객과 함께 공동협력하여 구체화하는 것이다. 이는 고객이 지닌 감각지(知)를 이론지(知)화하는 과정이라고도 말할 수 있다. 이러한 과정을 통해 단순히 설비기기를 납품하는 데 그치지 않고 새로운 사업을 디자인하는 수준까지 이르는 것이다.

이런 기업화 계획은 처리장치 같은 상품의 납품에 그치지 않고 사건을 구상하여 그 속에 기술과 제품을 포함시키는 디자인 과정이다. 또한 기업화 계획은 자본재의 의미를 확장시켜 더 큰 생산지원 시스템이나 통합 시스템 디자인의 일부로 만든다. 그래서 궁극적으로는 냉동장치가 새로운 산업을 창출하는 사회 시스템으로 진화하게 되는 것이다.

④ 인텔의 에코시스템 모델

인텔의 사례도 마에카와 제작소와 유사하다. 인텔은 예전에 회로라는 '상품'을 디자인했다. 그러나 1990년대가 되자 사용자 기업이 칩 개발을 하는 경우가 많아졌다. 따라서 반도체 시장의 60%가 주문 제작 또는 고객 지향을 개선하는 식의 형태를 띠었고 결국 핵심 사용자가 최종 부품을 개발하게 되었다. 게다가 컴퓨터의 네트워크 대응 등으로 인해 시스템도 복잡해졌다.

결과적으로 인텔의 회로는 '부품'이 아닌 이들 산업 시스템의 일부가 되어 갔다. 인텔은 이러한 사회적 변화를 계기로 새로운 마케팅 아이디어를 자사의 사업 체계에 도입하는 일이 얼마나 중요한지 깨달았다.

그래서 인텔은 산업과 기업 및 조직 간, 개인의 상호작용을 통한 디자인을 지향하기 시작했다. 즉 인텔은 자신이 단순한 제조회사가 아니라 기존 정보산업을 구성하는 중요한 멤버라는 사실을 발견했던 것이다. 이는 인텔에서 시작된 기업·조직 간의 공진화(共進化)가 정보산업 발전의 기회로 발돋움한 사건이었다.

구체적으로 그들은 제품 이노베이션에 그치지 않고, 기업고객의 개발 현장, 기업고객의 타깃시장, 제품에 관련된 소프트웨어 등 일련의 에코시스템으로 제품의 디자인 활동을 확대해 나갔다.

그 결과 마케팅부터 달라졌다. 대표적으로 2003년에 도입된 노트북 컴퓨터 브랜드인 센트리노(Centrino)에서는 예전에 타사와의 차별성이 없다는 이유로 취급하지 않았던 CPU, 칩셋, 무선LAN 모듈을 직접 생산하여 적용했다. 센트리노에 최적화된 이들 기기는 결국 사용자가 최종제품의 개발을 촉진시킨 것이었다.

2.3. 디자인 인적자본의 형성

디자인하지 않는 디자이너를 조직화한다

지금까지 살펴본 결과 디자인은 생산 시스템과 경영의 지적 기반이므로 앞으로는 비즈니스 모델에 디자인 과정이 포함되어야 한다는 것이 분명해졌다. 그렇다면 디자인 과정을 진행할 주체는 어떤 인재일까? 말할 필요도 없이 디자인 지(知)를 갖춘 인재일 것이다. 그리고 그들은 적어도 아래와 같은 조건을 갖추어야 한다. 또한 디자인경영에 적합한 조직도 구축해야 한다.

① 경영자, 집행임원

② 프로젝트 리더, 감도 높은 사내 인재

③ 사내 디자인 부문

④ 외부 디자인 서비스 조직

⑤ 젊은 세대

인재 교육 역시 중대한 과제다. 일단은 경영층과 프로젝트 리더가 필요하다. 사실 경영에 디자인경영 개념을 침투(Infuse)시키려는 시도는 적어도 1980년대부터 있었다. 그때의 최대의 문제점은 경영자와 프로젝트 리더가 디자인 씽킹을 이해한다 해도 과연 어떻게 실천을 유도하느냐 하는 것이었다.

그러나 그것은 형태적 디자인이 지배적이던 시절의 이야기다. 당시에는 특별한 예를 제외하고는 디자인경영이란 디자인 부문의 활용방식을 선택하는 일에 불과했다. 예를 들어 산업디자인 영역은 산업디자이너로서의 직능을 가진 전문가의 독무대였다. 그러나 지금은 '디자인하지 않는 디자이너'의 시대라 해도 무방하다. 누구나 지식 디자인 그리고 디자인 씽킹 관점에서 디자인할 수 있다. 그러므로 이제 경영자와 프로젝트 리더가 솔선하여 디자인에 참여해야 한다.

그러기 위해서는 디자이너뿐 아니라 '감도 높은 인재'가 필요하다. 여기서 말하는 감도란 현장에서 관찰한 것을 언어로 만들어 내는 능력, 데이터를 하나의 세계로 이미지화하는 능력, 그리고 시행착오를 거치며 프로토타입을 생산하는 솜씨를 말한다. 또한 모든 과정에서 경청하는 능력과 대화하는 능력이 필요하다.

이런 능력은 인간력, 교양, 상식으로도 바꿔 말할 수 있다. 결국 디자인 프로세스가 요구하는 인재란 곧 '지식 기획자(Knowledge Producer)'라 할 수 있다.

지식 디자인의 공유

이뿐 아니라 전문지식, 전문적 경험과 다른 분야를 융합하는 능력도 필수

스탠퍼드 대학 d-school의 한 장면. 사진 : 곤노 노보루

적이다. 대표적인 예로는 공학 같이 자연과학에 대비되는 사회과학 분야의 지식과 경험을 들 수 있다. 이러한 취지에서 최근에 연구 기관과 서비스 기관, 교육 서비스가 대두하고 있다. '오사카(大阪)가스'도 그 일환이다. 그들은 에스노그래피를 활용한 서비스 과학 연구 및 보급 촉진을 위해 오사카가스 행동관찰연구소를 설립했다. 그리고 관찰공학적 방식으로도 불리는 문화인류학 기법을 활용하여 고객 현장에서 다양하고도 새로운 디자인 지식을 발견·발굴하고 있다. 이처럼 다양한 분야에서 고객 가치 실현을 위한 디자인적 방법에 주목하고 있는 것이다.

INSEAD(인시아드, 프랑스 경영대학원), 스탠퍼드대학의 'd-school'처럼 디자인을 경영자 교육에 활용하는 사례도 많아졌다. INSEAD는 미국의 'Art Center College of Design'과 제휴하여 디자인을 MBA 프로그램에 포함시켰다. 스탠퍼드의 d-school은 '디자인 씽킹'을 연결고리로 삼아 엔지니어링, 의료, 비즈니스, 인문학 등 각기 다른 영역을 연계함으로써 세계적 문제를 해결하고 이노베이션을 창출하려는 목적으로 설립되었다. 이 d-school을 제창한 창설자 중 하나가 디자인 이노베이션 서비스 회사인 IDEO사의 창업자이자 현 회장인 데이비드 켈리(David Kelly)다.

일본에서는 d-school과의 제휴로 도쿄대학 'i-school'이 출범했다. i-school은 도쿄대학 '지(知)의 구조화센터'가 시행하는 교육 프로그램으로 이노베이션 교육을 통해 지(知)를 구조화하는 기술을 활성화하기 위해 설립됐다. 또한 〈STRAMD〉는 구와사와 디자인 연구소가 사회인(젊은 층부터 경험이 풍부한 관리자까지) 및 MBA 취득자를 대상으로 시행하는 디자인 교육 프로그램이다. STRAMD는 차세대 경영을 위한 변혁을 실현하며 사회와 생활을 창조하고 바람직한 국가상을 고민하는 실력 있는 신세대 인재, '디자이니스트(Designist)'의 육성을 그 목표로 한다.

미래의 이노베이션 '허브', 디자인 부문

이제 예전처럼 산업디자이너만 디자이너가 아니다. 이러한 변화의 영향으로 기업 내 디자이너 조직도 큰 변화를 겪고 있다. 지금은 상류 공정을 담당하는 디자인 조직에서 시장 최전선의 관계자까지 모두 디자인에 적극적으로 관여한다. 디자인 부문이 예전의 모노즈쿠리를 위한 디자인에서 이노베이션 허브로 그 기능을 바꾼 것이다.

이 뿐만 아니라 인원 구성에도 변화가 시작되었다. 지금 디자인 부문에는 상품 디자이너와 GUI(Graphic User Interface) 디자이너뿐 아니라 유니버설 디자인 연구자, 마케팅 기획자, 비즈니스 컨설턴트, 시나리오 작가, 심지어 인류학자까지 포함된다. 이러한 디자인 조직에서는 물질적 상품뿐 아니라 서비스까지 포함한 넓은 의미의 상품을 만들 수 있다.

이 조직에 가장 기대되는 역할은 조직 간의 연계와 관계성의 디자인이다. 일반적으로 회사가 커질수록 전체를 통찰하여 조직의 지(知)를 종합하기가 어렵다. 이는 기업으로서 큰 위기가 아닐 수 없다. 그러나 이 문제를 조직 제도 안에서 해결하려다 보면 불필요한 일만 이중으로 늘어난다. 그렇기 때문에 디자인 부문의 허브 역할이 기대되는 것이다. 허브로서의 디자인 부문은 고감도 인재를 모으고 그 인재들과 사내 조직 사이의 네트워크를 활용하여 각 사업부를 비롯한 각 부문의 현장에 밀착해서 실제 체험을 통해 상황을 파악하는 역할을 한다. 각 멤버는 개별적으로 일하기보다 정기적으로 모여서 회의하고 지식을 공유하면서 프로젝트를 진행하는 과정에서 협업과 신개념 출현을 촉진한다. 이런 방식으로 분단되고 분권화된 조직지(知)를 결집시키는 것이다.

전문적이고 서비스화된 디자인 조직

디자인 업무 또는 디자인 부문이라는 말을 들으면 상품, 건물 등 하드웨어에 대한 디자인을 떠올리기 쉽지만 이제는 디자인 비즈니스 및 서비스 비즈니스 자체가 변하고 있다. 지금은 기존의 디자인 업무와는 직능도 형태도 다른 PSF(Professional Service Firm)라 불리는 전문적 서비스 조직이 디자인사무소와 조직, 설계사무소를 관리하게 되었다. 디자인도 변호사사무소나 컨설턴트처럼 전문 서비스가 된 것이다.

실제로 PSF에는 다양한 직종이 포함된다. 조직적 법률사무소, 회계사무소, 보험 리스크를 분석하는 보험계리인 등 전문직, 경영 컨설턴트, 인사 컨설턴트, 인재 소개업 및 연예인 에이전시, 건축설계사무소, 디자인 컨설턴트, 중역 헤드헌터, PR에이전트, 광고회사, 엔지니어링 서비스 회사, 재무 서비스, 투자은행, 부동산업 등이 이에 해당한다. 이들은 창조성으로 먹고사는 사람들의 조직이다. 사회적 변화에 따라 이러한 PSF가 일반적인 지식기업 모델이 되어가고 있다.

〈발상하는 회사! 発想する会社!〉[12]라는 책으로 잘 알려진 미국 디자인 회사 IDEO는 이노베이션 서비스를 표방하고 자신을 PSF로 선언했다. IDEO는 서로 다른 능력 간의 협업을 추진하고 조직적인 이노베이션을 위한 규정과 기술을 집적한다. 그들은 매우 다양한 직능집단이지만 '인간적 요소의 디자인 및 조사'라는 활동은 공통적이다. 이들은 인간을 관찰하여 디자인으로 맺어주는 전문가다. IDEO의 조직은 제품 분류나 지역이 아닌, 제공하는 서비스의 개념(소비자 경험 디자인, 20세기 이후 소비자 등)에 따라 구분되어 있다.

IDEO와 같은 서비스 회사가 대두한 것은 제조업이 점차 서비스 산업으로 변하고 기업 역시 하드웨어가 아닌 인간의 경험에 대한 디자인을 가치의 기본으로 여기게 되면서부터다. 즉 산업 가치의 본질이 상품 판매가 아닌 고객과의 상호작용에서 나온다는 믿음이 생기면서 시작되었다고 볼 수 있다.

아이디어 제공자에 대한 관심

당연한 소리겠지만 조직은 사회적 변화에 대응하기 위해 이런 변화를 거치고 있다. 경영학자 피터 드러커는 '지식경영=다양한 조직사회'라는 명제를 제시했다. 21세기는 더 이상 경제 중심 모델에 따라 움직이지 않는, 창조적인 인간들이 엮어내는 불확실하고 복잡한 사회다. 20세기 말에는 경영의 원동력이 비용과 통제, 조직 관리였지만 21세기의 원동력은 조직적 지식창조와 아이디어의 가치화, 그리고 인간적 창조성(디자인)에 의한 이노베이션이 될 것이다.

드러커는 창조경영, 즉 이노베이션 경제를 견인하는 요소로 '지식노동자 (Knowledge Worker)'를 들었다. 그런데 지식노동자 중에는 뜻밖에도 테크놀러지스트(Technologist)[13]가 가장 많다고 한다.

그들은 IT와 전문 분야에 능통하며 단순히 매뉴얼에 따라 일하기보다 새로운 지(知)를 창조하는 사람들이다. 테크놀러지스트 중에는 병원 검사기사, 재활훈련사, 방사선 촬영기사, 초음파 영상기사, 치과의사, 제조현장 내 품질 개선 종사자, 서비스 엔지니어, 전문지식을 지닌 사무원, 컴퓨터 운영자, 컴퓨터 프로그래머, 시스템 엔지니어 등이 있다. 설령 사무실에서 일하는 지식노동자라 해도 매뉴얼에만 의존하여 일에 창조성이 없다면 테크놀러지스트라 할 수 없다.

도시학자 리차드 플로리다(Richard Florida)가 제창한 '창조계급'(Creative Class)은 명칭에서 주는 인상과는 달리 창작가나 예술가와 같은 특정한 사람들을 가리키는 것이 아니라 매일 현장에서 지식을 창조하고 지혜를 구사하며 일하는 많은 사람을 일컫는 말이다.(《크리에이티브 클래스의 세기 クリエイティブ・クラスの世紀》[14])

플로리다가 말한 창조계급과 개념이 유사한 테크놀러지스트는 지식노동자 중에서 가장 비율이 높다. 드러커에 의하면 '선진국이 경쟁력을 유지할 수

12_톰 켈리 외 지음, 스즈키 지카라(鈴木主税) 외 옮김, 하야카와(루川)서방, 2002년 / 원제 : The art of innovation, Tom Kelley & Jonathan Littman, Crown Business, 2001. 국내에서는 〈유쾌한 이노베이션〉으로 출간.

13_이공계 인력의 구분 : worker(단순 노동자), technician(일반 기술인), technologist(숙련 기술인), engineer(공학인)

14_리처드 플로리다 지음, 이구치 노리오(井口典夫) 옮김, 다이아몬드사, 2007 / 원제 : The flight of the creative class, Richard Florida, HarperBusiness, 2005

있는 유일한 길은 테크놀러지스트의 교육훈련'이다. 이렇듯 인재 육성은 점점 더 중요해지고 있다. 일본의 직업군별 국내 취업자 수 증감에 대한 조사 결과를 보면 전체적인 취업 인구가 감소하였는데, 일반 사무원의 감소폭이 가장 큰 반면 IT 관련 종사자 등은 오히려 증가했다. 의료 관련 종사자(의료, 복지) 역시 서비스업 전반이 감소세인데도 증가하는 추세다. 의약 정보를 다루는 MR(Medical Representative)이나 진단 정보를 분석하는 진료정보관리사 등이 그 대표적 사례다. 수급에는 변동이 있게 마련이지만 일본에서도 테크놀러지스트가 주목받게 된 것은 분명하다.

새로운 세대의 육성

변화는 우리의 목전까지 닥쳐왔다. '디지털 네이티브(Digital Native)'라고 불리는 디지털 세대를 살펴보자. 이들은 나고 자라면서부터 디지털 기술과 디지털 환경에 친숙하며 디지털에 적합한 사고방식을 습득한 세대이다. 세계적으로 보면 1980년 이후에 태어난 세대(2010년 현재 기준으로 15~25세)는 'Y세대', 'Z세대', '바링허우'(중국 덩샤오핑이 1가구 1자녀 정책을 실시한 후인 1980년대 이후 태어난 세대를 뜻함)로 불린다. 특히 중국에 2억 명이나 된다는 바링허우가 중국 온라인 세상에서 발휘하는 힘은 점점 더 커지고 있다.

일본에서는 이 세대가 '젊은이들의 해외 이탈'이니 '초식남 현상'이니 '자발성 없는 세대'라느니 하면서 문제시되기 일쑤지만 이러한 경향은 오히려 기존 사회에 대한 반발이 아닐까 싶다. 이러한 디지털 네이티브의 네트워크력으로 일본 기업의 약점을 극복할 수 있을지도 모른다. 그들은 애초부터 조직을 계층이 아닌 네트워크로 생각하기 때문이다. 그들은 신시대의 신인류일 뿐 아니라 10년 후 세계 IT 업계 변화의 주역이자 장래의 테크놀러지스트이고 예비 지식생산자다. 우리가 과연 이 신세대와 함께 과거의 구속에서 벗어나 이노베이션을 창조할 수 있을까?

Chapter 3

이노베이션을 낳는 디자인 마인드

'티볼리, 아드리아나 저택 정원'[15](Villa Adriana, Tivoli) 조반니 바티스타 피라네시(Giovanni Battista Piranesi, 1720~1778) 이탈리아의 판화가, 건축가이자 고고학자인 피라네시가 그린 고대 로마의 폐허. '특수성'이란 과연 무엇인가 생각해 보자.

3.1 본질적 가치를 찾아

아직 표면에 드러나지 않은 수요를 파악한다

인도 타타그룹의 CEO인 라탄 타타(Ratan Tata)는 4인 가족이 한 대의 스쿠터로 비를 맞으며 이동하는 광경을 보고 '국민차'라는 새로운 개념을 도입하여 자동차 제조방식과 업계 구조를 일신했다. 한 대에 10만 루피(1루피를 약 2엔으로 계산하면 20만 엔, 1루피를 약 25원으로 계산하면 250만 원-역자)인 '나노(Nano)'를 개발한 것이다.

15_로마황제 하드웨어리아누스가 이탈리아 티볼리에 지은 별장으로 세계문화유산으로 지정됨.

비 오는 날 인도의 뭄바이 거리는 혼잡한데도 차들은 의외로 빨리 달린다. 사륜차도 있고 삼륜차도 있다. 자전거도 그중에 한몫을 하고 있다. 그 틈을 누비며 스쿠터가 여러 대 달려온다. 가만 보니 한 대에 네 명이나 탔다. 아빠가 운전하고 엄마는 뒤에 앉고, 아이 하나가 그 사이에 끼어 있다. 엄마 등에도 한 명 더 업혀 있다. 뭄바이에서는 자주 보는 풍경이다. 헬멧은 아빠 혼자만 썼다. 비싸서 못 산 걸까? 라탄 타타는 우연히 목격한 이 장면에서 놀라운 발상을 해냈다. 자동차가 아니라 스쿠터 두 대를 연결하고 지붕을 씌운, 최소한의 기능을 하는 탈것이었다. 이미 잘 알려진 일화이지만 나노는 가난한 사람들을 위한 교통수단이기도 했지만 인구가 밀집된 도시의 혁신적인 교통대책이라는 이노베이션이기도 했다.

자, 이런 BOP(Bottom of the Pyramid, 하위 계층) 비즈니스 사례를 이노베이션에 비추어 보자. 방글라데시의 그라민은행(Grameen Bank)은 나중에 '마이크로 크레딧(Micro-Credit)'이라 불리게 될 혁신적인 금융 서비스를 내놓았다. '가난한 자의 은행'으로 잘 알려진 그라민은행은 경제학자 무하마드 유누스(Muhammad Yunus)가 1983년에 창설했다. 공부를 마치고 고향에 돌아온 유누스는 시장에서 일하는 가난한 여성들을 지켜보다가 '이대로는 안 되겠다.'라는 문제의식을 품게 되었는데 이것이 바로 그라민은행의 탄생 계기였다. 마이크로 크레딧은 빈곤층을 대상으로 비교적 저금리에 무담보로 소액융자를 해주는 금융 서비스이다. 그라민은행은 주로 여성으로 이루어진 500만 명 이상의 고객에게 담보 대신 생활습관 개선에 대한 서약을 요구한다. 그리고 고객을 5명씩 묶은 상호보조 그룹으로 묶는다. 이 그룹의 구성원은 각각 다른 4명의 변제를 도울 의무(연대보증이 아닌 연대책임)가 있다. 결과적으로 이 은행은 98.9%라는 높은 변제율을 자랑하고 있다. 이는 뒤에 말하겠지만, 종래의 금융업이 외면

했던 사회적 '지식자본'을 비즈니스로 끌어들인 성과다. 2006년에 무하마드 유누스는 그라민은행과 함께 노벨 평화상을 받았다.

이러한 혁신 사례는 BOP나 신흥국 시장에만 한정된 것이 아니다. 일본의 제약회사 에자이(Aisai)가 알츠하이머 치료약을 개발할 수 있었던 이유는 치매에 걸린 어머니를 둔 연구자가 어머니의 병을 고치려는 염원에서 필사적으로 연구했기 때문이었다.

또한 덴마크의 오티콘(Oticon)이라는 보청기 회사는 '듣는' 일의 본질과 그 심리적 영향을 고려하여 인간의 심리작용을 파헤친 '심리청각학'이라는 혁신적인 개념을 내놓았다. 그리고 주문 제작이 가능한 컴퓨터 보청기를 만들어냈다. 그 가격은 나노 자동차 몇 대분에 해당하지만 생활필수품에 부가가치를 더했기 때문에 절대 비싼 것은 아니다. 가격보다는 모든 사람이 인생을 즐길 수 있도록 각각의 사용자에게 맞춤 제작된 보청기를 컴퓨터로 디자인하여 제공하겠다는 발상의 전환이 더 중요하다.

이들은 모두 사회 격차를 실감했을 때 느꼈던 문제의식을 기점으로 실현된 혁신이다. 그야말로 디자이너다운 소비자 중심의 발상이라 할 수 있다. 그라민은행이든 나노든 오티콘 보청기든 그 본질은 진심으로 남의 문제를 해결하고 싶어서 무언가를 만들어내는 일이다. 그러한 본질 하에서 기존의 기술이나 도구, 지식까지 이노베이션의 일원이 되었던 것이다. 이들은 혁신에의 디자인적 접근이라고 볼 수 있다.

혁신의 동기나 실마리는 우리가 매일 살아 숨 쉬는 사회와 생활 전반에 잠들어 있다. 그러나 자기 전문 분야나 특정 기술에만 관심을 가져서는 그것들을 일깨울 수 없다. 총체적인 교양과 역사적 지식 등을 익히면서 다시금 사회 현장에 나아가 감정 · 신체 · 지성을 총동원하면 지금까지 보지 못했던 것이

보일 것이다. 이처럼 지성을 창조하고 '종합'하여 결국 비즈니스 모델 또는 제품·서비스로 만드는 지식 디자인 과정이 이노베이션을 낳는다.

어떤 이는 이러한 방식이 전문가답지 않다고 느낄지도 모르겠다. 그러나 사회와 개인을 무시하고 '회사' 위주로만 일관하는 기업은 앞으로 도태될 것이다. 창업정신으로 돌아가도 좋고 자기 사명을 되새겨도 좋다. 다른 사람과 고객이 진정으로 원하는 것, 사회에 정말로 필요한 것이 무엇인지 고민하는 기업이 큰 시장을 개척한다는 사실을 잊지 말자. 소비자가 미처 모르는 새로운 가치를 시장 현장에서 발견하는 것, 그것이야말로 이노베이션 경쟁에서 우위를 확보하는 가장 중요한 조건이다.

부가가치에서 본질적 가치로의 관점 전환

타타의 나노는 2008년 1월에 발매되었는데 당시 일본 자동차 업계의 반응은 냉담했다. 오죽하면 경제지에서 이런 현상을 비판하듯 "고급 상품만 만드는 어떤 일본계 기업은 입만 열면 '이제 와서 보급품을 개발하느냐?'라고 하는데, 이렇게 방심하는 사이 신흥시장을 겨냥한 저가상품 분야에서 현지 업체와 한국의 위세에 밀려버렸다."라는 기사를 실었을 정도다.

더군다나 이 경제지가 인용한 일본계 기업의 지적에도 오류가 있다. 나노는 보급형 저가차가 아니라 사고 혁신으로 새로운 장르를 개척한 발명품이다. 나노는 얼핏 보면 사륜차 같지만 사실은 이륜차다. 새로운 접착공법을 확립하여 채택하고 독일 부품 회사와의 네트워크를 활용하는 등 활짝 열린 혁신적 발상으로 개발한 차다. 일본 자동차업계는 나노가 나오고 2년이나 지나서야 소형차를 줄줄이 내놓기 시작했다. 세계 시장의 흐름에 2년 이상 뒤처진 셈이다.

일본 기업은 분명히 기술면에서는 앞서 있지만 21세기의 경영 패러다임에는 적응하지 못하고 있는지도 모른다. 1980년대, 90년대의 분석적 패러다임 환경에 특화되어 있어서 그때의 성공 체험이 오히려 지금에 와서는 나쁜 결과를 불러온 듯하다.

사회적 격차에서 나온 생각

나노와 그라민은행 등은 BOP를 주목했는데 사실 BOP 시장의 진정한 의의는 1980~90년대에 걸쳐 확대된 세계적 격차와 경제적 불평등에 있다. 이런 문제는 사람이라면 누구나 그냥 지나치기 어려울 것이다.

20세기형 대량생산 모델이 아직 유효하다는 물질적 발상으로 BOP를 판단해서는 안 된다. BOP에는 실로 다양한 측면이 있다. (1) ODA(Official Development Assistance, 정부 개발 원조) 등을 통한 BOP의 경제개발, (2) BOP 지역에서 발생하는 사회문제 해결, (3) 다국적 기업이 전개하는 글로벌 마케팅 등을 전부 하나로 묶어 BOP 사업으로 보아야 한다.

또한 사회적 격차 문제 해결은 BOP 시장에서만 중요한 것이 아니다. 오티콘의 난청 아동용 보청기처럼 신체적·지적장애, 자폐증, 학습장애 등 우리가 간과해서는 안 될 문제들이 얼마든지 있다. 그러므로 그 문제들의 변화나 징후를 데이터를 통해 편견 없이 감지할 필요가 있다. 이노베이션은 이렇게 사회 격차를 해결하고자 하는 의지와 세밀한 현실 관찰을 통해 나오는 것이다.

2010년 4월에 영국 버밍엄(Birmingham)시에서 개최된 '네이덱스(Naidex) 2010'은 홈케어와 소셜케어, 장애인을 위한 이노베이션이 한 자리에 모인 최대 행사였다. 여기에 발명품을 전시하기 위해 유럽 전역에서 개발자들이 모여들었고 수일간 11만 5천 명의 전문가가 방문했다. 이 이벤트에서는 자폐증 아동용 커뮤니케이션 지원 소프트웨어, 지체장애인용 세계 최소형 손목 휴대전화(버튼 하나로 콜센터에 연결되고, 마이크와 스피커가 얼굴에서 멀리 떨어져 있어도 사용 가능), 휠체어를 자동차에 쉽게 접어 넣도록 하는 장치, 요통을 개선하는 의자, 고통 없이 무릎을 구부릴 수 있게 돕는 장치를 비롯한 다채로운 이노베이션이 소개되었다. 이것들은 각각의 문제를 지닌 사람들을 위해 개발된 것들이지만, 이들 모두 인간의 행동을 지원하는 것을 디자인의 과제로 하고 있다. 이 이벤트는 결과적으로 건강한 사람이나 나중에 보조 서비스가 필요해질 사람들에게도 유익한 이노베이션으로 평가받았다.

사회적 격차야말로 지속성만큼 중대한 21세기 이노베이션의 과제다. 그러나 아무리 중요성을 강조해도 기업의 이익 추구가 목적이라면 진정한 이노베이션은 일어나지 않을 것이다. 그러므로 조직에서 이노베이션에 관련된 일을 하고 있다면 한 인간으로서 그런 격차를 느끼고 미래에 미칠 영향을 상상하며 현장을 관찰해야 할 것이다. 그 과정에서 새로운 관계성을 구상하여 이노베이션의 싹을 틔우고 물을 줄 수 있는 장을 열어야 한다.

말할 것도 없이 폐쇄적인 조직에서는 이러한 이노베이션이 나오지 않는다. 기업이 과거의 장점과 규칙에 속박된다면 새로운 미래의 가능성을 열 수 없다. 기업전략 역시 과거 데이터 분석에서는 나오지 않는다. 적어도 이처럼 불확실한 환경에 둘러싸인 21세기 기업이라면 전략을 세울 때 '나는 어떤 존재여야 하는가?'라는 고매한 목적까지 생각해야 할 것이다.

20세기와는 다른 지속가능성의 의미

지속가능성 역시 그 의미가 달라졌다. 20세기와 21세기의 지속가능성은 전혀 다르다. 20세기적 지속가능성은 상품 보급이 중요했던 대량생산 시대의 지속성이다. 기술기업의 대두와 지나친 상품 보급 및 생산으로 말미암은 공급과잉, 그리고 그 반작용인 공해와 사회·문화 파괴 현상이 낳은 시대적 산물이라 할 수 있다. 그 때문에 기업시민주의로 대표되는 윤리기업론이 대두했고 지구환경 보호를 위한 속죄 의식이 담긴 지속가능성이 과제로 떠올랐다. 그간 기업 활동은 자연자본, 지식자본에 대한 일방적 착취-쓰고 버리기-였으므로 그에 대한 반발로 '돈이 들어도 지속성 있는 시책을 채택해야 한다.'라는 금욕적인 인식이 높아졌다. 그 배경에는 1980~90년대의 획일적 세계화에 대한 반성과 반발 심리도 포함되어 있다.

복잡한 환경에 둘러싸인 21세기에서 가장 중요한 경영 과제는 지속가능성이다. 그런데 우리는 지속가능성에 대한 마인드셋(Mindset, 사고방식)을 바꿀 필요가 있다. 21세기의 지속가능성은 사회·문화·경제의 지속가능성을 의미하기 때문이다. 따라서 기업과 사회는 상품뿐 아니라 서비스까지 포함한 자연자본과 지식자본을 어떻게 사회에 최적화할지 고민해야 한다. 친환경 사업 및 친환경 자본경영의 목적이 '친환경 대책'과 '지속적 환경 유지'에서 '지속적 사회·문화'로 바뀌고 있는 것이다.

지속적 사회·문화는 윤리적 측면에 기반을 두어야 하며 여기에 기초하여 사회적 통찰, 지식, 기술을 조합해야 새로운 가치를 생산할 수 있다. 또 '공통선'으로 묶인 고매한 비전을 바탕으로 기술과 사회의 관계를 창조적으로 조정해 나가야 한다. 이는 세계적 과제이며 기술주의로부터 인간주의로의 전환이기도 하다.

이러한 사회·문화의 지속가능성이 이노베이션과 이익의 원천이라는 인식이 확대되고 있다. 따라서 상품·환경·인간의 관계를 디자인하는 창조적·아트 컴퍼니(Art Company)가 우수기업이 될 가능성이 커졌다. 그런 기업에서는 제품이 아닌 서비스, 제품의 제공 형태, 마케팅, 비즈니스 모델까지도 당연히 디자인한다.

지속가능성은 CO_2 감소, 지구 온난화 방지 등 지구환경의 문제만을 고민하지 않는다. 인간의 본질 자체가 지구환경에 영향을 끼치므로 지속가능성은 인간 삶의 본질적인 방식을 다룬다. 예를 들어 CO_2를 줄이기 위한 것이라고 해서 인간성을 짓밟는 디자인은 바람직하지 않다. 인간의 정감에 호소하고 자연스러운 라이프스타일을 추구하면서 가치를 낳는 방식이 요구된다.

미국의 화장품 회사 아베다(Aveda)의 이념은 다음과 같다. '우리가 사는 사회를 소중히 여기고 우리의 라이프스타일을 사회와 조화시키며 타인과의 관계를 화합으로 이끄는 데서 아름다움이 탄생한다. 아름다운 사람이 되려면 먼저 좋은 사람이 되어야 한다. 아름다움은 결과인 동시에 그 결과를 향하여 전진하는 과정이기도 하다.' 아베다는 이러한 '경험'을 구현할 목적으로 헤어케어, 스킨케어 상품을 살롱 고객에게 유통하고 있다(미국 소비자가 가장 선호하는 뷰티숍이 아베다살롱이다). 아베다는 많은 분야에서 이노베이션을 지향한다. 대표적 사례로는 화장품 회사 최초로 100% 풍력발전에 의한 생산을 시작한 것을 들 수 있다. 아베다는 새로운 풍력발전으로 생산된 전력을 구입하여 미국 미네소타에 있는 제조, 유통, 본사 부문을 비롯한 주요 시설의 소비전력 전부를 해결하고 있다. 이러한 경험은 종업원에게 자부심을 부여하여 제품 콘셉트, 제품 및 살롱 환경, 교육, 제품 제조법의 이노베이션을 촉진한다고 한다.

이와 같이 똑같은 전기라는 일용품을 쓰면서도 사람들은 풍력발전으로 생산된 전기에 차별적 가치를 느끼고 있다. 그리고 사실 수자원 및 기타 자원 분야에서도 이런 현상이 관찰되고 있다. 사용자에 의한 인프라 서비스 선별

이 시작된 것이다. 바꿔 말해 사용자에 의한 에너지 디자인의 시작이라 해도 무방할 것이다.

이익을 낳는 지속가능한 이노베이션

20세기의 '지속가능성 경제계산' 모델은 에너지 비용이나 CO_2 비용을 절감하는 데 쓰일 '대책 비용'을 이익에서 인출하는 형태가 많았다. 그래서 그때의 주안점은 '경제성장과의 균형을 고려하여 100년 후 지구 기온 상승을 막기 위한 투자를 할 때 적당한 비용은 얼마인가'였다.

그러나 어떤 이노베이션 덕택에 에너지 비용과 CO_2 비용이 불필요해졌다면(제로가 되었다면) 어떨까? 만약 그 가치가 원래 지출해야 했던 연도별 대책

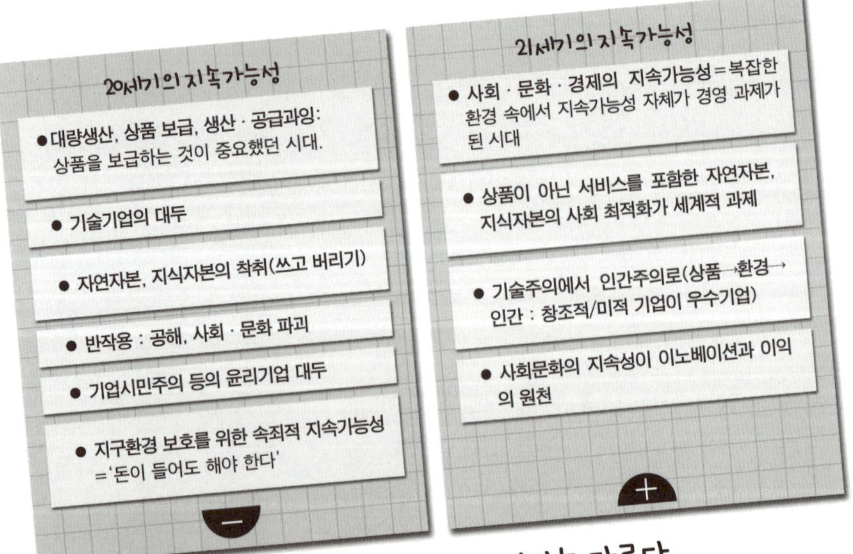

21세기의 지속성은 20세기와는 다르다

파타고니아는 풋프린트 크로니클 사이트를 통해
자사의 제품이 디자인에서 납품에 이르기까지 지구에 어떤 족적을 남겼는지 추적하여
기업의 본질과 습관을 검증하고 있다.

사진 : 파타고니아 풋프린트에서 발췌

비용보다 많다면 결국은 지속성이 이익을 낳게 되었다고 볼 수 있다.

일본에서도 많은 기업이 환경경영에 뛰어들고 있는데 환경공헌에 쓰인 비용을 CSR(Corporate Social Responsibility, 기업의 사회적 책임)적인 관점에서만 집행하기란 쉽지 않다. 비전과 당장의 이익을 모순 없이 양립시킬 수 있다면 얼마나 좋을까? 이를 위해서는 적극적으로 환경과 지속성을 이노베이션의 원천으로 생각하는 자세가 필요하지만 사실 기업윤리의 관점에서 이러한 이익 추구를 비판하는 의견도 적지 않다. 그렇다면 무엇이 정답일까?

미국의 아웃도어 의류 제조회사인 파타고니아는 환경공헌 측면에서 누구나 인정하는 1위 기업이지만 스스로 영리기업임을 시인하고 이노베이션과 이익에 대해 능동적인 자세를 견지하고 있다. 창설자인 이본 쉬나드(Yvon Chouinard)의 말에 의하면 파타고니아의 첫째 목표는 '우리 지구를 지키는 일'이고 회사 정책은 '자연스러운 성장'이다. 파타고니아는 현재 매출이 3500억 원 정도 되는데 나이키 수준까지는 안 되어도 나름대로 높은 이익률을 유지

하고 있다. 하지만 이들은 이익이 나든 안 나든 환경공헌을 실천한다.

파타고니아의 이념은 '최고의 제품을 만들어 환경에 미치는 불필요한 악영향을 최소한으로 제한한다.'이다. 또한 비즈니스를 통해 환경위기에 경종을 울리고 해결에 나선다.'이다. 파타고니아뿐 아니라 모든 기업은 비즈니스를 통해 지구의 건강에 얼마간의 영향을 미치고 있다. 파타고니아에서는 이를 풋프린트(footprint, 지구에 남긴 족적)로 인식하여 자사 제품 중 환경에 문제될 만한 것이 있다면 사업적으로 유망해도 제조 판매를 중지한다. 그런데 이런 조치가 새로운 도전을 촉진하여 신상품 개발이 진행되고 새로운 시장이 생겨나는 효과를 불러왔다. 또한 그들은 디자인에도 심혈을 기울인다. 이처럼 새로운 지(知)의 전파에 적극적인 파타고니아는 환경에 대한 그들의 영향력이 월마트 같은 기업을 통해 확대되기를 바라고 있다.

3.2. 인간적 가치 중심의 경영

일방적 생산의 한계 : 수요 중시 경영으로의 전환

일본은 여전히 세계 최고의 기술력을 자랑하고 있지만 제조업 이익률은 미국·유럽의 유력 기업에 비해 현저히 낮다. 연구개발 투자로 새로운 시장을 개척하면 영업이익률이 오르게 마련이지만 현실은 그렇지 못하다. 이는 아마도 비즈니스 모델에 포함된 모노즈쿠리 기능과 기술이 오늘날의 상황에 맞지 않기 때문일 것이다. 모노즈쿠리의 강점을 유지하면서 오늘날의 환경에 적합한 기술과 비즈니스 모델을 구현해야 한다.

이제 이노베이션은 어떤 업종에나 필수적인 요소다. 그러나 지금의 이노

> 일본은 아마 세계 제일의 기술 부품 공급자일 것이다. …그러나(일본 국내 시장에서는) 성공했지만 사실 세계 휴대전화 시장에서는 실패했다. 상위 7사 중 일본 기업은 소니 에릭슨뿐이다. …일본 시장의 1위 샤프는 세계 시장에서 8위에 그치고 있다. …(일본 기업은) 사용자가 무엇을 원하는지 모른다. 상위 3사(노키아, 삼성, 모토로라)는 고급품 시장이 아닌 신흥국의 저가격 전화기 소비층을 노리고 있다. …그러나 가장 큰 문제는 기업의 자존심이다.
>
> 〈이코노미스트〉지 2008년 3월 7일자

베이션은 20세기형 이노베이션 개념과는 상당히 다르다. 연구소에서 내놓는 과학기술적 이노베이션이 아니라, 고객 및 시장 현장을 허심탄회하게 관찰하는 과정에서 나온 가설추론적 접근방식의 이노베이션이 주목받고 있다.

이러한 이노베이션을 일으키려면 수요 위주 경영을 하면서 조직의 지(知)를 총동원해야 한다. 또한 조직의 능력도 달라져야 한다. 그렇기 때문에 가설추론적 접근방식에 의한 디자인이 주목받는 것이다. 이 디자인은 20세기형 상품 디자인이 아니라 고객현장에서 상호작용적으로 지(知)를 창조하는 방법론이다. 이는 '고객지향'과 '소비자지향'이라는 표어 수준을 뛰어넘어 기업·조직의 지(知)를 구조 전환하는 것을 의미한다.

일본 선마이크로시스템즈의 대표였던 야마다 히로히데는 컴퓨터 마우스를 발명한 미국의 연구자 더글라스 엥겔버트(Douglas Engelbart)로부터 영감을 얻어 격변하는 사회 속에서 개인 역할의 중요성을 역설한 바 있다. 예전의 고도 성장기에는 개인의 행동이 기업과 그 기업이 속한 사회의 동심원 속에 존

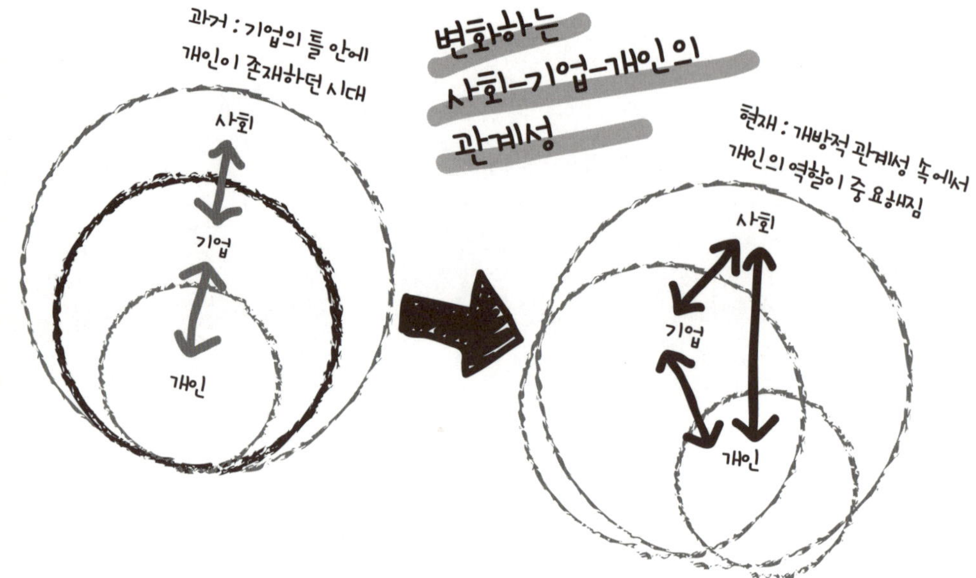

야마다 히로히데의 강의에 기초하여 필자가 작성.

재했다. 즉, 사회적 목적과 기업·개인의 목적이 합치되었다는 의미다. 이 시대의 경영과 정보시스템은 기업 윤리에 어긋나지만 않으면 문제없이 작동했다. 그러나 환경이 복잡해지고 불확실해짐에 따라 이런 체계는 기능부전을 일으키게 되었다. 지금은 개인이 넓은 안목을 갖고 사회 및 개인의 목적을 대조하여 판단하고 기업과 개인의 관계를 조정하며 개방적 관계성을 시스템 내부에 도입해야 한다. 경영이 수요 중시 경영으로 전환되는 것과 마찬가지로 개인 역시 같은 방향을 향해야 하는 것이다.

관계성 / 경험의 디자인

이노베이션이란 혁신적 기술이나 방식을 활용하여 제공자의 시스템, 사용자의 이용 및 소비행태를 혁신하고 고객의 문제를 해결함으로써 새롭고 창조적인 사회적 관계성을 창출하는 일을 말한다. 이노베이션을 실현하려면 현장에 대한 통찰과 고객과의 협조·협동이 반드시 필요하다.

모노즈쿠리 기업의 커다란 도전은 상품을 사물이 아닌 서비스, 소프트웨어 그리고 시스템의 삼위일체로 만들어서 제공하는 것이다. 이 도전의 목표는 이러한 요소들의 새로운 관계성에 하드웨어·소프트웨어 기술과 부품, 유형·무형자산을 포함시키는 것이다. 이때 경험을 통해 새로운 것을 만들어내는 방법인 디자인이 필요하다. 이처럼 기술에 지식과 소프트웨어라는 지식자산을 조합하여 고객과의 관계성에 따라 제공하는 것은 오늘날 기업경영과 경영자의 중대한 과제다.

대표적으로 사무실을 '일터(Workplace)'로 바꾼 관점의 변화를 살펴보자. 지식사회인 21세기에 본격적으로 접어든 이후로 기업의 가치가 지식창조 주체(사원)의 두뇌와 관계성, 지(知)의 창조에서 나온다는 인식이 상당히 보편화되었다. 여기서 지(知)의 창조는 사회적인 상호작용을 말한다. 그런데 그 상호작용은 사무실이라는 물질적 공간에만 한정되지 않는다. 그보다는 사람들이 모여 교류하며 기업의 가치를 낳는 공간이라는 의미가 더욱 강해졌다. 이제 사무실은 단순히 업무처리를 하는 공간이 아니다.

극단적으로 말해 20세기의 사무실은 사원들이 모여 분업과 정보처리를 했던 시설이다. 반면 21세기의 사무실은 사람들이 모여 사귀고 관계를 맺으며 지(知)를 창조하는 공간이다. 일터라는 관점이 중요한 것이다(요즘은 심지어 일터가 아닌 놀이터, 즐거운 곳이라고까지 말하지만). 그러므로 사무실이라는 시설이 아닌 일터로서의 공간을 디자인한 다음, 그 안에 사무가구와 IT 서비스 등의 물건과 기술을 갖추는 순서로 생각해야 한다. 지금까지 사무실 전략은 총무나 시설관리 부문이 주로 담당했지만 이제는 인사, 경영기획, 더 나아가서는 사용자 자신까지 그 전략에 관여하게 되었고 결국은 경영진의 비전과 판단까지 필요로 한다.

정보 서비스 분야에서도 같은 일이 일어나고 있다. 메인프레임 컴퓨터, 클라이언트 서버 시스템의 시대를 지나 이제 클라우드 컴퓨팅으로 대표되는 네트워크 서비스 시대가 왔다. 예전에는 정보 서비스 산업의 가치가 하드웨어나 소프트웨어, 그리고 그 '상품=시스템'을 고객의 요구에 맞춰 통합하는 데에 있었다. 그러나 이제 그런 방식으로는 큰 가치를 낼 수 없다. 고객과의 관계성을 통해 가치를 생산하는 플랫폼의 디자인이 중요한 시대이기 때문이다.

닌텐도는 Wii를 개발할 당시 고정관념을 깨고 여성층과 중고령층에 휴대용 게임기를 침투시키기 위해 운동과 자기 계발에 관한 게임 같지 않은 콘텐츠 개발에 주력했다. 단지 신규시장을 개척하기 위해서가 아니었다. 'TV 게임은 가족들이 싫어하게 마련인데, 가족들이 좋아할 만한 하드웨어를 만들자.'는 전혀 다른 발상이 그 출발이었다. 게임기와 게임 소프트웨어를 팔기보다 게임을 통한 가족 간의 커뮤니케이션을 제공하고자 한 것이다.

이들 사례의 공통점은 단품에 대한 생각이 사회적, 네트워크적인 관계성으로 확대된 것이다. 다시 말해 경험, 사건을 먼저 디자인하고 그 속에 사회·생활 행위와 기술, 상품을 포함시킨다는 발상이다.

고객이 기뻐하는 일을 디자인하라

이러한 발상은 도시생활자의 행위와 행동에 극적인 변혁을 가져오고 사회·경제에 통합적 가치를 제공할 비즈니스 모델의 기초가 된다.

거듭 말하지만, '상품'에서 '사건'으로 가자는 것은 아니다. 참고로 1980년대 일본 거품경제기에 한 백화점이 '모노(物, 상품)에서 고토(事, 사건, 경험)로'라는 캠페인을 했다. 당시의 사고방식으로 이해하자면 실제 상품이 아닌 기호화된 추상적 이미지, 즉 광고 이미지나 의미가 강조된 상품을 판매한다는 이야기였다. 여기서 말하는 '고토'는 가상적인 개념이다. 거품경제기에는 사람들이 어디를 가도 위화감을 느꼈기 때문에 이런 캠페인이 가능했으리라 생각한다. 하지만 지금 우리가 말하는 사건은 이와 다르다. 우리가 말하는 사건이란 생생한 생활과 사회의 개별적 현상이 포함된 일상에서 겪는 현실적 체험이다. 또한 상품과 사건은 두 가지 모두 중요하다. 따라서 앞으로 남겨진 과제는 현실적으로 고객이 필요로 하는 상품을 제공하는 고토즈쿠리(애플과 같이 디자인, 소프트웨어, 서비스를 종합해 소비자에게 높은 가치의 체험을 주는 것)와 최고의 상품을 만드는 모노즈쿠리(장인정신을 발휘해 최고의 물건을 만드는 것)의 융합이다.

도시생활자의 행위와 행동을 크게 바꾼 '경험'의 서비스로 대표적인 것이 '구로네코야마토 긴급택배' 서비스다. 고객의 생활패턴 변화에 세심하게 맞추어 물건을 보내는 서비스는 상품 물류나 공급 체인의 배달 효율성이 아닌 고객, 즉 도시생활자의 필요에 기초한 서비스이다. 이를 정보기술로 세세하게 디자인한 것이 바로 구로네코야마토의 긴급택배 서비스였던 것이다. 기술도 편리성을 비약적으로 높이는 데 활약했지만 무엇보다 중요한 것은 이 모든 일에 기반이 된 의도다. 이들은 사회를 풍요롭게 하려는 마음가짐으로 서비스하고 있으며 또한 지역사회를 가장 잘 알고 있기도 하다. 최근에 길에서 자주 마주치는 자전거 퀵서비스 역시 도시 환경, 안전에 대한 배려를 대변한다.

인간 중심 사고인 디자인 마인드

그런데 우리는 고객을 진정으로 이해하고 있을까? 21세기의 이노베이션이 20세기의 이노베이션과 가장 다른 점은 이노베이션을 기술 중심이 아닌 인간 중심으로 인식한다는 점이다. 그러나 이는 기존의 인체공학적인 관점이나 휴먼 인터페이스(Human Interface)를 중시하는 경향과는 다르며, 인간이 자연을 지배한다는 사상과도 다르다. 이는 인간의 내면적 가치와 사회적 현실에 나타난 문제를 중시한다는 의미다.

이노베이션은 인간사회에 존재하는 각종 격차를 발견할 때 태어난다. 특히 사회적 약자에게 발생하는 문제는 넓은 안목에서 사회의 뒤틀림과 불화의 징후라 할 수 있는데, 이를 해결하고 더 나아가 새로운 비즈니스로 디자인하는 의지가 이노베이션으로 연결되는 것이다. 또한 우리가 저출산, 고령화 같은 문제에 맞서서 사회적 행복과 즐거움이라는 공통선을 지향하고자 할 때에도 이노베이션이 일어난다.

오늘날의 이노베이션은 수요를 중시하면서 사회에 도움이 될 최적의 가치를 창조하려는 마음가짐을 기반으로 해야 한다. 저가 제품이라 하더라도 존엄, 미덕 등 인간과 사회의 보이지 않는 가치를 추구한다면 명품으로 변신할 수 있다. 그러려면 인간의 본질적인 가치가 이노베이션의 출발점이 되어야 한다. 극히 원론적인 이야기로 들릴지 모르지만 이것이야말로 바로 지금 필요한 접근방식이다.

일본은 지금까지 상품의 기능적 가치를 중시했다. 그런데 일용품화가 진행되고 경쟁이 격화되자 상품에 다양한 기호성과 기능성을 포함한 부가가치를 부여하는 방법을 선택했다. 그러나 디자인 씽킹은 이처럼 '일용품+부가가치(상품의 가치)'를 추구하는 프리미엄 전략과는 달리, '인간적(본질적) 가치(경험의 가치)'를 추구한다. 이는 확연히 다른 가치 계산법이다. 아래 도표 오른쪽을 보면 알 수 있듯이 인식된 가치를 최소한의 원료로 삼아 저가격을 실현할 수 있고 그 상품에 더욱 만전을 기하면 최종적으로는 고가이더라도 부가적 프리미엄이 아닌 본질적 가치가 뛰어난 상품과 서비스를 제공할 수 있다.

이러한 과정을 구체화시키는 것이 바로 기존 경영학의 한계를 초월하는 인간 정신력에 의한 사고, 즉 디자인 마인드가 아닐까 생각한다. 이는 종래의 기술적, 논리적 사고와는 전혀 다른 사고라 할 수 있다.

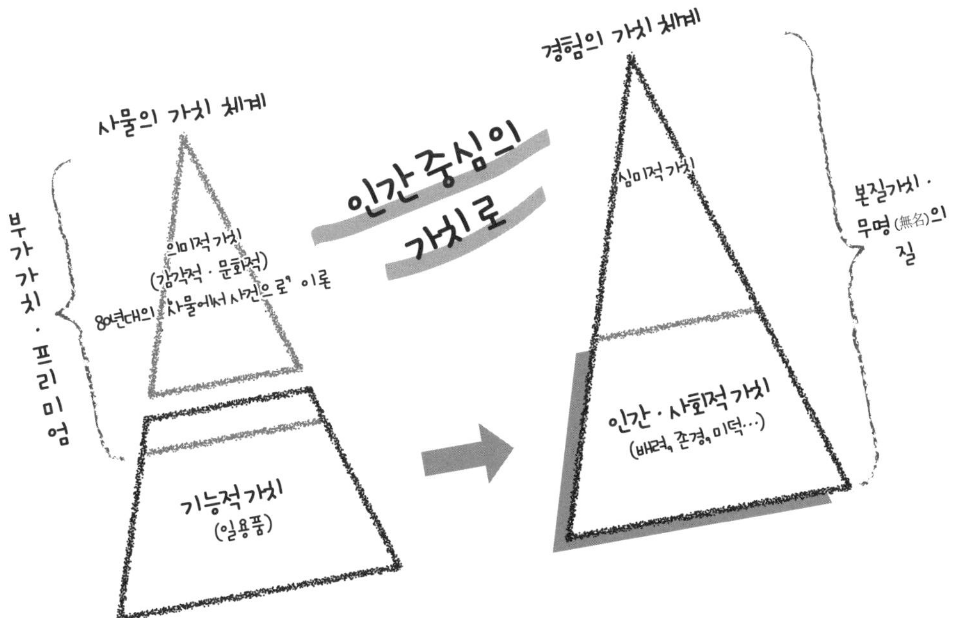

전 세계적 변화에 직면한 비즈니스

이러한 가치체계의 변화는 세계 경제 변화와도 밀접한 관계가 있다. 1980~90년대에는 G7 국가의 GDP가 세계 GDP의 3분의 2를 자치했다. 그러나 21세기가 되자 그 균형이 무너졌다. 중국 경제가 미국과 대등해졌다는 뉴스까지 들리는데, 지금은 BRICs(브라질·러시아·인도·중국의 신흥 경제 4국)와 신흥국 시장을 포함한 G7외 지역의 GDP가 세계의 절반이 넘는다. 이러한 현상은 최근 들어 매우 두드러진다. 예를 들어 SNS(소셜 네트워크 서비스)인 페이스북 회원의 증가 추이를 보면 2006년까지는 미국이 중심이었지만 그 이후로 점점 판도가 바뀌고 있다. 미국 외 사용자가 급속히 늘어 2009년에는 미국 사용자가 100만 명이라 하면 그 외 지역이 250만 명이 되었다. 결국 미국 사용자는 3분의 1 정도로 축소된 형편이다.

이렇게 되면 생각이 달라질 수밖에 없다. 일본은 지금껏 세계의 3분의 2에 해당하는 G7 국가에 고부가가치 상품을 수출하는 제조업을 기반으로 해왔다. 이제 그 시장이 반쪽이 되었으니 양상이 딴판이 된 것이다.

베를린 장벽이 붕괴된 지 20년 후인 서기 2000년을 전후로 하여, 10년 동안 세상은 몰라보게 달라졌다. 20세기에서 21세기를 향한 경제 변화는 매우 비연속적이다. 리먼 사태 이후에는 그때까지 지배적이었던 시장주의 경제의 존속에까지 의문이 제기되었다. 당연히 경영 측면에서도 지금까지와는 다른 새로운 사고방식이 필요해졌다.

세계적 변화의 최대 요인 중 하나는 도시화일 것이다. 2030년에는 세계 인구의 60%에 해당하는 50억 명이 도시에 거주할 것이라고 한다. 21세기의 세계에 영향을 미치는 최대의 변수는 도시화라 할 수 있다. 왜냐하면 도시에서 환경문제, 고령화 사회를 비롯한 거의 모든 문제가 발생하기 때문이다. 2008

년 기준으로 세계 인구 66억 명의 거의 절반인 33억 명이 도시에 거주하고 있다. 과거에 3:7이던 도시 대 농촌 인구비가 이제 5:5가 된 것이다. 2050년 추계 인구는 90억 7,500만 명인데 그 대부분이 도시생활자이며, 인구비는 7:3으로 역전될 전망이다. 그렇다면 도시생활자의 생활이나 직업을 어떻게 디자인해야 할까? 일본 역시 전체적으로 인구가 감소하는 가운데 대도시의 인구 감소율은 평균의 절반 이하에 머물고 있다.

저출산·고령화가 진전되는 일본을 비롯하여 지금까지 선진국이라고 불렸던 지역에서는 세대구조의 변화와 그에 따른 사회적 변화가 이미 막대한 영향을 미치기 시작했다. 현재 일본에 가장 많은 세대구성은 1인 세대다. '부부와 아이 둘'이라는 가족 형태는 이제 소수파가 되고 말았다.

그런가 하면 디지털의 발달 역시 세계적인 영향력을 미치고 있다. 일본과 미국에서 디지털 네이티브 세대가 주목받을 뿐만 아니라 도시형 경제를 지향하는 중국 역시 바링허우로 대표되는 인터넷 세대가 기존 가치관의 변혁을 주도하고 있다.

솔루션 비즈니스나 서비스 시스템 역시 궁극적 과제는 도시화일지 모른다. 정보통신 기술 역시 단순히 문제를 해결하는 것이 아니라 기존의 업무방식과 생활방식 등을 극적으로 변혁할 능력을 발휘해야 할 것이다. 물론 사회에 도움이 되는 방향으로 말이다.

예측할 수 없는 지금의 세계

20세기의 경제·사회를 떠받치던 신조와 조직은 그 근본부터 달라졌다. 2009년 5월, FRB 미국 연방준비은행의 벤 버냉키(Ben Shalom Bernanke) 의장은 보스턴대학교의 법과대학 졸업식 연설에서 충격적인 발언을 했다.

> "경제학자이자 정책 입안자로서, 나는 지금까지 미래 예측에 관한 많은 경험을 쌓았다. ……그러나 유감스럽게도, 그 경제 예측은 참담한 결과를 낳는 경우가 많다. 어떤 의미에서 경제 예측은 기상 예측보다 어렵다. 경제란 물리 법칙에 따라 행동하는 분자 덩어리가 아니라 스스로 미래를 구상하고 자신 또는 타인의 예측에 영향을 받아 행동을 바꾸는 인간들로 구성되어 있기 때문이다."
>
> 벤 버냉키

리먼 사태 이후 큰 변혁기에 있던 미국형 자본주의를 주도하던 사람이 자기부정이라고 할 만한 발언을 한 것이다.

그는 기존 경제 정책의 기반이었던 분석력(미래 예측)이 이제 그 힘을 잃었다고 선언했다. 경제학은 지금까지 물리학의 법칙을 금과옥조로 여겨왔다. 그런데 이제 경제가 인간 중심의 불확실하고 복잡한 모델로 바뀌었다는 것이다. 그러고 보니 비슷한 시기에 이코노미스트지에서도 '경제학의 죽음'을 주장했었다. 이렇듯 20세기에는 상상도 못했던 상황이 우리 눈앞에 펼쳐지고 있다.

20세기 당시, 미국 경영학자인 레스터 서로우(Lester Thurow)는 다음 세대를 내다보며 다음과 같이 말했다.

> "(21세기에) 우리는 많은 예외적 현상을 보게 될 것이다. 이들 예외는 기본적으로는 경제적 대지진이나 대분화라 할 수 있다. 다시 말해 그것들은 단지 피상적인 현상일 뿐, 더 깊고 근본적인 변화는 우리의 경제 구조 속에 숨어 있다."
>
> Rethinking the Future, Nicolas Brealey Publishing, 1999

신경제학이 한창일 때였으니 상당히 비관적인 주장이라 여겨졌을 것이다. 그러나 실제로 2000~2001년 사이에 닷컴거품이 붕괴되고 엔론 도산, 세계 무역센터 테러, 이라크 침공 사건 등이 숨 쉴 틈 없이 연달아 일어났다. 그래도 그것들은 피상적인 징후에 불과했다. 더욱 큰 충격은 리먼 사태와 일본 기업 침체의 장기화였다. 처음에는 서브프라임 사태로 시작된 미국 금융위기가 일본 기업에 큰 영향력을 미치지 않을 것이라고 예상했지만, 결국 일본 기업 역시 세계 경제의 구조적 변화를 피해 가지 못했다.

창조성이야말로 새로운 경제를 이끌 에너지

정리하자면 지금까지 세계 경제를 주도했던 미국형 자본주의 자체가 한계에 부딪힌 것이다. 리먼 사태 이후의 경제에 대해 세계 최대 투자회사인 PIMCO의 CEO, 모하메드 엘 에리언(Mohamed El-Erian)은 다음과 같이 말했다.

"세계의 성장률은 위기 전만큼 높지 않다. 세계 경제의 성장방식이 달라졌기 때문이다. 세계 경제를 비행기에 비유하면, 그 비행기는 지금까지 미국이라는 거대한 엔진 하나와 부채라는 특수한 연료로 높이 날았다. 앞으로 이 비행기는 복수의 엔진을 사용할 텐데, 그 엔진들은 그다지 크지 않다. 또 부채에 의존하면 고도(성장률)가 떨어질 것이다." 〈니혼게이자이신문〉 2009년 10월 12일

이는 무엇보다 기존의 경제 · 경영 모델이 쓸모없어졌다는 의미다. '부채에 의존하지 말라'는 말은 무슨 뜻일까? 아마도 주식시장에 의존하여 실체 경제를 부풀렸던 머니게임을 그만두고 이제는 고객의 필요에 초점을 맞추어야 한다는 말이 아닐까?

이런 말이 나오게 된 배경에는 BRICs와 신흥국 기업의 대두가 있다. 2009년 말에 선정된 포춘 500대 기업 중 BRICs계 기업이 자그마치 60곳 이상이다. 5년 전에 68곳에서 지금은 61곳 수준으로 줄어든 일본 기업의 수를 처음으로 뛰어넘은 것이다(일본을 제외한 아시아는 69사). 세계 경제는 정말로 다수의 소형 엔진에 의해 날게 된 것이다. 그리고 그 비행기의 에너지는 일상적 · 조직적 · 지속적인 이노베이션이다.

지금까지는 이노베이션이라는 말이 당연시되면서 첨단기술 산업뿐 아니라 각 업계와 업종에서 그 중요성이 강조되었다. 그런 현상을 가속화시킨 것이 바로 리먼 사태다. 결국 세상은 부채에 의한 경제성장이 아닌 의미 있는 이노베이션에 의한 성장의 중요성에 눈을 뜨게 되었다. 이제는 금전적 가치가 아니라 지속적, 인간적인 경제와 사회적 가치를 중시하게 된 것이다.

이 사태는 미국의 쇠퇴라는 진부한 결론으로는 끝나지 않을 것이다. 특히 일본 기업을 비롯한 전 세계 기업들이 이미 1980~90년대의 경제 모델로는 더이상 성장을 꿈꿀 수 없게 되었다. 기업경영 역시 구태의연한 접근방식으로는 새로운 시대를 헤쳐나가기 어렵다. 인간적인 가치(경험과 사건의 가치)를 추구하는 창조적 엔진을 갖추어야 할 때다.

3.3. 디자인 창업가 정신

사실 이노베이션은 공황기 또는 경기 후퇴기에 가장 활발해진다. 이럴 때 창업가가 배출되어 기존 가치관을 부정하고 새로운 사업을 일으킨다. 일본에서도 1930년대의 대공황기에 지금 일본 경제의 주류를 이루는 대기업들이 생겨났다. 그러나 제2차 세계대전 후에는 세계의 주역이 될 만한 신흥기업이 나오지 않았는데 아마도 창업가 정신이 사라진 탓이 아닐까 싶다.

전 세계적으로 다양한 변화가 일어나는 지금이야말로 창업가 정신이 절실하다. 이러한 사회적 변화가 바로 이노베이션의 기점이기 때문이다.

슘페터의 '신결합'과 디자인

이노베이션이란 개념을 처음 소개한 사람은 20세기 초의 오스트리아 경제학자 요세프 슘페터(Josef Schumpeter, 1883~1950)였다. 슘페터가 〈경제 발전 이

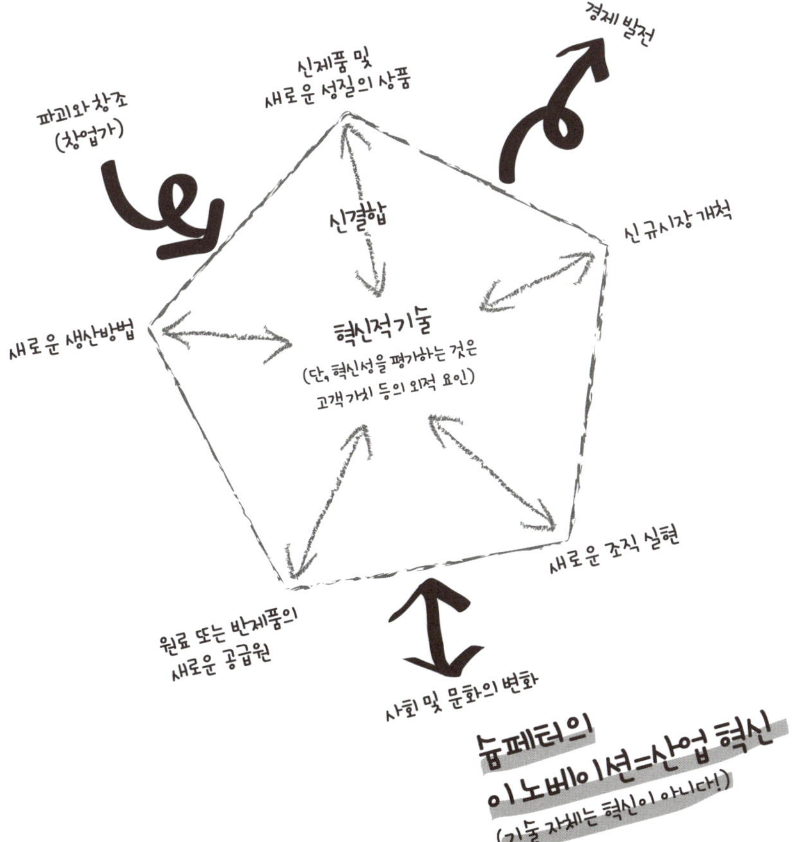

론 연구(経済発展理論研究)[16]〉에서 '역동적인 경제에는 생산수단의 사회적 재분배가 필요하다.'고 말하며 '창조적 파괴'와 '신결합'을 주장한 일은 잘 알려져 있다. 이러한 '창조적 파괴'와 '신결합'은 디자인의 진정한 본질이라 할 수 있다.

슘페터는 이노베이션이 기업가의 '창업가 정신'에서 나온다고 강조했다. 건전한 경제는 결코 정적 균형 상태에 머무르지 않고 이노베이션 및 변화에 의해 끊임없이 수급의 균형이 파괴된다는 것이다. 그래서 신결합을 수행하는 것이 자기 역할임을 깨닫고 능동적인 경제 주체로 기능하기 위해 노력하는 기업가가 있다면 그 사람이야말로 경제를 발전·진화시키는 핵심인물이라고 주장했다.

당시에는 전자기기, 자동차, 제약 등 20세기의 대표적인 산업이 번창하던 와중이었는데도 슘페터는 그런 배경 속에서 이노베이션을 구상했던 것이다. '기업가'(혹은 창업가)가 대담한 시도와 노력으로 소비자의 마음을 사로잡은 결과 시장을 일시적으로 독점한 듯 보이는 상태. 슘페터의 정의에 의하면 이때가 바로 이노베이션이 일어나는 시점이다. 다만 그 성공은 어디까지나 일시적이어서 새로운 경쟁에 뛰어들어 '창조적 파괴의 폭풍우'와 부딪히지 않으면 경제가 발전하지 않는다. 그러나 반대로

16_〈경제 발전 이론 -기업가 이윤·자본·신용·이자 및 경기의 회전에 관한- 연구(経済発展の理論―企業者利潤·資本·信用·利子および景気の回転に関する一研究)〉, 1912년 초판, 시오노야 유이치(塩野谷祐一) 외 옮김, 이와나미岩波문고, 1977년, 원서 : The theory of economic development: an inquiry into profits, capital, credit, interest, and the business cycle, Joseph Alois Schumpeter, Transaction Publishers, 1934

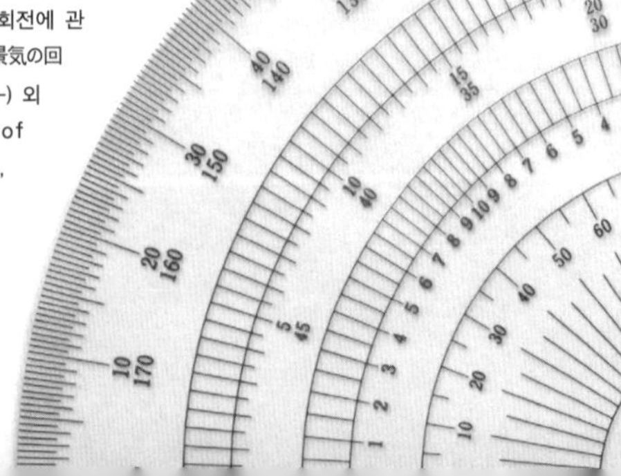

기업이 성공하여 대기업이 되면 균형과 안정을 추구하면서 점차 관료화되게 마련이다. 말년의 슘페터는 그런 이노베이션의 죽음을 목격하고 몹시 실망했다고 한다.

20세기 초에 슘페터가 품었던 이노베이션의 꿈은 깨졌지만 이제 다시 그 필요성이 강조되고 있다. 특히 경제적인 불안정이 계속되는 유럽에서는 이노베이션이 지역 평화와 안정, 그리고 그것들을 지지하는 지속적인 경제 발전에 필수라는 인식이 높아지고 있다. 유럽 각국은 제2차 세계대전 후 자신들의 과오를 반성하여 군사·우주 등 대형 과학 연구에 많은 예산을 투입하지 않는다. 즉 '유럽지역 평화유지를 위한 경제의 지속가능성, 그 지속가능성을 위한 이노베이션'을 공통으로 지향함으로써 미국처럼 군사적 이노베이션에는 큰 투자를 하지 않는 것이다. 우수한 중소기업, 수준 높은 교육, 산·관·학이 연합하는 전통, 국가의 관여 등 유럽에서는 미국보다 일본에 가까운 사회구조에 기초하여 이노베이션이 전개되고 있다.

이노베이션을 '기술혁신'으로 번역한 것은 1956년 일본의 《경제백서》였다. 이해의 경제백서는 "이제는 '전후(戰後)'가 아니다."라는 말을 처음 사용하여 이후 10년 동안 유행시켰다.

이 책에서는 또한 고도의 경제성장은 기술혁신, 즉 '제4의 물결'과 밀접한 관계에 있다고 밝혔다. 제4의 물결이란 원자력, 미사일, 제트기, 텔레비전, 반도체, 컴퓨터, 마이크로파 통신, 합성섬유, 플라스틱, 합성고무, 유기농약, 합성세제, 품질관리, 자동제어장치 등을 말한다.

그러나 요즘은 기술혁신만으로 이노

베이션이 일어나지 않을 뿐더러 기술혁신은 이노베이션이 아니라는 지적이 많다. 많은 기업이 연구소에서 훌륭한 연구 결과나 발명이 나와도 어떤 변화도 일어나지 않아서 고민하고 있다. 이것은 기술이 사회·문화의 변화와 사업전략에 밀접하게 관련되어 있어야 비로소 이노베이션이 실현되기 때문이다.

슘페터 역시 새로운 발명이 없어도 이노베이션이 일어날 수 있다고 거듭 주장했다. 최근에는 그 주장이 설득력을 얻어 조직과 체계의 이노베이션을 중시하는 곳이 많다. 그러나 언제나 균형이 중요하다. 첨단기술과 하위기술이라는 대립에 주목하기보다 기술 외의 요소가 어떻게 효과적, 효율적으로 통합되는지에 주목해야 한다. 기술이라는 '하드웨어'적인 지식이 소프트웨어, 서비스 등의 다른 지식자산과 통합되어야만 이노베이션이 실현된다. 이는 맞는 말이긴 하지만 그 실천은 절대 쉽지 않다. 그렇다면 어떻게 해야 할까? 슘페터는 신결합의 방법론까지는 명확히 밝히지 않았던 것 같다.

그래서 디자인의 의의가 더욱 주목받는 것이다. 말할 것도 없이 바람직한 이노베이션은 핵심적 우위기술을 입증할 수 있어야 하지만, 기술만 전면에 내세운다고 이노베이션이 성립되지는 않는다. 반대로 소프트웨어적 요소만으로는 타사에 모방당하기 쉽다. 그러므로 기술과 시장·사회·문화의 변화 요인을 결합시킬 방법론과 촉매 능력이 절실한데, 그 능력의 요체인 신결합 방법론이야말로 진정한 디자인이라 할 수 있다.

사회적 관계성의 중시

일본에서도 한동안 문제가 되었지만, 지금까지 벤처기업이라 하면 배금주의적 성향의 경영자가 자기 생각대로 회사를 경영하고 주변에서는 그저 지켜보기만 하는 이미지였다. 이러한 기존의 벤처가 지역과 국가에 그다지 도움이 되지 않는다는 지적도 있었다.

이와 관련하여 실리콘밸리에서 인텔을 이끌었던 앤디 글로브(Andy Glove) 전 대표가 경종을 울리는 발언을 했다(비즈니스위크지 2010년 7월 1일 자). 그는 《세계는 평평하다》[17]의 저자인 토머스 프리드먼(Thomas Lauren Friedman)이 뉴욕 타임즈 칼럼에 "미국 경제를 신흥기업이 부활시키고 있다. 오래된 기업은 사라져라."라고 썼던 것을 언급하며 '프리드먼은 틀렸다.'고 반론했다. 그 이유로 실리콘밸리에서 창업하는 기업의 대부분이 성장 과정에서 해외 노동력을 찾기 때문에 결과적으로는 미국 내 고용을 창출하지 않는다는 것이다. 실제로 실리콘밸리의 첨단기술 기업 종사자는 16만 6천 명밖에 되지 않으며 해당 지역의 실업률은 전미 평균 실업률인 9.7%를 웃돈다고 한다. 글로브는 기업이 지속적으로 성장하기 위해서는 지역공동체 및 사회와의 관계성이 중요하다고 호소한 것이다.

이는 일본 기업에 대단히 친숙한 사상이지만, 현재 일본에서도 지적(知的) 유출이 빈번하다. 그렇다고 해서 기업이 국내에만 머물러서는 그 존속 자체가 위태로운 것도 사실이다. 어느 쪽의 시나리오가 맞는지는 아직 확실히 판단할 수 없다.

어쨌든 사회적 창업가를 비롯한 신세대 경영자, 대기업 내 리더들 사이에서 사회적 의식, 커뮤니티 의식이 점차 높아지고 있어서 글로브의 주장은 일본 기업에도 자연스럽게 받아들여질 것이다. 하지만 지금 일본 기업이 살아

17_토머스 프리드먼 지음, 김상철 & 이윤섭 옮김, 창해, 2006 / 일본판 《플랫화되는 세계 フラット化する世界》후시미 이완(伏見威蕃) 옮김, 니혼게자이(日本経済)신문사, 2006) / 원서 The World is Flat, Thomas Friedman, Farrar, Straus and Giroux, 2005

남은 것은 단지 관성의 법칙 때문일지도 모른다. 가속도가 사라지면 축소되는 일만 남는다. 그러므로 바로 지금 기업의 강점을 재인식하고 선용해야 할 것이다.

이러한 상황을 호전시키는 것 역시 디자인의 역할이다. 관계성을 디자인하는 능력은 경제 발전을 위해서도 꼭 필요한 능력이라 할 수 있다.

경기 후퇴와 창업가 정신

기업가나 기업조직의 창업가 정신으로 인해 이노베이션이 일어나는 지점은 말할 것도 없이 '변곡점', 즉 커다란 시대 변화가 일어나는 시점이다. 그래서 이노베이션에는 시대를 읽는 감각이 필요하다.

21세기부터 이노베이션은 줄곧 주목받아 왔지만 특히 그 중요성이 강조되었던 것은 2004~2005년 이후였다. 바로, 닷컴 거품 붕괴로 기존의 성장 체계가 기능하지 않게 된 후다. 그때 비즈니스위크지에서도 75주년 기념 특집으로 '이노베이션 경제'에 관한 기사를 실었다. 이때부터 '이노베이션 경제'는 주목받기 시작했던 것이다(곤노 2004).

그런데 2008년 말, 리먼 사태 이후에는 이런 목소리도 들려온다. '이노베이션 따위에 몰두할 시간과 여유 따위는 없다. 지금은 당장 살아남는 것이 급하다.'라는 것이다. 그러나 이는 터무니없는 소리다. 경기 위기가 닥쳐 후퇴기에 접어든 때야말로 이노베이션의 최적기이기 때문이다.

당연한 일이다. 과거의 관습과 가치관이 무너지고 기존의 리더들이 쓰러져가면서 그들이 있던 자리에 큰 공백과 격차가 생긴다. 위기에 대한 반응인지 닥쳐올 미래에 대한 대비인지는 모르겠지만 이런 때야말로, 혹은 이런 때여야만 이노베이션이 가능하다. 그러므로 이 기회를 그냥 넘겨서는 안 된다.

그것은 역사가 증명하는 사실이다.(122쪽 Note 참조)

중대한 역사적 · 경제적 변곡점이야말로 창업가 또는 기업 내 창조적인 직원에 의해 이노베이션이 일어나는 시점이다. 이는 자연도태의 법칙에 따른 현상이기도 하다. 변곡점은 세대 교체, 돌연변이, 산업진화의 계기이며 그 신결합의 촉매는 바로 창업가, 그리고 창업가 정신을 지닌 직원들이다.

경기 후퇴기에 활약했던 창업가 정신

● 1929~1933년의 세계 대공황. 그 와중에서도 1920년대 후반에 포드를 맹추격했던 GM은 그 기세를 몰아 1930년에 전대미문의 V16엔진을 발표했다. GM은 이 일로 당대의 첨단기술 기업이자 세계 최대의 자동차 제조회사로 발돋움했다.

● 일본의 쇼와대공황은 1929년에 뉴욕 월가에서 시작된 세계 대공황의 여파로 1930~31년에 일어났다. 이는 제2차 세계대전 발발 전의 최대 경제 위기였다. 마쓰시타 고노스케(松下幸之助)는 여전히 혼란을 벗어나지 못했던 1932년 5월 5일을 창업기념일로 제정하고 168명의 사원들 앞에서 제1회 창업 기념식을 거행했다. 그리고는 유명한 '산업인의 사명'을 선언하고 그 해를 '메이지(命知) 원년'으로 삼고, '250년 계획'을 발표했다. 이것은 마쓰시타전기(현 파나소닉)가 메이지 원년부터 250년 동안, 25년 단위로 10기에 걸쳐 발전과 공헌을 반복한다는 계획이었다. 이 25년 중 처음 10년은 건설시대, 다음 10년은 건설·활동시대, 마지막 5년은 건설·사회공헌시대다. 고노스케의 연설이 끝난 후 전 사원이 차례로 단상에 올라 격앙된 감상을 발표했다는 굉장한 이야기가 전해진다. 일본에서 이러한 기업가 정신을 이끌어낸 것이 바로 쇼와대공황이었다.

● IT 거인도 기나긴 경제 혼란 속에서 태어났다. 휴렛 팩커드(HP)사는 1939년, 미국 캘리포니아주 팔로알토(Palo Alto)에서 윌리엄 휴렛(William Hewlette)과 데이비드 팩커드(David Packard)라는 두 젊은이가 창업했다. 팩커드가의 차고에서 자본금 538달러를 가지고 말이다.

● 미국만의 이야기도, 개인 창업가만의 이야기도 아니다. 비슷한 시기인 1935년 일본에서는 후지전기제조 주식회사(현 후지전기 홀딩스주식회사)의 전화 부문이 분리되어 후지통신기제조 주식회사, 지금의 후지쓰(富士通)로 독립했다.

● 한국의 삼성 역시 이와 비슷한 시기에 설탕과 원단을 제조하는 업체로 출발했다. 삼성은 현재의 회장인 이건희의 부친 이병철이 와세다대학을 중퇴한 후 친구 두 명과 1만 엔씩 출자하여 설립한 회사다. 1938년 3월 1일에 대구에서 설립된 삼성상회가 오늘날 삼성그룹의 시작이었다.

● 일본은 1980년대 후반에 거품경제기를 지났다. 그러나 1980-82년 사이에 세계 경제는 장기 불황을 경험했으며, 플라자합의[18]가 있던 1985년은 미국 컴퓨터 시장이 마이너스 성장을 하던 시기였다. 이런 시대에 애플(1976년 창업)은 전설적인 매킨토시를 시장에 도입한다(1984년). 또 컴퓨터 시장의 영웅 델 역시 이 시기에 창업되었다(1984년). 마이크로소프트웨어가 상장한 것도 1986년이다.

● 1990~93년에 일어난 세계 동시 불황으로 인해 일본 거품경제가 붕괴되었다. 그러나, 이 시기에 아마존이 창업(1994년)한다.

● 1997~98년에 걸친 아시아 경제 위기로 인해 최대의 경영 위기를 경험한 삼성은 1997년에 휴대전화 시장에 본격적으로 뛰어든다. 이 무렵 미국에서는 구글이 탄생(1998)했다.

● 그리고 2001~02년, 닷컴 거품 붕괴 직후에 애플이 음악 재생 소프트웨어인 iTunes를 발매한다(2001년). HP는 컴팩을 인수(2002년)하여 IBM을 제치고 세계 최대 IT 서비스 기업으로 발돋움한다.

그러나 일본은 1930년대 이후 세계적인 기업이 등장하지 않고 있다. 런던 비즈니스 스쿨과 미국 뱁슨 컬리지(Babson College)의 공동연구(2000)에서, 국가별 창업가 정신과 경제성장률 사이에 밀접한 상관관계가 있다는 결과가 나왔다. 그런데 일본은 두 가지 지표가 가장 낮은 것으로 나타났다. 조사 결과 일본과 반대로 두 지표가 모두 높은 나라는 한국이었다.

18_당시 미국이 국내 재정적자와 무역적자를 해결하기 위해 달러화 가치 저하, 엔화 가치 상승을 G5 국가에 요청한 일. 이에 따른 엔고현상으로 저금리 정책이 시행되었고, 그로 인해 부동산 거품이 형성되어 결국은 거품 붕괴와 잃어버린 10년을 초래했다.

PART2에서는 디자인을 지적 기반으로 하는 '디자인경영'을 실천하는 데 필요한 소재와 사고 도구를 제시하려고 한다. 이들은 모두 PART1에서 다루었던 디자인의 지(知)를 기반으로 하지만 여기서부터 읽어도 이해하는 데 문제는 없다.

이제 분석적 방법, 아이디어 발상법 같은 이노베이션에 대한 속박으로부터 벗어나기 위한 창조적이고 실천적인 지(知)의 과정을 이야기하고자 한다. 이제부터 펼쳐나갈 모든 이야기는 개인적인 노하우가 아닌 팀 작업과 워크숍 등에서 실천하는 것을 전제로 한다.

먼저 다룰 것은 콘셉트 디자인, 즉 에스노그래피 같은 사회과학적 방법론에 기초한 지(知)의 정성적 연구 방법론이다. 이 방법론은 사회·경제와 현장의 관찰 데이터를 바탕으로 새롭고 생생한 의미를 발견하는 방법이므로 제품과 서비스의 이노베이션 디자인을 진행하는 데 반드시 필요하다.

디자인경영의
지적 방법론

두 번째로는 비즈니스 모델 디자인을 다룬다. 디자인 과정은 기업 가치 창출의 플랫폼이다. 따라서 고객·파트너와의 관계성 구축을 위한 방법론의 지(知), 비즈니스 모델 디자인은 매우 중요하다.

세 번째는 시나리오 디자인이다. 고정관념에 얽매이기보다 불확실한 미래를 전제하여 시공간과 세계를 제작해야 한다. 즉 가능한 세계를 그려내고 가설을 창조하며 전략과 이노베이션의 방향을 설정하는 시나리오 디자인에 대해 알아보자.

세 가지 모두 심층 요인과 본질을 선견·통찰하거나 현장에서 발견하고 그것들을 연결하여 가설을 창출하며 이를 실천함으로써 피드백을 얻는, 지식 디자인 과정의 변형이다. 이러한 활동은 장차 디자인 시대에서 일상적인 경영행위가 될 것이다. 그러나 이들은 단순한 노하우가 아니므로 실천을 동반할 때에야 비로소 올바르게 이해할 수 있다.

Chapter 4

콘셉트를 디자인하다 (정성적 연구 방법론)

일본 모노즈쿠리의 원점? 옛날 방식의 제철법인 '골풀무'. 직공들의 현장에서 작업을 하는 모습. 직공의 '장(場)'을 느껴본다.
사진 : 곤노 노보루

4.1. 경험 세계를 바탕으로 한 개념 창조

사회적 디자인 능력에 대한 관심 고조

IT 서비스 분야에서도 디자인이 주목받고 있다. 그 배경에는 IT 서비스 기술의 대변혁이 있다. '클라우드 컴퓨팅'은 본격적인 정보 네트워크 사회의 도래를 선언하는 기술이다. 이제 IT 서비스 기업은 사회 및 세상의 잠재적인 미래 수요를 파악한 후 시스템과 서비스를 구상하고 제공하여야 한다. 이때 필요한 것이 바로 소셜 이노베이션에 관한 생각과 사회적 구상력, 콘셉트를 디자인하는 능력이다.

본래 IT의 효과는 시스템 도입으로 인한 단순한 효율 개선('효율 30% 상승' 등으로 표시되는)으로 끝나지 않는다. 그런 효과라면 단순한 노력만으로도 얻을 수 있다. IT 도입 효과의 진수는 사회적 변혁, 정보 네트워크의 구조 자체의 변경 등 예전과는 달리 무언가를 '극적으로' 만들어 주는 데 있다.

앞에서 말한 Suica가 그 전형이다. 예전에도 최고로 숙달된 역무원은 개찰용 가위를 사용하여 1초에 2.5장의 표를 개찰할 수 있었다고 하므로 전자개찰 기술이 개찰 속도를 훨씬 개선했다고는 할 수 없지만(Suica는 1초에 1장), 총량 기준으로는 상당한 성과가 있었다. 일본은 원래 미국·유럽과 같은 '턴바(Turn-Bar)' 방식이 아닌 '개방형' 개찰방식을 사용한다. 그리고 일본은 철도 왕국이라 불릴 만큼 이용객 수가 압도적으로 많다. 그래서 개찰기의 전자화가 필요해졌다. 장기간의 사용자 관찰과 시행착오를 거친 끝에 최종 형태가 나왔다. Suica는 강제로 이용해야 하는 것이 아니라 이용자가 선택하여 '구입하는' 방식이었기 때문에 성공 여부는 전적으로 사용자의 선택에 달려 있었다. 그런데 도입 직후의 반응이 대단했다. Suica는 2001년 11월 18일, 발매 후 19일 만에 100만 매가 넘게 판매되었다. 만약 이것으로 끝났다면 단순한 개찰 효율화 사례에 불과했을 것이다.

Suica의 핵심은 전자개찰+전자화폐다. Suica 도입으로 일단 역에 진입하는 문턱이 낮아졌다. 예전의 표(종이 승차권)는 화폐가 아니었지만 Suica는 전자화폐다. 전자화폐 서비스는 Suica가 도입된 지 3년 후에 시작되었는데 이 때문에 '통근자'가 '소비자'로 변했다. 역에 들어오는 행위와 이용자의 의미부터 달라진 것이다. 새로운 시장이 만들어졌고 '역(驛) 소비'라는 말이 생겨났다. 유통업은 이제 JR동일본의 주요 사업으로 자리 잡았다. 심지어 '역 소비 연구 센터'라는 조직까지 그룹 내에 생겼다. 이러한 비즈니스의 변화는 비단 기술

발달에 의한 것만은 아니다. Suica는 처음부터 전체가 디자인되어 있던 것이 아니라 사용자의 행동이 리디자인(Redesign)되면서 변화가 일어났고 그 변화와 IT 기술이 잘 연동되어 성공한 사례라는 점이 특히 중요하다.

IT 투자와 기업의 수익성이 무관하다는 것은 상식이다(기술이 사용자 상황과 맞지 않을 경우, IT에 투자하더라도 수익효과가 없다). 그 이유는 사람들의 지(知)와 행동적 측면을 경시한 데 있다. IT 산업뿐 아니라 모든 분야에서 기술만으로는 효과적인 이노베이션이 실현되지 않는다. 사회·문화와 인간의 변화가 맞지 않으면 이노베이션이 일어나지 않기 때문이다.

이러한 사회적 필요와 기술을 융합시키려면 현장에서 의미를 발견해야 한다. 다시 말해 개념화하는 능력이 반드시 필요하다. 특히 비즈니스의 구성요소가 많아지고, 복잡해지며, 눈에 보이지 않는 서비스나 시스템이 중요해질수록 콘셉트는 더욱 절실하게 필요하다. 그리고 그 콘셉트를 도출하는 것이 바로 디자인의 역할이다.

그러면 그 출발점은 어디일까? 오늘날의 이노베이션은 수요를 중시하고 사회에 도움이 되는 가치를 창출하고자 하는 의지에서 나와야 한다. 인간·사회의 본질적 가치에 비추어 콘셉트의 이노베이션을 생각할 필요가 있다. 타타의 나노를 예로 들 것까지도 없다. 저가 제품이라 하더라도 존엄이나 미덕 같은 인간과 사회의 보이지 않는 가치를 추구한다면 명품으로 변신할 수 있다.

이노베이션의 기초는 관찰→개념화(가설)→프로토타이핑(실천)으로 이루어지는 지식 디자인 과정이다. 이러한 지식 디자인을 위해서는 사회학적, 문화인류학적인 방법과 고객 현장에서 다양하고 새로운 의미와 가치를 발견 혹은 발굴하는 등의 접근방식이 필요하다.

예를 들어 IT 시스템의 클라우드 컴퓨팅 도입은 '소유에서 사용으로' 이어지는 단순한 변화가 아니다. 사회 전체가 개방형 정보 네트워크 사회로 변하고 있는 것이다. IT 기술은 컴퓨터 세계를 모바일, RFID 등을 통해 우리 생활과 업무 현장 구석구석까지 정보가 미치는 정보환경 세계로 바꾸어가고 있다. 고객 정보 현장은 점점 복잡해진다. 따라서 이제 IT 시스템 역시 하드웨어나 소프트웨어 조립이 아닌 인간·사회 현장에서 IT를 활용하기 위한 행위와 관계성의 디자인 측면이 중시되고 있다.

그러기 위해서는 IT 현장, 즉 필드(field) 관찰부터 시작해야 한다. 이와 관련하여 후지쯔는 '필드 이노베이션'을 표방하고 '필드 이노베이터', 업무 과정 개혁 전문가를 양성하고 있다. 그들을 고객 현장에 파견한 뒤 대화, 인터뷰 등의 가시화 도구를 써서 이용자 입장에서 과제를 파악하고 궁극적으로는 고객과 함께 문제를 개선하려 한다. 후지쯔에서는 벌써 5백 명 가까운 사람들이 필드 이노베이터로 양성되고 있다.

IT 서비스뿐 아니라 수많은 분야에서 고객 가치 실현을 위한 디자인적 방법론에 뜨거운 관심을 기울이고 있다. 이런 디자인 능력을 어떻게 획득할 수 있을까? 일본 능률협회가 전개하는 '비즈니스 에스노그래피'라는 연수 프로그램에서는 고객들 안에 섞여 들어가 현장을 관찰하는, 체험 프로그램을 제공하고 있다. 이 에스노그래피는 관찰 공학적 접근방식 또는 '정성적 연구 방법론'(Qualitative Research Methodologies)이라 불리며 기업 이노베이션 활동을 위한 디자인 기법 중 하나로 도입되었다.

정성적 연구 방법론의 도입

고객을 관찰하여 수요와 의미를 찾아내고 대응하는 일은 중요하지만 아무래도 개별적으로 접근하다 보면 시야가 '좁아지게' 된다. 반대로, 정량적 혹은 분석적인 방법을 쓰면 연구가 피상적으로 변해 본질에 접근할 수 없다. 이 둘은 모순된다. 그래서 정성적인 시점에서 출발하여 의미나 이론을 발견하는 '제3의 길'이 필요하다. 그것이 정성적 연구 방법론이다.

정성적 연구란 '구체적인 사례를 중시하고 그 사례를 시간적, 지역적인 특수성과 관련하여 이해하는' 일이다. 사람들의 표현이나 행위를 보고 '그들이 거주하는 지역적인 문맥을 이해하려는' 시도이기도 하다(Uwe Flick, 2002). 정성적 연구란 한마디로 양적으로는 이해할 수 없는, 인간 삶의 현실을 조사 · 연구하기 위한 방법론이다.

정성적 연구 방법은 정성적인 관점으로 정성(定性) 데이터와 정량(定量) 데이터를 동시에 취급하는 사회학적 접근방식이다. 그 구체적인 방법으로는 필드 워크(field work), 인터뷰, 경력 조사, 사례 조사 등의 기술, 구술을 통한 조사법이 있다. 이들은 예전에 '정성조사'라 불렸던 방법으로 통계조사법에 기초한 정량조사를 주축으로 하는 마케팅 조사와는 상호보완적인 관계이다. 이와는 달리 정성적 연구 방법론이란 정성조사를 주축으로 하는 '정성적인' 방식으로의 전환을 의미한다. 객관적, 실험 중심적 시장조사(가설 검증)에 반대되는 주관적이고 상호작용적인 인간 과학(가설 창조, 변화의 실천)이라 할 수 있다.

정성적 연구 방법은 이른바 창조적 사고법이나 아이디어 발상법과는 다르다. 브레인스토밍으로 대표되는 이들 사고법과 발상법은 주로 개인의 창조성을 끌어내는 것이 목적이다. 이와는 달리 디자인 지(知)의 범주에 포함되는 정성적 연구 방법론은 개인의 창조성이라는 '블랙박스'를 노리지 않는다. 정성적 연구 방법은 오히려 우리의 신체적 · 감정적 · 직관적인 인지능력과 추론능력, 관계성 창출력 등 사회적인 지성을 활용하는 작업 과정이라는 점에

주의해야 한다. 개인의 창조성을 기반으로 하는 대부분의 기법이 실제로는 창조적 아이디어를 끌어내지 못한다는 의견이 많다. 현실적으로 개인에게 지나치게 '창조적일 것'을 요구하고 자극하면 오히려 심리적 위축을 초래할 수 있다. 이에 비해 디자인의 지(知)는 팀 또는 고객과의 관계성을 기반으로 현장에서 사용하는 방식이라 할 수 있다.

정성적 연구 방법론은 다양하게 분류할 수 있지만 간단히 정리하면 다음과 같다.

① 에스노그래피(Ethnography)
② 현장 기반 이론방식(GTA ; Grounded Theory Approach)
③ 서술 기반 의료(NBM ; Narrative-based Medicine)

에스노그래피는 문화인류학적인 관찰을 활용하는 현장형 방식이다. 그 역할은 현장에 섞여 들어가 암묵지 또는 오감을 활용하여 현장 데이터를 획득하고 가설을 생성하는 것이다.

두 번째인 현장 기반 이론방식은 실제로 현장(Ground)에 밀착하여 얻은 데이터를 대조하여 귀납적으로 정리하고 현장의 문제를 해결할 효과적인 이론을 도출하는 방법론이다.

세 번째, 서술 기반 의료란 문자 그대로 의사와 환자의 상호 '이야기(서술)에 기초한 의료'에 관한 방법론이다. 이를 응용하여 기업과 고객 간의 대화를 통한 문제를 해결에 활용하는 것이다.

이 방법들에는 공통점과 차이점이 있다. 이렇게 정성적 연구 방법론을 적절히 조합하여 '현장 파악, 가설 발견, 이론 및 모델 도출, 문제 해결, 새로운 가치의 창출과 실천'으로 이어지는 과정은 지식 디자인(디자인 씽킹) 그 자체라고 해도 무방할 것이다.

장(場) 속으로 깊이 들어갈 것(일본적 모노즈쿠리의 지적 진수?)

이노베이션은 '새로운 지식의 조합'이며, 기술과 시장·사회를 연결하는 과정이다. 그러나 그 조합은 분석과 사무활동에서는 나오지 않는다. 서비스 제공자와 고객이 생각과 이미지 같은 주관을 공유할 '장(場)'이 필요하다. 이 장(場)을 통해 기업과 고객, 개인과 개인이 상호작용하면서 분석만으로는 파악할 수 없는 새로운 지(知)가 탄생할 것이다. 최근 들어 해외의 경영전문가들도 '장(場)'이라는 말을 쓰는 것 같다. 장(場)은 원래는 일본 전통 문화와 인연이 깊은 개념이지만 문화인류학이나 현상학(現象學)과도 일맥상통한다.

고객의 현장 속에 스며들어가 새로운 관계성을 발견하는 것이 장(場)의 목적이다. 에스노그래피나 서술 기반 의료 역시 '주객 미분리'의 관계를 기본으로 한다. 주체와 객체, 나와 당신, 기업과 고객처럼 대립적 자세를 취하지 않는 것이 이러한 방식의 공통된 특징이다. 주객을 나누는 것은 객관적·분석적 태도다. 이에 비해 정성적 연구 방법론은 '상호 주관적'이다.

에스노그래피가 주목받게 된 배경에는 공감적 디자인(Empathic Design)을 향한 일련의 흐름이 있다. 1960~70년대 이후에 정보산업이 대두됨에 따라 참여하는 디자인(Participatory design)이 주목받게 되었다. 당시는 핵심 사용자를 개발 현장에 초대하여 피드백을 받는 활동이 주를 이뤘다. 사용자의 편의를 배려하는 '사용자 편의 위주 디자인'과 '유니버설 디자인'(연령, 성별, 장애 유무에 관계없이 누구나 이용할 수 있고 쓰기 편한 환경 및 디자인) 같은 기법도 생겨났다.

이러한 현상은 개발과 디자인의 '주도권'이 기업(혹은 디자이너)에 있느냐,

사용자에게 있느냐 하는 문제와 관계가 깊다. 단순히 사용자를 '참여시키고', '사용자 위주로' 디자인한다면 어디까지나 디자이너가 주체인 디자이너 중심주의다. 그러나 요즘은 '사용자가 디자인하는' 사용자 중심주의가 많아졌다. 이것이 사용자의 디자인 능력이 높아져서 스스로 디자인하게 되었다는 의미는 아니다. 그보다는 사용자가 디자인 과정을 통해 문제를 해결할 수 있는 체계, 새로운 가치를 창출할 수 있도록 플랫폼을 제공하는 일이 중요해졌다는 것을 의미하는 것이다.

더 많은 디자인의 여지를 사용자에게 제공함으로써 가치가 올라간다. 이는 PART1에서도 지적했듯이 물건을 팔던 비즈니스가 고객의 요청을 받아들여 문제를 해결하고 가치를 창조하는 21세기형 산업 가치생산 체계로 변모했음을 나타낸다. 델 모델의 사례, 구글과 아마존 같은 서비스 비즈니스를 떠올리면 이해가 빠를 것이다.

이러한 배경에 힘입어 고객과 장을 공유하며 새로운 콘셉트나 사고방식을 만들어 내는 에스노그래피 등의 사회과학 방법론에 관심이 모이게 된 것이다.

4.2.'에스노그래피'방식

(1) 에스노그래피

에스노그래피의 도구

　이노베이션 활동이든 상품·서비스 개발 프로젝트든 콘셉트 발견과 창조의 첫걸음은 현장이다. 에스노그래피는 현장 관찰에 중점을 둔 정성적 연구방법론 중에서도 가장 중요한 방법론으로 문화인류학을 주된 도구로 활용한다. 에스노그래피는 사물을 선입관 없이 받아들이고 현장 사람들의 배후에 있는 생각을 공유한다. 그리하여 지금까지는 보이지 않았던 콘셉트를 이끌어낸다. 이런 방식은 문화인류학 연구자가 아니어도 응용할 수 있을 것이다.

　에스노그래피는 19세기 말, 열강의 제국주의가 확대되면서 아프리카, 호주까지 탐험에 나서는 사람들이 늘어난 덕에 일종의 관찰기법으로써 발전했다. 1922년에는 획기적인 두 가지 에스노그래피 자료가 출판되었다. 래드클리프 브라운(Alfred Reginald Radcliffe-Brown)의 〈안다만 제도인(Andaman Islanders)[19]〉과 '사회인류학의 아버지'로 불리는 브로니슬라브 말리노프스키(Branislaw Kasper Malinowski)의 〈서태평양의 원양항해자(Argonauts of the western pacific)[20]〉였다. 후자는 뉴기니 제도민의 경제적 의례교환을 서술하여 당시 미국과 유럽에 선풍적인 반응을 일으켰다.

　〈서태평양의 원양항해자〉에는 '멜라네시아의 파푸아 뉴기니 남동부에 있는 트로브리안드 군도 원주민의 사업과 모험에 대한 보고'라는 부제가 붙어

19_ Free Pr, 1964
20_Waveland Pr Inc, 1984

있다. 여기서 '사업'이란 말할 것도 없이 비즈니스를 뜻한다. 말리노프스키가 발견한 것은 트로브리안드 군도 주민들이 근린 제도민과 행하는 화폐 없는 무역, 문화=경제적인 교환 시스템인 '쿨라(Kula)'였다. 그들은 '바이과'로 불리는 2가지 품목, '소울라바'(붉은 조 목걸이)와 '무와리'(흰 조개 팔찌)를 교환했는데 문화와 언어가 서로 다른 소제도를 둘러싼 이 무역지대는 주변 수백 킬로미터까지 영향을 미쳤다. 그 체계를 유지하기 위해 제도민들은 목숨을 건 대항해를 감행했다. 쿨라 교역에 참가하는 것은 큰 명예이며 유명한 바이과를 손에 넣는 일은 남자의 위신을 한층 높여준다고 여겼다(이 사례를 보고 현대 경제 체계 내에서 금전적 거래에만 매진하는 금융 종사자를 떠올리지 않을 수 없다).

에스노그래피는 디자인뿐 아니라 마케팅에서도 예전부터 널리 활용되어 왔다. 물론 우리에게 있어 에스노그래피의 대상은 미개 부족이 아니다. 소비자 또는 고객, 조직이라는 '문명 부족'이며 그들을 대상으로 하는 에스노그래피의 진면목은 사용자의 일상에 '들어가 살며' 그들의 관점으로 본질과 문제를 파악하는 데 있다.

이러한 자세는 일본적인 철학을 주장한 니시다 기타로(西田幾多郎)의 직접적 경험, 즉 '순수경험'과도 유사하다. 무엇보다 즉시 분석하지 않고 틀에 맞춰 상황을 논리적으로 설명하거나 단숨에 결정짓지 않는 태도가 중요하다. 우리 자신도 몰랐던 편견으로 인해 새로운 사실이나 징후를 간과해 버리기 쉽기 때문이다. 편견과 아집을 버리고 허심탄회하게 느끼는 자세, 인터뷰를 하면서도 사람들의 말(고객의 편견)에 휘둘리지 않는 자세, 인터뷰 대상의 배후에 있는 생각, 의식의 구조를 감지하려는 자세가 필요하다.

현장 작업

에스노그래피의 구체적 과정인 현장 작업이란 다른 문화에 직접 참가하여 관찰대상의 관점에서 현장을 이해하는 일이다. 간단히 말하자면 관찰하고 기술(記述)하는 일이다. 이 작업의 핵심은 다음과 같다.

①우선 적절한 과제를 설정하고, 조사자가 직접 조사대상의 사회나 집단에 참가한다(참여관찰이라 함).

②성공적 실천을 위해서는 집단과 관찰자 사이의 매개가 되어 줄 대상 집단 내의 정보 제공자와의 라포르(Rapport, 두 사람 사이의 신뢰관계)를 잘 구축해야 한다.

③그다음 오감으로 체험하면서 암묵지를 획득하고 정보를 수집한다.

④현장 관찰과 현장노트 기록, 인터뷰 구술(기록)을 병행한다.

⑤관찰 결과를 바탕으로 현장 가설을 수립하다 보면 문제 혹은 이해가 서서히 구조화된다.

이렇게 현장노트를 엮어나가는 것이 에스노그래피이다. 이 과정을 통해 우리는 새로운 고객과 상황을 한층 더 깊이 이해하게 된다.

이노베이션을 위한 현장 작업은 문화인류학적 연구와는 달리 사용자의 문제나 사회적 격차를 인지하는 데서 시작된다.

우리에게는 비즈니스의 일상, 사무실 등의 장(場)이 현장이라 할 수 있다. 대표적으로는 사용자와 사무기기가 충돌하는 문제(컴퓨터와 프로젝터의 연동 불량, 프로젝터 조작 불가, 복사기 조작 불가, 리모콘 등 AV기기 조작 장애, 네트워크 진입 장애, 레이저 포인터 사용법 숙지 부족) 혹은 마트 매장에서 소비자를 헤매게 하는 상황과 무의식적인 행동 패턴(찾는 상품이 없음, 상품에 대해 더 알고 싶은데 방법을 모름, 가격이 붙어 있지 않음, 가격을 비교할 수 없음) 등을 예로 들 수 있다. 이들은 전부 '고전적' 비즈니스인 에스노그래피의 조사 주제가 될 수 있다.

또 이러한 문제를 디자인 이론에서는 '브레이크 다운(Break-down, 실패)'이라고도 부른다. 이는 사용자가 기업 개발자와 디자이너가 의도하거나 상상하지 못했던 행동을 취함으로써 사용자의 행동이 멈춰버리는 일을 가리킨다. 구체적 예로는 세면대의 수도꼭지 핸들로 인한 사고를 들 수 있다. 수도꼭지 핸들은 나라에 따라(혹은 제조회사에 따라) 상당히 달라서 여행자가 습관적으로 핸들을 조작했다가 갑자기 뜨거운 물이 쏟아져 불의의 사고를 당할 수도 있다.

반대로 사용자의 의외의 행동이 새로운 아이디어를 낳기도 한다. 전에 어떤 여성이 노트북 컴퓨터 바깥쪽에 그림 몇 개를 붙여놓은 것을 보았다. 의아해서 그 이유를 물어보았더니 "무거운 서류 같은 것을 생각 없이 올리게 되더라고요. 책상 위에 있는 노트북에 짐을 올려놓을 때도 있고 가방에 막 쑤셔 넣어서 상처가 나기도 하고. 그래서 조심해서 다루어야겠다는 생각에 붙였습니다."라고 한다. 정말 그뿐일까? 나는 그때 컴퓨터를 좀 더 캐릭터 상품화해도 좋겠다는 생각을 했다. 휴대전화를 사용하는 한 여성은 '가끔 휴대전화를 떨어뜨린다.'라고 털어놓는다. '스마트폰을 사고 싶지만', '액세서리도 못 걸고', '떨어뜨리면 보증도 안 될 테니', '사는 게 망설여진다.'라는 것이다. 이런 사용자들의 이야기 저변에 있는 잠재적·무의식적 수요를 제품·서비스로 전환할 방법이 없을까?

이런 경우에 에스노그래피는 매우 효과적인 디자인 씽킹 도구다. 그러나 이러한 발견은 즉시 일어나지 않는다. 오히려 사용자들과 친해져서 아무 생각 없이 '지켜보는' 중에 발견하는 경우가 적지 않다. 그래서 평소에 관찰과 인터뷰를 현장노트에 기록하고, 거기에서 가설이 튀어나올 때까지 기다려야 한다. 또한 편견을 버리고 즉시 분석하지 않는다. 특히 인터뷰를 할 때는 액면 그대로 받아들이지 말고 배후에 있는 사용자의 생각과 불안 등을 직관적으로 이해해야 한다.

이노베이션을 향해 가는 에스노그래피

에스노그래피에 의한 이노베이션의 성공 사례가 점점 늘어나고 있다.

그 대표적인 상품으로는 모토로라의 휴대전화인 'A732'가 있다. 상하이 지역을 관찰하다가 그 지역에서 텍스트 메시지 전송 기능이 가장 많이 쓰인다는 사실을 알고 상하이 지역 특유의 한자를 직접 키패드에 손으로 그려 넣는 인식 기능을 구비한 휴대전화를 개발하여 히트를 친 것이다.

또 다른 예를 들어보자. 미국 메리어트 호텔이 장기 투숙자들을 관찰한 결과, 대부분의 사용자가 객실을 업무공간으로 사용한다는 사실을 알게 되었다. 그래서 메리어트는 사무실과 같은 방을 실물 크기 프로토타입으로 만들어 사용자와 회장에게 선보였다. 결과는 대성공이었고 그들은 이 새로운 서비스를 도입하기로 결정했다.

일본에서도 오사카가스그룹의 행동 관찰 연구소가 기업고객의 매장과 사무실에 대한 관찰 조사를 바탕으로 다양한 제안을 내놓아 판매 증가와 효율성 향상 등의 성과를 이끌어낸 사례가 있다.

또한 현장의 사소한 현상이나 사건으로 인한 깨달음이 실제로는 사업 전체에 걸친 심각한 문제를 상징하는 경우가 많다. 심지어 현장에서도 그것을 알아차리지 못할 때가 잦으므로 이런 관찰 과정은 더욱 중요하다.

제1장에서 체험적 인지와 반성적 인지라는 두 가지 개념을 제시했던 노먼은 이 둘을 혼동하지 말 것을 강조했다. 에스노그래피나 현장 체험적 조사는 일견 '신체' 또는 '체험'이라는 아날로그적 방식을 채용하는 듯 보이지만 사실은 반사적으로 또는 성급하게 1과 0으로 구분된 디지털 사고로 뒤바뀔 수 있다. 충분한 반성을 거치지 않으면 그 과정이 적절한지 아닌지 평가할 방법이 없기 때문이다.

특히 쾌속 조형(Rapid Prototyping)처럼 한정된 시간 내에 콘셉트를 만들어야 할 때는 더욱 그렇다. 이럴 때 에스노그래피에서만 아이디어를 내면 실수를 초래할 수도 있다. 따라서 각각 다른 분야의 지식을 지닌 사람들이 모여 팀을 이루는 등 반성적 인지를 촉진할 장(場)을 반드시 열어두어야 한다.

에스노그래피 작업의 일반적인 순서

본래 에스노그래피는 현장에 침투하여 장기간에 걸쳐 조사를 하는 방법론이다. 그러나 디자인 프로젝트는 그 기간이 한정되어 있다. 때로는 하루의 워크숍이나 조사로 새로운 프로토타입 작성까지 마쳐야 할 때도 있다.

아래는 필자가 경영대학원 등에서 시행하는 프로그램과 도구의 예다. 다만 이들은 문화인류학 같은 전문 분야의 연구가 아닌 콘셉트 디자인 또는 이노베이션 기법이므로 어디까지나 비즈니스에 도움이 되는 것이 목적임을 미리 말해 둔다.

1) 대상 선정

에스노그래피는 일반적인 샘플 조사가 아니므로 어디에서 현장 작업을 하고 누구에게 물으러 가느냐가 중요하다. 또 현실적인 비즈니스 정성조사일

경우에는 정해진 짧은 기간 내에 조사를 끝내야 한다. 그런데 전형적 사용자만 조사해도 괜찮을까? 전형적 사용자(정규 분포의 중앙 : 정량조사로 알 수 있는 범위)는 개선형 콘셉트에서는 의미가 있겠지만, 이런 식의 조사로는 일반적인 지식밖에 얻지 못한다는 단점이 있다.

혁신적 콘셉트를 원한다면 오히려, '이단(Eccentrics)', '주변인(Marginal)', '비정상(Anomalies)', 또는 '1%'의 사용자'(핵심 반복 사용자, 장기 사용자, 무료 서비스를 지지하는 1%의 유료 사용자 등)를 주시하고 그 가장자리에서부터 데이터를 수집할 필요가 있다. 이것은 아직 보이지 않는 전체 그림을 특징적 사용자를 통해 이끌어내는 과정이다.

현장 작업의 핵심

○ 현지의 사회생활에 참여.
조사대상 국가와 마을, 조직 등에 관찰자로서 참여할 것.

○ 사회생활 관찰.
비언어적 정보에 담긴 의미를 밝혀내는 법.
미묘한 표정, 손동작, 자세, 복장.
건물, 지형, 업무나 가사에 쓰는 도구 등.

○ 다양한 사항에 대한 청취.
현지생활에 필요한 의례나 습관에 대해 조언을 받는다. 함께 일하면서 꼼꼼하게 가르침을 받는다.
함께 생활하면서 단순한 회의나 대화를 한다.
묻지도 않았는데 현지인들이 스스로 하는 이야기.

---

2) 현장 작업

우리는 대부분의 경우, 가설을 세운 후 현장을 관측한다. 그 구체적인 방법으로는 주로 현장 관찰과 인터뷰 조사가 있다. 이렇게 차근차근 어느 정도 충분한 지식을 획득하기까지 몇 번이고 현장 작업을 반복할 필요가 있다.

이때 비디오카메라 등을 비롯한 다양한 도구를 사용한다. 그러나 가장 기본적인 것은 작은 수첩과 펜이다.

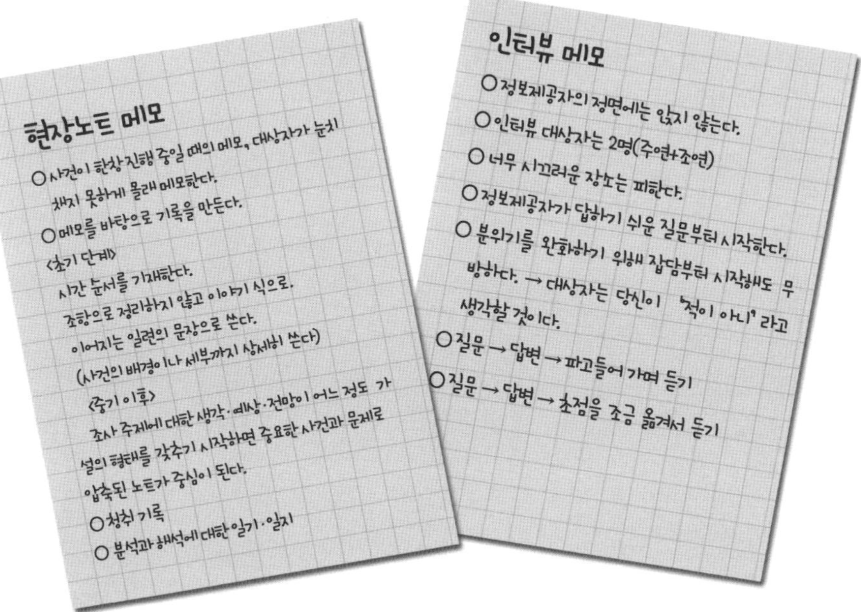

일전에 우리는 수업의 일환으로, 한 복합형 서점의 협력을 받아 신규 서점 콘셉트 개발을 위한 현장 작업을 시행한 적이 있다. 아래는 그때의 대학원생 현장노트의 일부를 인용한 것이다. 다 모여서 이런 노트를 공유한 후, 다음에 말할 GTA(현장 기반 이론방식) 작업에 활용하면 된다.

3) 데이터 획득에서 가설 수립, 변수 추출까지

에스노그래피는 신체를 동원하여 암묵지를 획득하는 방식이므로 차근차근 데이터를 모으면서 가설을 세워나간다. 이는 객관적 해석이 아니라 있는 그대로를 받아들이는 과정이다. 여기서 말하는 가설은 몇몇 변수(X, Y, Z 등)의 조합과 인과관계를 활용하여 '이러한 X라는 현상이 Y를 유발한다.'는 식으로 기술된다.

또 우리는 실제 프로젝트에서 에스노그래피와 함께 다음에 소개할 GTA를 활용한다.

장(場)의 디자인과 에스노그래피

에스노그래피적 접근방식은 민속학자이자 건축가였던 곤 와지로(今和次郎, 1888-1973)의 '고현학(考現學)'과도 유사하다(《고현학 입문(考現學入門)》[21]). 고고학은 고대 인공물을 가지고 고대문화를 연구하는 데 비해 고현학은 현대의 사회현상이나 풍속세태를 조사, 기록, 고찰한다.

만약 사무실이 단순한 시설이 아니라 인간의 창조성을 이끌어내어 디자인 과정을 추진하는 장(場)으로 기능한다고 하면 사무실 개발에도 에스노그래피가 효과적이다. 사무실 개발에 관한 고현학＝에스노그래피 방법론의 사례를 소개하겠다.

일본 최대의 디자인 회사인 노무라(乃村) 공예사는 이전 사옥의 노후화와 조직 확

21_후지모리 데루노부(藤森照信) 엮음, 지쿠마ちくま문고, 1987년

대로 인해 도쿄 미나토(港)구 다이바(台場)로 사옥을 이전하기로 결정하고 닛켄에 설계를 의뢰했다. 노무라의 도쿄 구사옥(1966/1974)은 세이케 기요시(淸家淸, 1918~2005)가 설계한 명작 중 하나로 사원들에게 추억을 선사하는 것은 물론 회사를 대표하는 상징적인 공간이었다.

일반적으로 사무실 프로젝트에서는 시설로서의 기능적 관점, 업무 과정 분석에서 나온 필요 사양, 1인당 이용 면적 등의 효율성 분석이 주를 이루었다. 그러나 노무라의 경우 사원이 '즐겁게 일하는 공간'이 목표였다(노무라 요시히로(乃村義博) 회장). 노무라는 다양한 개성의 창작자와 기획자가 소수

노무라 공예사 본사 : 계단 공간의 장(場)으로서의 활용.
사진 : 간코샤(雁光舍) 노다 하루노리(野田東德)

정예로 프로젝트를 수행하는 조직이었기 때문이다.

이러한 의뢰를 받은 건축가 야마나시 도모히코는 고현학 또는 에스노그래피적 방식을 채택했다. 우선 디자인 과정에서 ①조직의 '경험적 기억의 총체'를 파악하고 ②콘셉트를 도출한 후 ③모든 공간에 관계성을 부여한다. 그리고 ④그 속에 부분적으로 공간 및 기능을 적용한다. 사물(사무실)이 아닌 경험(사건)을 만들고 거기에 사물에 해당하는 요소와 기술을 집어넣은 것이다.

디자인은 일단 예전 사무실을 관찰하는 일에서부터 시작되었다. 건축가는 예전 사옥에 상주하면서 현장을 관찰하고 인터뷰를 시행했다. 거기서 채집된 장(場)의 패턴, 이를테면 계단참에서 이루어지는 상하층간 대화의 중요성이나 고객과의 협업 공간 등이 전체 콘셉트에 포함되어 신사옥을 규정하는 핵심 단어로 활용되었다.

이러한 문화인류학적 현장 작업 혹은 에스노그래피적 관찰은 병원이나 호텔 등을 디자인할 때도 종종 사용된다. 이때 사원과 경영자가 가진 '좋은 조직'에 대한

다양한 이미지와 에피소드를 채집하는 과정이 중요하다. 그렇게 채집된 요소들이 통합되어 현대적인 구조 및 인테리어로 나타나는 것이다.

　　노무라 공예사 신사옥은 사원이 편안한 마음으로 쓸 수 있는 공간, 구석구석에 정이 스며들어 있는 공간으로 거듭났다는 평가를 받고 있다.

(2) 현장 기반 이론방식(GTA)

GTA의 개요

현장 기반 이론방식(GTA ; Grounded Theory Approach)은 미국의 사회학자 글레이저와 스트라우스(Glaser and Strauss 1967)가 제창한 정성적 연구 방법론으로 전형적인 귀납법에 속한다. 이때 현장 기반(Grounded)이란 문자 그대로 땅(현장)에 발을 붙인 상태로 콘셉트와 이론(Theory)을 도출하는 사회조사 태도를 말한다.

GTA의 과정은 다음과 같다.

①현장 관찰 데이터 및 인터뷰 등 정성적인 정보(데이터) 수집

②그들 데이터를 대조하여 변수를 발견하고 관계성을 도출한다.

③현장에서의 상향식 접근 방식으로 콘셉트와 이론을 구성한다.

이처럼 정성적 데이터를 활용하여 귀납적 이론을 구축하는 것이 GTA이다. 이 방식에는 데이터를 각각 대조하고 비교하면서 정리하는 작업이 필요하다. 그래서 GTA를 '데이터 대화형 이론화 방식'이라고도 부른다. '데이터에서 이론을 도출한다'는 말은 조사 과정에서 나온 데이터와 그들을 정리한 '변수'를 결합하여 가설이나 콘셉트를 체계적으로 만들어 낸다는 의미다. GTA에서는 이러한 일련의 작업을 '코딩(coding)'이라고 부른다.

현장 기반 이론 vs 대이론

이런 방법론은 왜 생겼을까? 바로 현장 기반 이론에 반대되는 '대이론(Grand Theory)'에 대한 반발 때문이다. 대이론이란 물리학 법칙이나 경제학 이론처럼 '지(知)의 거인'들이 축적해 놓은 사상을 말한다. 1960년대 당시 미국 사회학계는 대이론 전성기였는데 이에 반론을 제기한 것이 현장 기반 이론이다.

글레이저와 스트라우스는 대이론을 아무리 현장에 적용해 보아도 상황이 절대 해결되지 않고 사회학 전체로 보아도 새로운 아이디어가 나오지 않는다며 분개했다. 모두 이미 알고 있는 대이론을 현장에 연역적으로 응용하기에 급급했던 것이다. 그런 과정 자체에는 잘못이 없지만 새로운 아이디어나 개별구체성은 빠져 있었다. 또한 대이론의 틀로 상황을 이해하고 대처하다가 잘 안 되면 이론을 적용하는 방법이 틀렸다거나 '예외적 경우'라면서 얼버무리고 넘어가기도 했다. 이 점은 경영전략 이론이나 조직론 등의 이론에서도 마찬가지일 것이다. 개별구체의 현실에 뿌리내리지 않으면 아이디어나 개념은 아무리 논리적이어도 공허할 뿐이다.

글레이저와 스트라우스 두 사람은 말기 암환자를 간호하는 현장을 관찰대상으로 삼았다. 상당한 사회적 지위에 있었던 사람들이 암환자가 되어 속속 죽어나가고 그들을 돌보는 간호사들은 그 과정을 곁에서 지켜보아야 했다. 이런 직장(현장)에서는 어떤 조직 개선 모델이 적합할까? 평범한 조직이론으로는 부족하다. 이런 까다로운 현장에 대한 질문이 GTA를 낳은 것이다.

글레이저와 스트라우스는 환자와 간호사들이 죽음을 받아들이는 모습을 환자의 죽음에 의한 '사회적 손실'과 간호사의 '직업적 냉정함'이라는 카테고리로 분류하고 그것들 사이의 연결고리를 찾아내어 '이론'으로 만들었다

(인간의 죽음이라는 현실을 무익한 죽음이 아닌 의미 있는 사회적 손실로 확실히 인식한다. → 간호사는 전문가이므로 그 사실을 환자가 받아들일 수 있도록 냉정하게 알리고 환자를 돕는다).

이는 대단히 디자인 지향적인 방식이다. 우선 현장의 관찰 데이터를 바탕으로 몇 가지 중요한 의미의 집합(카테고리)을 찾아낸 후 그들을 도표로 표시하여 현장을 담아낸다. 그런 다음 그 도표를 기초로 어떻게 일하면 새로운 상황을 만들어낼 수 있을지 현장 밀착형 이론을 만들어낸다. 이는 디자인 씽킹의 프로토타이핑 작업과 거의 흡사한 과정이다.

코딩이란

또한 GTA는 처음부터 '이론이란 무엇인가'라는 의문에서 시작되었다. 이것은 현장과 대상이 처한 상황에 밀착된 '영역 밀착형 이론'이다. GTA는 현장에 상주하면서 유용한 변수 사이의 관계를 찾아내려는 자세다. 이는 보통의 분석적 방식이 아닌 창조적 방식이라 할 수 있다.

GTA는 전형적인 귀납법이다. 데이터를 수집한 후 몇 단계를 거쳐 '코딩'(부호 매김)을 한다. 코딩 작업에서는 우선 변수를 추출하고 그 변수들을 엮어 카테고리로 만든다. 그리고 마지막으로 이들 카테고리를 묶어 하나의 콘셉트를 도출한다. 이 일련의 과정은 관찰을 통한 개념화 작업으로 이해할 수 있다. 코딩 과정은 다음과 같이 세 단계로 구성된다.

이러한 과정은, 현장을 관찰한 뒤 그 결과를 단순히 집약적으로 정리하거

① **코딩 개시**(Open Coding, 데이터에 라벨 붙이기)

관찰 및 인터뷰 기록(에스노그래피)을 최소 단위의 데이터로 나누어 각각을 관찰하고 비교하면서 공통된 의미를 도출하고 라벨(핵심 단어)을 붙이는 과

정(변수 추출).

② **도움닫기 코딩**(라벨에서 콘셉트로)

전체를 몇 가지 라벨(변수)로 표시하여 그들의 관계를 밝혀낸 다음, 가장 대표적인 라벨을 중심으로 더 큰 의미를 도출하여 카테고리(콘셉트)를 찾아내는 과정

③ **선택적 코딩**(콘셉트에서 이론으로)

핵심 카테고리를 정한 뒤 기타 카테고리와 연결하면서 실천적 이치를 밝혀내는(이론화) 과정

나 모호한 이미지 또는 그림으로 이해하는 것과는 다르다. GTA 코딩은 의미의 관계를 체계적으로 기술하여 문제를 밝혀내는 데 유용하다. 또 GTA의 변수(라벨)나 콘셉트(카테고리)의 관계를 바탕으로 새로운 이론이나 모델을 만들어낼 수도 있다.

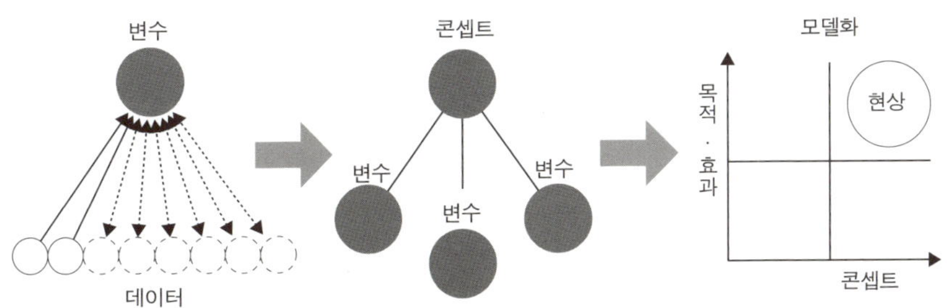

[변수로 개념, 이론을 창조한다 : 데이터 → 콘셉트 → 모델]

〔현장노트로 코딩 개시를 하는 요령〕

· 먼저, 직접 쓴 노트를 코딩한다.

· 노트는 작게 분할하여 조각으로 만들고 문장을 자른다.

· 직감적으로 코드를 발견하지 못하는 노트는 뛰어넘는다.

· 살펴보아도 코딩할 수 없는 노트는 무시한다.

· 만들어 놓은 코드표를 거듭 살펴보면서 다듬는다.

예) 쇼핑센터의 행동 관찰 데이터에 라벨을 붙일 때

> ● 사람들은 어떻게 행동할까?
>
> ● 사람들은 왜 이렇게 행동할까?
>
> ● 사람들이 바라는 것은 무엇일까?

원래 있어야 할 곳 : 도심 백화점의 쇼핑백을 들고 동네 슈퍼에서 아이스크림을 먹으며 쉬는 초로의 여성, 채워지지 않는 욕구	**스치는 대화** : 아울렛 몰, 아빠와 어린 여자아이 둘, 엄마가 쇼핑하는 동안의 미묘한 부녀의 대화 등

기분 좋은 공간, 효율적인 작업, 고객에 대한 서비스, 가족이 단란한 곳, 활기 찬 가게, 연출된 공간, 풍부한 취급 품목, 시장 같은 매장, 즐길 수 있는 매장, 계산된 플로어 배치, 즐겁게 일하기, 후진 육성, 다양한 고객, 훌륭한 팀워크…

〔도움닫기 코딩〕

● 의미의 묶음(카테고리)은 서로 어떻게 관련되어 있을까?

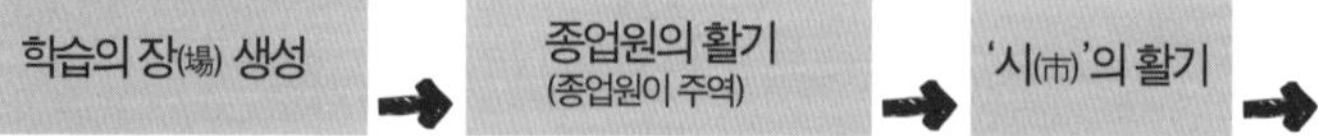

〔선택적 코딩〕

● 어떤 행동 변화가 필요할까?

학습 과정 명확화, 팀에게 권한 이양, 지원과 표창

GTA의 일반적 순서

1) 인터뷰 또는 관찰을 통해 현장노트를 만든 후 최소 단위의 데이터로 조각낸다.

사내외의 목소리 : Code순(가칭)					
그룹	노트 No.	어절 No.	Code	노트	장소
1	11	1	6	〈가네자와(金沢) 친목회 1차 모임, 2차 모임〉 협력사원 - 대응 시간대 연장, 특히 밤에 사무실로 돌아와 전화 응대를 지원할 것을 희망	가네자와
1	10	2	6	〈가네자와 친목회 1차 모임, 2차 모임〉 사원, 데스크에 앉을 권한을 원함	가네자와
3	42	3	6	〈나고야 콘퍼런스 회장〉 협력사원 - 미에(三重)에서 나고야(名古屋)는 멀다	나고야
3	36	1	6	〈나고야 콘퍼런스 회장〉 협력사원 - 미에(三重)에서 나고야(名古屋)는 멀다	나고야
6	88	1	6	〈도호쿠(東北) 친목회〉 사원 - ××씨가 전부 대응하지 못하는 상태여서 나도 질의응답 때 묻고 싶은 것이 많지만, 우리 판매추진부는 외출이 잦아서 바로 답을 얻지 못한다. 우리 사원들이 질문할 수 있는 창구가 필요하다. 전에는 상품이 디바이스뿐이었지만 ○○○와 △△△가 나온 뒤 고객 네트워크 환경과 얽히게 되면 무척 어렵기 때문에 질문할 것이 많다.	도호쿠
6	86	1	6	〈도호쿠 친목회〉 협력사원 - 우리가 지원하는 영업사원이 40명이다. 그들 전부, 제품 사양이나 기능과 같은 기본적인 사항은 파악하고 있다고 알고 있다. 우리에게 질문이 오는 경우는 대개 무슨 방법을 써도 해결이 안 되는 상황이다. 영업사원이 나에게 던지는 질문은 모두 급한 것들이다. 그래도 나 역시 열심히 도와주려 하므로 급한 대응…	도호쿠

2) 다음으로 조각난 데이터를 대조하여 공통된 의미로 묶어 라벨링한다. 이들을 다시 연결하면서 콘셉트와 모델을 구성한다(코딩 개시 과정).

Code 일람표	
No	항목명
1	역할을 모른다
2	일을 수행할 수 없다
3	파트너 사원의 기술수준이 낮다
4	정보의 정확도가 낮다
5	정보가 부족하다
6	정보 입수 기회가 적다
7	정보를 발견하기 어렵다
8	정보제공자의 응대가 불량하다
9	정보에 매력이 없다
10	정보 입수처가 따로 있다
11	디바이스 제품 사양에 대한 불만
12	애플리케이션 제품 사양에 대한 불만
13	솔루션에 대한 불만
14	××의 성과
15	제공 서비스에 대한 좋은 평가
16	기타

수강자가 현장에서 GTA를 활용한 사례 : 코딩 개시

3) 도표화(집단화)

일반 디자인 워크숍에서도 현장 피드백과 아이디어 정리에 메모지를 다양하게 활용한다. GTA는 이런 과정을 더 조직적, 본질적으로 시행하고 방법론적으로 이해하는 데 도움을 준다. 이 작업은 GTA의 관점에서 보자면 데이터를 조각내고 정리하여 라벨링한 뒤 그것들을

메모지를 활용하여 약식 GTA를 하는 모습
(경영대학원 프로그램) 사진 : 곤노 노보루

몇 개로 묶어(변수 혹은 카테고리) 상호 인과관계를 찾아내는 집단화 작업이라 할 수 있다(도움닫기 코딩 과정).

4) 카테고리에서 콘셉트를 도출한다.

변수와 카테고리를 활용하여 콘셉트를 도출할 때는 연역이나 귀납적 방식뿐 아니라 앞에서 말한 업덕션이 중요하다. 업덕션은 새로운 관념(강력한 가설)을 유도하는 유일한 사고법이며 귀납보다도 훨씬 강한 형태의 추론이다. 그

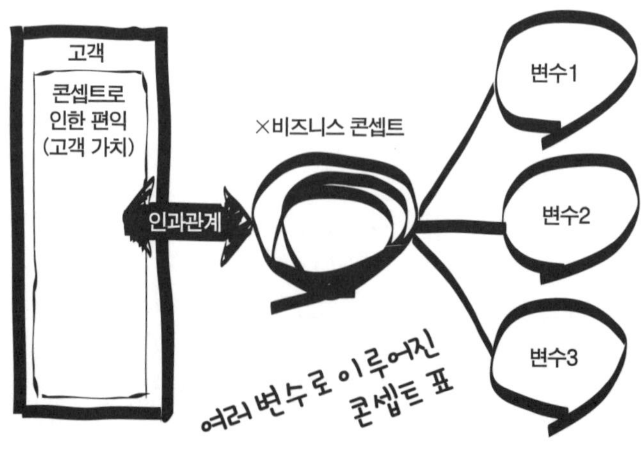

러나 이 창조적 가설은 심하게 어긋날 가능성도 있으니 주의가 필요하다. 오류를 피하려면 몇 번이든 현장을 방문하자. 연역이나 귀납만으로는 새로운 것이 나오지 않는다. 새로운 콘셉트를 창조하는 방법은 업덕션 뿐이다.

5) 이론화 · 모델화한다(선택적 코딩 과정)

GTA에서는 데이터 수집 · 분석 · 코드화를 동시에 진행한다. 이 과정에서 데이터는 '이론적 샘플링' 방식으로 수집된다. 이론적 샘플링이란 이론을 형성하기 위해 시행하는 데이터 수집 과정으로 어떤 데이터를 수집하고 그 데이터를 어디서 찾을지 결정하는 일을 의미한다. 이러한 이론적 샘플링은 '이론적 포화'에 이르기까지 계속된다. 이론적 포화란 어떤 카테고리에 관한 데이터가 새로 들어와도 내용이 더 이상 발전하지 않는(변하지 않는) 상태를 말한다. 이렇게 태어난 '영역 밀착형 이론'은 그 현장에 대해서만 유용한 이론이다. 하지만 그 이론을 더 다양한 상황에 비추어 문헌 데이터 등을 활용해 정식화하면 공식 이론(Formal Theory)이 된다. 그래도 GTA는 어디까지나 현장 밀착형 방식이어서 대이론으로 발전하기는 어렵다.

(3) 서술 기반 의료

지식을 조직화하는 행위

분석적 작업의 최종형태가 보고서나 메시지(결론이나 권고)라고 한다면, 그에 비해 지식 디자인 과정의 결과물은 특정 가설, 콘셉트, 실천적 모델 또는 프로토타입과 같은 물리적 해법이다. 어떤 결과든 최종적으로 발견된 모든 요소 또는 지식을 조직화하여 알기 쉽게 현장에 피드백해야 한다.

그래서 프로토타이핑 작업이 중요하다. 프로토타이핑은 모형, 이야기(스토리텔링), 연기(演技)를 비롯한 다양한 수단으로 간편하고 신속하게 지식을 표현하는 상호적인 장면이자 무대이다. 프로토타이핑 과정에는 고객 및 조직 현장에 대한 이해와 자각을 심화하여 새로운 시책이나 이노베이션 실천을 촉진하는 효과도 있다.

워크숍이나 콘셉트 구상 프로젝트에서는 손짓과 몸짓으로 아이디어를 표현하며 즉흥적으로 아이디어를 진화시키는 바디스토밍이나, 콘셉트를 이야기로 풀어내는 방법을 활용한다. 모형 제작 역시 정밀한 목업(Mock-up, 실물 크기 모형)을 만들기보다 해상도 낮게(Low Fidelity) 대략적인 이미지를 파악하는 편이 비용과 속도 면에서 효율적이다. 그리고 발전 가능성과 여지를 남길 수 있어 바람직하다.

이 방법은 기본적으로 이야기나 에피소드를 통해 콘셉트를 이해하려는 특성이 있다. 이야기라고 하면 아이들의 동화를 떠올릴지 모르지만, 개념적으로 말하자면 그것은 서술(Narrative) 혹은 서사학(Narratology), 서사성(Narrativity) 등으로 불리는 지(知)적 영역이다. 서술은 단순한 이야기와는 다르다. 서술이란 시작점(처음), 중간점(중간), 종착점(끝)이 있는 일체적 지식 또는 상징(사건)의 집합인 이야기를 뜻한다.

또한 서술이라는 개념은 20세기에 등장한 지 100년 만에 벌써 문학, 역사, 심지어 정신의학까지 그 영역을 넓혔다(프로이트의 정신분석부터 스타워즈까지). 이는 최근 100년 사이에 창조적인 지의 진척이 있었기 때문이라 생각된다.

이러한 서술방식은 일종의 '치유' 과정이다. '치유'는 환자가 옛날이야기에서 벗어나 스스로 새 이야기를 만들어 나가는 데서 시작된다. 이는 개인이나 조직이나 마찬가지다. 이와 관련하여 〈서술 기반 의료(Narrative Based Medicine)〉의 저자 그린할(Trisha Greenhalgh, 2008)은 '서술방식은 조직을 이해하려 노력한다. 또한 조직 안에 존재하는 이야기와 조직에 대한 이야기를 통해 조직 개혁을 추진한다.'라고 말했다. '옛날' 이야기 대신 새 이야기를 들으면서 '치유'(조직 개혁)가 시작된다는 것이다.

서술(이야기)의 본질

'서술 기반 의료'(NBM ; Narrative-based Medicine)란 비즈니스와 디자인 분야에서 시작된 서술방식을 의료 분야에 응용한 것이다. 우선 NBM(注)에서는 병을 가진 환자가 내면에 '이야기'를 지녔다고 생각한다. 그래서 그 환자의 병에 관한 말(이야기)을 잘 듣고 대화를 이어나간다. 특히 잘 듣는 것이 중요하다. 경청은 의사의 진단 과정은 물론 치료 면에서도 효과적이라는 것이 이 방식에서 기본이 되는 생각이다.

이 방식이 디자인 프로젝트에 응용된다면 그 대상은 환자가 아닌 고객이나 워크숍 참가자가 될 것이다. 또한 그 목적은 이야기 행위를 통한 문제 해결이 될 것이다. 이 과정에는 두 가지 측면이 있다. 한 가지는 에스노그래피의 인터뷰에서처럼 사용자의 말을 들음으로써 풍부한 통찰을 얻는 측면(과거에서 현재까지의 이야기)과 다른 하나는 사용자와 이야기를 나누면서 현실화해 나가는 측면(새로운 이야기)이다.

지당한 이야기지만 이야기 구조(서술)를 처음 소개했던 아리스토텔레스는 〈시학(詩學)〉[22]에서 이야기에는 '시작→도중→끝'의 시공간 전개가 존재한다고 말했다(그 대부분은 비극론이었지만).

한편 NBM의 디자인적 역할은 일방적 생산 또는 생산자 위주의 논리가 아

22_마쓰모토 니스케松本仁助 외 옮김, 이와나미 문고판, 1997년

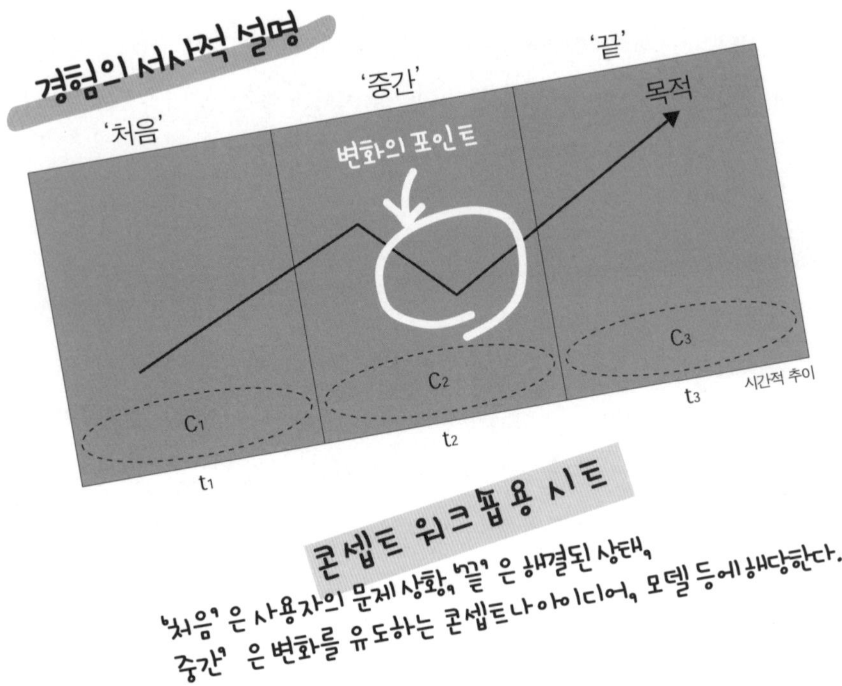

니라 고객과의 상호작용 속에서 새로운 의미를 발견하여 서사(서술)적 콘셉트로 이해하는 것이다. 구체적으로 고객이 이야기하는 동안 시작점, 중간점, 종착점의 축에 따른 고객의 반응을 피드백하면서 이야기를 함께 만들어가는 것으로 풀이할 수 있다. 그 과정을 통해 고객의 마음이 충족되고 새로운 아이디어가 나오게 된다. 따라서 프로토타이핑을 할 때도 단순히 물건을 만들고 장면을 그려내기보다 이런 흐름을 반드시 갖추어야 한다.

이러한 서술방식을 이노베이션 프로젝트 혹은 비즈니스 디자인 과정에 이용함으로써 고객의 피드백이 포함된 콘셉트와 전략을 구상할 수 있다. 이 방식은 나중에 다룰 시나리오 방식과도 일맥상통한다.

注 : 이 NBM 사고는 '근거에 기초한 의료(EBM ; Evidence Based Medicine)'와 대비되는 점이 많다. EBM 역시 1990년대 초에 의료 및 간호 분야에 등장한 조류다. EBM은 과학적 근거에 기초한 방식으로 과거의 연구 결과를 표준화하여 특정 치료법의 타당성을 검증하려는 방식이다. 이 두 가지는 반대된다기보다 상호보완적인 개념이다. 그중에서도 주관을 중시하는 NBM은 환자의 내부로부터의 치료, 의사와의 상호작용을 바탕으로 한다. 또 NBM은 '의사 중심'(Doctor Centeredness)에서 환자 중심(Client Centeredness) 또는 인간 중심(Human Centeredness)으로 이행하는 패러다임의 변화를 상징한다.

[인격화된 쇼핑 서비스를 활용한 '서술 프로토타이핑' 사례]

아래는 새로운 쇼핑 서비스에 대한 아이디어를 설명하기 위한 사례다. 이 가상 사례는 기능이 아닌 고객의 내적 경험을 중심으로 서비스를 제공하는 프로그램의 콘셉트를 보여준다.

(장면 : 두 사람이 흥정하는 듯한 모습)

처음 : 가라앉은 분위기

고객 : (쇼핑센터에서, 지친 표정. 힘든 듯이 iPhone을 꺼내 애플리케이션을 실행시킨다)

애플리케이션 : 오늘은 무슨 일이세요?

고객 : ……(잠시 침묵)……뭘 눌러야 할지 모르겠네. 기분이 계속 우울해서 쇼핑 생각도 별로 없고.

애플리케이션 : 네?

고객 : (침묵)

애플리케이션 : 집안 분위기는 어때요?

고객 : 그저 그래(하고 애플리케이션에 응답한다).

중간 : 즐거운 기억의 회복

애플리케이션 : 저번에는 와인을 주문하셨네요.

고객 : 아…….

애플리케이션 : 와인으로 기분을 전환해 보시겠어요?

고객 : 저번에는 친구들이 놀러 왔거든. 그때는 안주용 멸치를 깜빡했지.

애플리케이션 : 대신 뭘 내놓으셨어요?

고객 : 정어리 통조림을 냈던가?

애플리케이션 : 오늘 이 매장에 신선한 정어리가 들어왔어요. 정어리를 그릴에 구울 때 지중해산 레드 와인을 뿌려 보면 어떨까요?

고객 : 나 피곤해…….

애플리케이션 : 알아요. 그런데 이건 당신 친구가 좋아하는 메뉴네요. 기분을 바꿔 보시겠어요?

끝 : 새로운 감정

고객 : 그럼 네가 지금 그녀에게 권유 메일을 보내 줘.

애플리케이션 : 물론 간단하죠. 그 외의 식재료는 기본 메뉴로 주문해서 주차장에 배달시켜 놓을게요.

고객 : 고마워. 기분 전환도 할 겸 인테리어 상품을 보러 갈래.

애플리케이션 : 그럼 이쪽으로 오세요!

이야기를 활용한 프레젠테이션 현장(경영대학원 프로그램)
사진 : 곤노 노보루

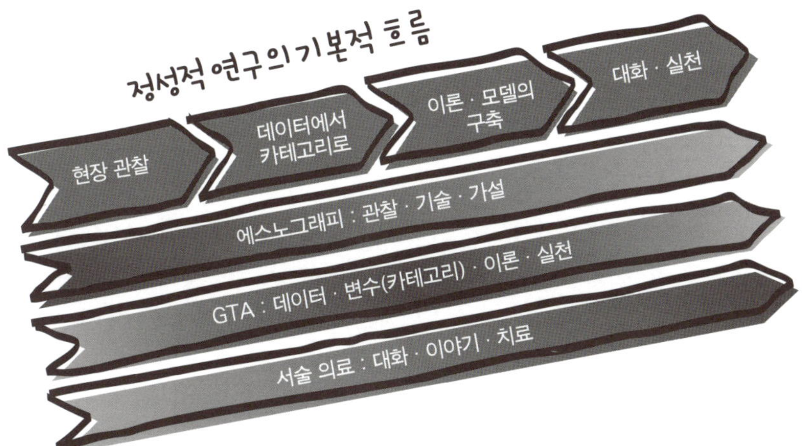

세 가지 방식의 위치

이상, 세 가지 정성적 연구 방법론의 개요를 소개했는데 이들에게는 공통적인 과정이 있다. ①현장 관찰 또는 고객 현장으로부터의 출발. 에스노그래피에서는 이 점이 처음이자 마지막이라 해도 좋다. GTA 역시 현장에 영역 밀착하는 방식이다. ②현장 경험 데이터 획득과 '변수'의 추출. 에스노그래피에서는 현장 관찰을 통해 가설을 형성한다. ③이론 및 모델의 발견. ③~④는 GTA의 주안점이다. ④대화와 실천, 서술방식의 중점은 ④다.

이들 세 가지 방식은 목적에 따라 나눠 쓰거나 섞어 쓸 수 있다. 실제 디자인 업무에 응용한다면 고객과 현장을 관찰하여 문제를 발견하고자 할 때는 에스노그래피가 주로 사용될 것이고, 콘셉트를 구체화할 때는 GTA가 효과적일 것이다. 또 대화, 실천을 통해 현장에 변화를 일으키거나 고객에 대한 영향력을 확대하고 싶다면 GTA 또는 서술방식이 적합할 것이다.

4.3. 상호작용주의(Interactionism)의 진전

만나야 생기는 아이디어

방금 소개한 세 가지 방식, ①에스노그래피, ②GTA, ③NBM을 묶어 정성적 연구 방법론이라 하는데 이들은 공통적으로 기업이 고객과의 사회적 상호작용을 통해 이노베이션을 진전시키는 방법이자 디자인 씽킹의 중요한 도구다. 그런데 이 세 가지는 예전 같은 데이터 분석 작업이 결코 아니다. 고객과의 상호작용에 바탕을 둔, 고객과의 만남 없이는 생각조차 못할 신선한 아이디어를 도출할 수 있는 방법이다.

분석적인 방법은 현재의 보이지 않는 사실을 밝혀 준다. 그러나 분석적 사고는 과거 데이터를 사용하는 방법이다. 그것은 '지금 있는 사실' 혹은 '과거의 사실'이다. 또한 '가시화'나 '분석'은 객관적이어야 하는데 사실 객관적일수록 차별성은 사라지게 마련이다. 분석의 경우 분석자가 분석에 영향을 미쳐서는 안 된다는 객관성을 중시하므로 결국 답변이 모두 비슷해진다.

반면 이노베이션은 타사가 흉내 낼 수 없는 독자적 아이디어와 가치를 찾는다. 이들은 고객과 기업(제공자)의 상호작용에 의해서만 생겨난다. 그러므로 우리 회사와 고객이 만나야만 생겨나는 이노베이션은 선(禪)에서 말하는 '일기일회(一期一會)'의 창조라 할 수 있다.

세계적인 경기 불안정은 장기간에 걸쳐 지금도 계속되고 있다. 설사 경제가 회복되어 경기가 좋아진다 해도 과연 예전의 고객과 수요가 돌아올까? 돌아오지 않는다고 생각하는 것도 하나의 선택지일지 모른다. 그렇다면 어떻게 해야 할까? 고객과 수요를 새로 창조하는 수밖에 없다.

그러려면 디자인 씽킹과 지식 디자인 씽킹이 꼭 필요하다. 변화 속에서는 분석적 사고가 중요하지 않다. 안정된 시장과 업계가 존재하던 시대에는 분석적 사고로 충분했다. 이미 존재하는 수요와 경쟁을 철저하게 조사하기만 하면 자사와 경쟁 상대의 강점·약점을 알 수 있었기 때문이다. 그러나 지금처럼 불확실하고 복잡한 환경에서는 그 방법이 그다지 소용이 없다. 기존 수요란 것이 아예 없으니 처음부터 새로 자사와 고객의 상호작용을 통해 창조해야 하기 때문이다.

우리는 상징을 주고받으며 의미를 창조한다

정성적 연구 방법론의 배후에는 '상징적 상호작용론'이라는 공통적 사고법과 방법론적 전제가 있다. 이 이론은 인간의 사회적 행위를 상징적 상호작용(Symbolic Interaction)의 일부로 간주하며 사회적 현상을 〈행위자의 관점〉에서 밝혀내고자 하는 인간 중심적 접근방식이다. 또한 사회적 현실은 상징(언어 및 의미)을 조작하는 인간의 동적인 상호작용을 통해 구현된다고 보는 인간관, 사회관이기도 하다.

일단 '기업과 고객'이라는 대립을 생각하지 말아야 한다. 우리는 각기 어떤 처지에 있든 다양한 의미를 가진 세계에서 서로 경험을 공유하며 살아가고 있다. 각각의 내면에 있는 정신이나 자아를 바탕으로 우리는 말을 통해 타인과 사회적 교섭을 하면서 살아간다. 이러한 인간의 사회적 상호작용은 현장에서의 커뮤니케이션 행위이다. 이를 통해 타인과 관계하는 과정에서 말과 행위의 이해와 해석이 이루어지고 상황의 본질은 쉴 새 없이 변한다.

이때 상호작용에 따라 그 교섭 이전에는 생각지도 못한 의미가 형성될 수 있다. 그러나 객관적 조사·분석으로는 그러한 의미를 형성하거나 파악할 수 없다. 그런 의미에서 정성적 연구 방법론은 '디자인하는' 사고라 할 수 있다.

디자인 씽킹이 기타 사고와 다른 점은 신체와 감정을 총동원하여 현장에 밀착된 지(知)를 창출한다는 것이다. 디자인 씽킹은 현장에서 직접 수신한 신체·감정 데이터를 다시 주변과의 상호작용에 의해 통합해 나간다. 그 과정에서 결국은 새로운 지식과 모델이 탄생하는 것이다.

프로토타이핑 – 모델화한다

모델의 형태는 모형, 양식, 방정식 등으로 다양하다. 모델이란 콘셉트나 이론 같은 특정 측면에 초점을 맞추어 실제로는 볼 수 없는 것을 공유하고 이해하도록 형상화한 것을 말한다.

모델화 혹은 프로토타이핑에는 두 가지 측면이 있다. 그 중 하나는 현장에서 직관적으로 얻은 지식을 전달하고 정리하기 편하게 해주는 '가설의 매개체'인 프로토타입이다. 우리는 이 프로토타입을 통해 조금 더 구체적으로 현장의 현상을 파악할 수 있다. 또한 그렇게 얻은 지식으로 콘셉트 혹은 이론의

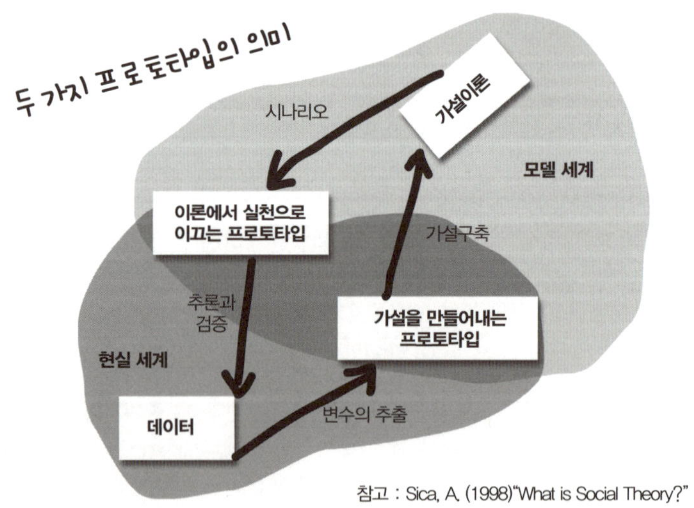

참고 : Sica, A. (1998)"What is Social Theory?"

초안을 수립한 후, 그에 기초하여 다른 프로토타입을 만들 수도 있다. 이처럼 가설을 검증하는 것이 프로토타입의 또 다른 역할이다.

형성적 평가의 중요성

보통 기업들은 무의식적으로 분석을 통해 확실해 보이는 착지점을 찾으려 하는 결정론적(Deterministic) 경향이 있다. 그래서 시장분석, 전략계획 입안, 핵심 경쟁력 정의와 같은 일을 진행할 때면 시장 및 자사의 기존 내부자원을 고려하여 업계 상식에 따른 결론을 연역적으로 도출하기 쉽다. 이러한 사고 과정은 결정론에 가깝다(분석하면 답이 하나만 나온다는 것을 전제하므로). 그러나 분석이 엄밀할수록 기업은 일원적인 전략적 세계관에 얽매이게 된다. 이렇게 결정론적 전략은 일원적 세계관을 유도할 위험성을 품고 있다.

이와는 달리 미래에 대한 선택지를 설정하고 항상 새로운 가능성의 여지를 남겨두는 보완적인 사고방식이 비결정론적(Indeterministic) 방식이다. 민츠버그(H. Mintzburg)를 비롯한 몇몇 연구자들은 전략계획을 비판하면서 비결정론적 방식의 중요성을 강조했다. 전략을 하향식 접근방식으로 실행하다 보면 상황 변화에 따라 전략이 변질되기 쉽다. 오히려 개별적 변화에 따라 '진화'하는 전략이 바람직하다는 것이 민츠버그의 주장이다. 전략을 '길러 내는' 자세라고 해도 좋을 것이다. 이러한 자세는 이노베이션을 지향하는 기업에 꼭 필요하다.

일반적으로 지식과 능력을 평가하는 방법은 총괄적 평가(Summative Evaluation)와 형성적 평가(Formative Evaluation)로 나뉜다. 총괄적 평가는 소프트웨어 프로그램 개발 등을 완료한 후 데이터를 참고하여 얼마나 목표가 달성되었는지 판단하는 사후적이고 결정론적인 평가다. 반대로 형성적 평가는 프로그램의 과정 중에 피드백을 시행하여 성장 및 개선, 향상을 촉진하기 위한 평가다. 예를 들어 요리사가 수프 조리를 지원하는 것은 형성적 평가이고 손님이 스프를 맛보고 평가하는 것은 총괄적 평가라 할 수 있다. 형성적 평가는 향후 발전을 위해 평가하는 태도이고 시스템이므로 디자인 지(知)의 방법론에 적합한 방식이다. 이는 프로토타이핑을 활용한 비즈니스 모델 평가나 이노베이션 아이디어 평가에 필수적인 방식이기도 하다.

정성적 연구 방법론에 의해 도출된 아이디어, 콘셉트, 모델은 열린 장(場)의 질문(Inquiry)으로 평가받는 과정을 통해 이노베이션을 더욱 풍성하게 한다. 그러나 그 평가가 총괄적이어서는 안 된다. 우리는 아직 답을 모르기 때문이다. 이는 '100점 만점, 합격!'을 외칠 수 있는 간단한 문제가 아니다.

따라서 현장 질문이 중요하다. 다양한 경력과 연령의 사람들이 며칠간 함께 지내며 본질에 대해 철저하고 자유롭게 토론하는 혼다의 '와이가야'(일본어로 '시끌벅적'이란 뜻-역주) 역시 창조적 질문의 전형일 것이다. 3M사의 재무 감사의 개발현장 업무(개발을 제약하지 않고 지원하는)에도 이 형성적 방식이 쓰인다. 이는 전형적·총괄적이지 않은 문맥에 따른 질문이기도 하다. 이러한 질문이 조직의 창조적 일상(Creative Routine)이 되어야 한다. 다시 말해 이러한 질문이 에스노그래피의 방법론과 함께 일상의 조직적 실천 속에 녹아들어야만 진정한 이노베이션을 이룰 수 있다.

우연을 부르는 필연

정성적 연구 방법에서는 의외의 부작용도 기대할 수 있다.

세렌디피티(Serendipity)란 말은 영국의 소설가이자 정치가인 호러스 월폴(Horace Walpole)이 1754년에 우화 〈세렌딥(Serendip)의 세 왕자〉[23]에서 영감을 받아 만든 말인데 이 우화는 세렌딥 왕국의 세 왕자가 운 좋게 가는 곳마다 우연히 도움을 받아 승리하는 이야기다.

일반적으로 ‘세렌디피티’란 생각지 못한 것을 발견하는 능력을 말한다. 즉 본질적으로 업덕션의 능력을 나타내는 말이라 할 수 있다. 생각지 못한 발견이기는 하되 단순한 행운이나 우연이 아니라 무언가를 열심히 탐구하는 자에게만 찾아오는 발견이 세렌디피티다. 하지만 그것은 반드시 구하는 것이 아닐 수도 있다. 세렌디피티는 무언가를 찾다가 찾던 것이 아닌 다른 가치 있는 것을 발견하는 일을 가리키는 말이기도 하다.

세렌디피티는 이노베이션의 친구다. 특히 시행착오의 과정에서 만나는 생각지 못한 우연이 중요하다. 그것은 순수한 소년과 장난꾸러기 요정의 관계를 연상시킨다. 알기 쉬운 예를 들어보자. 3M의 아트 프라이(Art Fry)가 개발한 ‘포스트잇(Post-it)’은 세렌디피티 이노베이션의 전형일 것이다[24]. 노벨 화학상을 받은 시라카와 히데키(白川英樹), 노요리 료지(野依良治), 다나카 고이치(田中耕一) 역시 입을 모아 ‘실험 실패’가 발견의 씨앗이 되었다고 말한다(〈화학자들의 세렌디피티, 노벨상에의 길〉[25]).

그러나 이런 우연은 결코 우연히 일어나지 않는다. 현장에 근거하여 사건의 디테일을 관찰하고 거기에서 무언가 추구하는 과정에서 나오는 것이다. 혹은 그런 활동을 지지하는 조직문화, 체제, 리더십이 이끌어내는 것이다.

23_The Three Princes of Serendip, Elizabeth Jamison Hodges, Atheneum, 1964
24_1970년대, 미국의 화학제품 회사의 연구원이었던 스펜서 실버가 새로운 접착제를 만들었다. 잘 붙고 잘 떨어지는 이 접착제는 별 쓸모가 없다는 평가를 받았는데, 마침 교회에서 자신이 부를 찬송가 페이지를 표시하기 위해 잘 안 떨어지는 책갈피를 원했던 아트 프라이를 만나면서 포스트잇으로 상품화되었다.
25_요시하라 겐지(吉原賢二) 지음, 도호쿠(東北)대학 출판회, 2006년

Chapter 5

비즈니스 모델을 디자인하다
(관계성의 디자인 방법론)

이 티셔츠를 활용하여
비즈니스 모델을 구상해 보자.

5.1. 비즈니스 모델 이노베이션

가전, 컴퓨터 업계의 극적인 변화

일본의 가전·전자 업계는 '잃어버린 20년' 내내 침체 상태였다. 주요 원인 중 하나는 비즈니스 모델에 대한 눈에 띄는 혁신이 없었던 것이다. 상품에 치우친 모노즈쿠리라 해도 나름의 장점은 있다. 그런 장점을 여전히 유지하며 지속적으로 거대한 매출규모를 자랑하는 기업도 많지만 이들 역시 영업이익률이 미국·유럽 대기업에 비해 낮은 편이다. 이러한 기업 중 일부 성장기업을 제외하고는 역시 '관성의 법칙'에 의해 근근이 유지될 뿐이라고 말하는 사람도 많다.

제대로 된 비즈니스 모델 혁신은 없었지만 1990년대 말경 일본에서도 한 때 '비즈니스 모델'이 화제였다. 나중에 자세히 말하겠지만 당시 비즈니스 모델에는 결함이 있었다. 그래서 결국 비즈니스 모델은 일본 기업의 주요 경영 과제가 되지 못했다. 오히려 21세기 이후에도 '모노즈쿠리' 경영이 관심을 끌었다. 그러나 일본 기업, 특히 제조업에는 예전의 활기가 돌아오지 않았다.

왜냐하면 비즈니스 모델은 단순히 상품, 금전, 정보의 거래를 도식화한 것이 아니라 자사의 활동을 고객 가치로 연결시키는 다양한 요소 간의 관계성을 디자인한 것이기 때문이다. 여기서 말하는 '요소'란 자원(지식), 자산, 능력, 그리고 무엇보다 중요한 고객 및 파트너와의 관계를 의미한다.

실제로 가전 · 컴퓨터를 취급하는 전자업계는 비즈니스 모델 변화의 엄청난 파도에 몇 번이나 맞닥뜨려야 했다.

제2장에서 언급했던 델 모델로 대표되는 고객별 주문생산이 그 대표적인 사례다. 이를 다르게 표현하자면 획일적 양산 모델이 종결되면서 제조업 자체가 변혁을 겪은 것이다. 그때 고객 정보를 가치로 바꾸는 디자인 능력이 결정타로 작용했다.

아마존 등, 개인 고객을 대상으로 하는 전자상거래의 대두 역시 유통경로를 전면적으로 바꾸었다. 이를 증명하듯 아마존에서 매출 비중이 가장 큰 장르도 가전이다. 또한 애플의 주요 유통망 역시 자사의 애플스토어와 인터넷 상의 '스토어'다. 계열 판매점이나 대형 양판점 중심으로 유통체계를 구축했던 제조업에는 이들 전자상거래가 큰 부담으로 다가왔다. 고객의 세계화(다언어화)가 진전된 것도 전자상거래의 발달에 큰 영향을 미쳤다.

가전 · 컴퓨터의 융합 혹은 모바일 네트워크와의 융합은 업계 특성을 네트워크 서비스, 콘텐츠, 애플리케이션 위주로 바뀌게 했다. 제품을 팔아 없애는 모델 대신 업그레이드, 버전업, 콘텐츠 서비스 등으로 고객을 조직화하는 다중 플랫폼형 모델이 대두했다. 그 전형적인 사례가 애플의 아이튠즈 스토어(iTunes Store)다.

이보다 더 위협적인 것은 BOP 시장에서 시작되어 국제 시장으로 점점 확대일로에 있는 가전 · 전자 상품의 일용품화, 그리고 그 반작용인 프리미엄(고부가가치) 전략 모델의 진부화다. 하버드대학 교수인 크리스텐슨(Clayton Christensen)이 내세운 '파괴적 이노베이션' 이론 역시 그런 색다른 비즈니스 모델의 일종으로 이해할 수 있다.

기존 비즈니스 모델에 대한 의문

지금, 전 세계에서 제조업 비즈니스 모델의 혁신이 일어나고 있다. 핀란드의 노키아를 살펴보자. 그들은 지금 휴대전화 회사(제조업)에서 인터넷 회사로 변신하려는 중이다. 그들의 근본적인 과제는 비즈니스 모델 이노베이션이다. 다시 말해 '본업'을 리디자인하려는 도전이다.

IBM의 '글로벌 2006 리포트'에 의하면, 기업의 성장에 가장 큰 영향을 끼치는 이노베이션은 비즈니스 모델 이노베이션이다. 이 조사에서는 제품 및 서비스 이노베이터, 오퍼레이션(생산방법 또는 업무 과정) 이노베이터, 비즈니스 모델 이노베이터의 과거 5년간의 영업이익 성장률을 비교했다. 첫 번째와 두 번째 이노베이터는 거의 성장하지 않은(제로 성장) 데 비해 세 번째 비즈니스 모델은 평균 5%의 성장을 기록했다.

많은 일본 기업이 고정적인 비즈니스 모델에서 벗어나지 못하고 있다. 모노즈쿠리에 정신이 팔려서 고정관념에 갇힌 채로 사업을 지속했던 것도 그 이유 중 하나다. 반대로 '상품이 팔리지 않으니 이제 사건과 경험으로 승부하

자'라는 단순한 생각에서 비즈니스 모델을 바꾸는 경우도 적지 않다. 애플의 진정한 강점은 위에서 말한 비즈니스 모델 요소를 전부 갖추었을 뿐 아니라 iPod 같은 하드웨어에서도 수익이 나는 비즈니스 모델을 구축했다는 것이다. 애플은 '소프트웨어와 서비스가 잘 팔리니 괜찮다.'거나, '하드웨어는 그저 플랫폼이니 이익을 못 내도 된다.'라고 생각하지 않았다.

또한 '글로벌 2006 리포트'에 의하면 성공한 비즈니스 모델 이노베이터는 자사 이익에 그치지 않고 더 나아가 사회적 혁신을 지향한다는 공통점을 지녔다. 비즈니스 모델 디자인은 생태계 및 개방형 이노베이션을 통한 사회적 관계성을 무시하고서는 생각할 수 없다. 개방형 이노베이션의 예까지 들 것도 없이 세계의 산업구조 자체가 하드웨어, 소프트웨어, 통신 서비스와 같은 산업 분류를 초월한 네트워크로 인해 대전환기를 맞고 있다. 이전에는 모든 비즈니스 모델이 자사 중심적이었지만 이제는 한 회사의 틀 안에서만 생각해서는 안 된다.

이러한 변화 속에서 비즈니스 모델은 모든 업계를 통틀어 다양화의 경향을 보인다. IT 서비스업에서는 기존의 SI(System Integration, 통합 시스템 서비스), 클라우드형 서비스 모델, 애그리게이터(Aggregator, 웹 피드를 한 곳에서 이용할 수 있게 모아주는 서비스-역주) 모델 등으로 비즈니스 모델이 다양화되고 있다. 컨설팅 업계 역시 컨설팅 수수료형, 정액요금형, 성공보수형 등으로 수익 모델이 다양해지는 추세다.

이런 비즈니스 모델에 도전하려면 디자인의 지(知), 디자인 씽킹이 필수적이라는 것은 말할 필요도 없다. 분석과 논리로는 새로운 비즈니스 모델의 관점을 끌어낼 수 없으니 일단 다양한 가설을 세우고 관계성을 도출하는 데서 출발해야 하기 때문이다.

비지오(VIZIO)의 성공비결

2007년 제2사분기에 즈음하여 북미 TV시장에 놀라운 뉴스가 보도되었다. '무명' 기업이던 비지오(VIZIO)사가 브랜드별 출하 대수 기준으로 액정TV 및 박스형TV 분야에서 1위를 차지했다는 것이다.

비지오의 기본 전략은 저가격이다. 따라서 기간 한정으로 42인치 Full-HD 액정TV를 999.99달러(당시 일반적인 TV가격은 1199.99달러였음)에 판매했다. 이로 인해 시장 3위였던 소니는 6위로 밀려났다(나중에 새로운 가격대의 제품을 투입한 결과 2008년 제1사분기에 점유율을 회복했지만 VIZIO의 점유율 역시 여전했다).

그러나 결코 저가라는 이유만으로 성공한 것은 아니다. 그저 저가 전략뿐이라면 따라잡을 수 있을 것이다. 문제는 이런 판매경쟁이 아니었다. 캘리포니아주 어바인(Irvine)에 있는 비지오 본사의 직원은 당시 80명 정도에 불과했다. 비지오는 원래 컴퓨터 관련 컨설턴트였던 윌리엄 왕(William Wang) 씨가 2003년에 설립한 회사인데 효과적인 컴퓨터 비즈니스 모델(델형 생산모델)을 도입하고 디자인을 특화한 결과 급속도로 점유율이 올라갔다. 그리고 무설비 정책을 채택하여 생산은 대만 암트란 테크놀로지(AmTRAN Technology)에 위탁했다. 또 독자적 유통망 없이 대형양판점(월마트 등)에서 크리스마스 시즌 등에 단기 집중 판매를 하는 식으로 한정된 유통 정책을 취했다. 이는 미국에서 오랜 노력 끝에 유통망을 구축했던 일본 기업에 대한 큰 도전이었다.

그러나 당시 일본 기업은 이런 비지오를 '저가 판매로는 이익이 나지 않는다. 점유율보다 이익이 중요하다(그래서 그 회사는 망할 것이다).'라며 가벼이 여기고 경계하지 않았다. 그러나 비지오는 재고 부담을 없앤 생산 모델을 통해 이미 일용품화된 시장에서 이익을 내고 있었던 것이다. 오히려 기술력을 자랑하던 일본 기업들이 이익을 내지 못했다. 큰 조직을 주렁주렁 매단 채로 저가격의 소용돌이에 말려들어 소모전에 발목을 잡히고 만 것이다. 제품만 보면 무난한 품질에 저가격이라는 점 이외에 큰 차이가 없었는데도 결정적으로 이익 구조가 달랐다. 제품 품질로는 절대 지지 않지만 비즈니스 모델이나 디자인력이 한 발짝도 앞서지 못했던 것이다.

저렴한 상품은 디자인이 별로라고 생각하기 쉽지만 비지오는 디자인을 비롯한 작업성·사용 편이성에 심혈을 기울였다. 구입 후 액정에 '화소 누락'이 있으면 무조건 교환해 주는 등 사용자가 원하는 상품을 쉽게 쓰게 하려면 어떤 전략이 필요할지 고심했다. 또한 고객 스스로 문제없이 구입하고 운반하여 설치할 수 있도록 만드는 데에 디자인의 역점을 두었다. 고객 스스로 벽에 쉽게 설치할 수 있게끔 외장 소재는 가벼운 고품질 알루미늄을 사용했다. 뒤쪽 배선반에는 전문적인 지식이 없어도 간편하게 배선 상황을 파악할 수 있도록 아이콘을 붙여 놓았다. 사실 무설비에 디자인을 특화한 전략이야말로 저가상품 제조업의 일등공신이다. 일본 기업이 비지오 모델을 따라야 한다는 말은 결코 아니다. 다만 이러한 도전을 참고하여 새로운 관점에서 비즈니스 모델을 재고해야 할 것이다.

상품 차이, 상품 비용으로 보는 일본 기업

일본 기업에는 '좋은 물건을 만들면 팔린다.'라는 품질 중심의 발상과 '일용품으로는 이익이 나지 않으니 부가가치를 덧씌워서 프리미엄 시장을 공략해야 한다.'라는 발상이 뿌리 깊게 자리 잡고 있다. 그러나 이런 전략은 일부

시장이나 유서 깊은 상점을 제외하면 세계적 현실과 괴리가 있다.

최근 일본에서는 '갈라파고스화'(자신만의 표준을 고집하다가 세계 시장에서 고립되는 현상, 주로 NTT 도코모를 비롯한 일본 IT 업계를 지칭함-역주)라는 말이 유행이다. 한 술 더 떠서 '갈라파고스 전략'도 괜찮지 않으냐는 목소리가 있을 정도이다. 그러나 NTT 도코모가 처음부터 갈라파고스화를 의도하지는 않았다. 오히려 세계화를 추구하던 시기도 있었다(2000년 8월, 도코모는 미국·유럽 휴대전화 사업자인 KPN Mobile N.V.사에 출자하여 i모드를 중심으로 하는 모바일 인터넷 서비스 회사를 공동 설립했다). 참고로 도코모는 지금 인도 시장에 진입해 있다.

'갈라파고스 전략'이라는 말에도 일리는 있지만(반드시 세계 표준화 경쟁이나 수출만이 좋다고는 할 수 없다), 반성의 여지가 있는 것 또한 사실이다. i모드는 단체 서비스로서는 성공한 사례에 속한다. 그러나 다른 관점에서 전체적으로 보면 해외시장 경험이 있던 일본 전자회사들이 국내시장에 집중함으로써 해외용 휴대전화 제조의 여지를 축소시켰다는 사실도 부인할 수 없다. 어쨌든 i모드는 지역(자국) 전화 이용자를 기본 고객으로 간주하는 전통적 전화 서비스 모델이며 세계 시장을 향한 비즈니스 모델은 아니었다. 결국 전화 서비스의 인터넷화에 따라 자국시장의 고객을 넘어선 세계적인 커뮤니케이션 시장이 출현했다(뒤에서 다룰 스카이프의 2011년 5월 기준 등록 사용자 수는 전 세계 기준 6억 6천300만 명임).

iPhone을 위시한 스마트폰 시장 역시 일본 기업은 사용자가 버튼 입력 방식을 선호한다는 조사 결과를 바탕으로 전략을 수립한 탓에 대응이 늦어져 버렸다. 심지어 일본 휴대전화가 기술적으로 우월하며 와이파이 기지국도 별로 없다는 이유로 iPhone을 낮게 평가하기까지 했다. 터치스크린 스마트폰을 써본 적 없이 텍스트 정보나 기존 전화만 썼던 사용자를 대상으로 아무리

조사를 해도 잠재적 수요를 파악할 수 없었던 것이다. 비즈니스 디자인에서는 정량조사로 대중의 의견을 묻기보다 단 한 사람이라도 좋으니 다음 시대의 현실이 될 사용자를 발견하는 것이 중요하다. 표준화도 꼭 필요하지만 아무래도 상품에 대한 논의에 치우치기 쉽기 때문이다. 생각을 바꿔서 고객 가치, 시장지향, 사업제휴 등에 대한 여지를 만들어놓아야 한다.

일본 기업은 상품 속에 지(知)를 녹여내는 데에는 능숙하지만 논의를 거치다 보면 아무래도 공급자 위주로 치우치는 경향이 있다. 공급 중심은 악이고 수요 중심이 선이라는 뜻은 절대 아니다. 그러나 이노베이션이 중요해지면서 공급 위주의 발상이 한계에 부딪힌 것은 사실이다. 이제는 수요 위주로 비즈니스 모델을 재편할 때다.

확대되지 못했던 '제1세대' 비즈니스 모델

비즈니스 모델은 무엇보다 중요함에도 결국 사람들의 뇌리에서 지워지고 말았다. 지금까지 우리가 경험했던 비즈니스 모델에 대한 논의는 대부분 기업이 경쟁우위를 확보하기 위한 전략적 관점에 머물렀다. 범위도 모호하여 결국은 경영전략, 조직 전략, 마케팅 전략, 정보 전략까지 무엇이든 비즈니스 모델로 취급하기에 이르렀다. 고객 가치에 관한 관점, 혹은 다양한 자원이나 파트너와의 관계성에 관한 관점, 역동적인 진화에 관한 관점 같은 가장 중요한 무언가가 빠져 있었던 것이다. 말로만 고객에게 가치를 제공하자고 부르짖다 보면 고정관념에 사로잡히기 쉽다. 관계성에 대한 이야기가 있어야만 논의에 역동성이 부여되기 때문이다.

전자상거래가 대두함에 따라 1990년대 말부터 닷컴 거품이 시작되었다. 이 시기에는 '어떤 시스템을 채용해야 인터넷상의 서비스로 이익을 낼 수 있을까'에 부합하는 수익 모델이 곧 비즈니스 모델이었다. 'e-비즈니스 모델'이라는 말까지 생겼을 정도다. 비즈니스 모델로 특허를 냈을 만큼 당시 비즈니스 모델은 독자적인 틀을 통해 수익을 올리는 시스템 또는 방식이라는 뜻으로 상당히 축소되어 쓰였다고 할 수 있다.

그 전형적인 예로는 엔론(Enron)이 있다. 에너지 거래를 중개하던 엔론의 비즈니스 모델은 흔히 'B2B 시장'이라 불렸다. 이 회사는 1990년대 후반에 급격히 성장하여 2000년도에는 매출 1,110억 달러로 전미 제7위를 기록했고 종업원 수는 무려 2만 명에 달했다. 그러나 이듬해인 2001년 12월 거액의 부정 경리·부정 거래로 말미암아 순식간에 파산하고 만다. 이 유명한 엔론의 핵심 사업이 바로 '엔론 온라인'이었다. 엔론의 인터넷 거래 영역은 원래 엔론이 취급하던 가스·석유에서 전력, 석탄, 알루미늄, 펄프, 플라스틱 시장으로 확대되어 갔다. 나중에 엔론은 신용 위험, 기상, 네트워크 대역폭, 배기가스 배출권 시장의 주축이 되어 직접 거래를 진행하기에 이른다. 지금까지도 중요한 예시로써 거론되는 이 모델을 고객 가치나 전체 생태계의 균형을 잃은 '제1세대' 비즈니스 모델의 전형이라 할 수 있다.

결국 이 비즈니스 모델이 확대되지 못했던 것은 자사 이익 중심으로 구상된 전략과 '인간 부재'와 '사회 부재'가 기반에 깔린 태도 때문이라 할 수 있다.

그런데 이제 와서 새삼 비즈니스 모델에 주목하는 데에는 두 가지 이유가 있다. 지금은 (1) 비즈니스 모델이 상징하는 기업의 제품·서비스와 고객의 관계, 즉 본질적 가치창출 시스템이 중요하기 때문이며 (2) 기업 활동이 기업만의 문제가 아닌 사회, 환경과의 관계 측면에서 재고되어야 하기 때문이다.

그렇다면 제2세대 비즈니스 모델이란 무엇인가? 자동차 산업이 대표하듯, 지금까지의 비즈니스 모델은 공급 위주의 대량생산·소비, 효율적 생산과 유통(공급 연쇄)을 기본으로 했다. 그러나 이제는 수요 위주의 모델이 필요하다. 물론 이러한 발상의 전환이 쉽지는 않다. 예를 들어 '친환경 ○○○'라는 지속성 메시지를 생각해 보자. 만약 그 '○○○'에 들어갈 단어가 물리적 '상품'이라면 본질적으로 공급 위주의 발상이라 할 수 있다. '친환경'이라는 메시지 역시 수요 위주의 관점이 기반이 된 발상이다. 이를테면 이 메시지는 각기 다른 환경에 처한 사람들에게 어떤 의미가 있을까? 친환경이란 무엇인가? 같은 질문을 던져야 한다. 즉 고객(수요) 위주의 관점을 통해 향후 사회·경제에 적합한 시스템 디자인으로써 비즈니스 모델을 재편해야 할 것이다.

비즈니스 모델의 '3중' 구조

앞으로 기업의 비즈니스 모델은 환경과 사회에 공헌하고 인간에게 행복을 가져다주는 '공통선'(Common Good)을 추구하며 사회와의 공생에 기초해야 한다. 그러려면 고객 가치를 기점으로 독자적 체계를 구축하고 실현할 필요가 있다. 그리고 그 배후에는 사내외 자산, 특히 외부와의 파트너십에 기초한 '지식자산'이 존재해야 한다. 제1세대 비즈니스 모델에는 이런 생태적 관점이 빠져 있었다.

한편 개방형 비즈니스 모델과 개방형 이노베이션에 대한 관심이 높아지고 있다. 우리네 회사가 개방형 이노베이션을 하건 안 하건 산업사회의 이러한 개방적 관계성은 앞으로도 확대될 것이다. 유통업이 업태를 혁신해왔던 역사가 이를 증명하듯, 비즈니스 모델의 본질은 사회적 관계를 통해 역동적 진화를 일으키는 관계성 이노베이션이다.

'제2세대' 비즈니스 모델은 이런 관점에서 다음과 같은 '3중 레이어 구조'로 생각해야 한다(제1세대는 ②번 레이어가 전부였다).

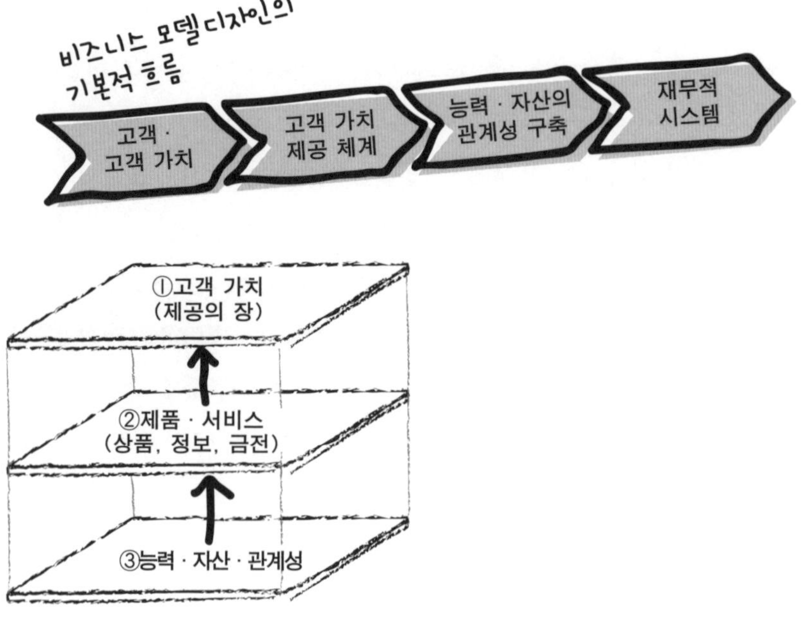

① 고객과의 관계성 및 고객 경험의 '가치'

② 서비스(사건과 사물) 제공, 재무적(금전) 관계성

③ 비즈니스 및 이들 관계성을 지지하는 능력 · 자산 · 자원

이 세 레이어의 상호작용에 따라 고객 가치가 창출된다. 이를 전제로 고객 가치를 실현하기 위하여 고객 가치 정의, 제품 및 서비스 제공 시스템, 그를 위한 능력 · 자산의 관계성 디자인, 재무적 시스템 구축 등의 비즈니스 모델을 디자인할 필요가 있다. 이는 많은 요소를 통합하는 작업이므로 분석적 방식은 적합하지 않다.

나중에 다시 말하겠지만 이 과정에서 항상 잊어서는 안 될 것이 바로 비즈니스를 통해 고객(사용자)이 얻을 경험을 중시하는 일이다. 지금까지 기업들은 업무 과정에는 별로 관심을 기울이지 않았다. 그러나 서비스 가치의 원점은 고객 가치이므로 고객과의 관계성과 서비스 제공 과정의 디자인에 초점을 맞추어야 한다.

제조업 역시 고객에게 가치를 제공하는 서비스 행위다. 지금 시대는 고객 가치를 중시하며 인간적 서비스를 제공하는 기업을 원한다. 그런 기업이 되려면 디자인 능력이 꼭 필요하다. 제조업도 사실은 이 점이 핵심이다. 그런데 기존의 일본 제조업은 감정적 자질을 너무 경시했다는 비판을 받고 있다.

중요한 것은 사물의 흐름이 아닌 일련의 인간적 서비스 과정으로 비즈니스 모델을 이해하는 일이다. 또한 서비스 현장의 상호작용(기업·고객 간의 역동적인 관계성)을 가치 제공의 기초로 삼는 것이다. 서비스란 제공자와 이용자의 상호작용을 통해 이용자의 편익을 최대한 만족시켜 가치를 창출하는 디자인 행위를 말한다. 그 진수는 어디까지나 일방적 생산에 쓰이던 틀이 아닌 무형의 고객 가치를 현실화하는 과정에 있다.

그리고 비즈니스 모델에는 '재미'의 요소도 필요하다. 서비스도 언젠가는 일용품화될 것이고 비즈니스 모델도 모방을 피할 수 없기 때문이다. 따라서 특정한 주기로 비즈니스 모델을 혁신해야 한다. 한편 서비스 이노베이션은 시장화 과정에서 비연속의 연속적 비즈니스 모델 혁신에 의해 일어난다. 그러므로 언제나 고정관념 없이 비즈니스 모델을 창조의 과정으로 이해해야 한다.

5.2. 비즈니스 모델 패턴의 이해

비즈니스 모델의 '패턴'

기업은 독자적인 비즈니스 모델이 있어야 성장한다. 예전에 GM은 자동차를 패션으로 간주하기 시작한 소비자에게 '모델 체인지'(동적 진부화 전략)라는 비즈니스 모델을 제시함으로써 세계 최대의 자동차 회사로 부상했다. 페더럴 익스프레스는 대학교수로부터 절대 성공할 수 없다는 낙인을 받았던 '하룻밤에 서류를 배달한다.'라는 고객 가치를 핵심으로 삼고 허브 앤 스포크(Hub and Spoke, 바퀴축과 바퀴살, 물류의 모든 거점을 한 곳으로 모으는 방식-역주)망을 형성하는 비즈니스 모델을 채용하여 타사가 넘보지 못할 지위를 획득했다. 서비스화가 진전된 경제에서는 비즈니스 모델의 선택이 성장과 이익을 결정한다. 이는 모든 업종에 해당한다. 비즈니스 모델에는 업종의 벽을 넘어 적용할 수 있는 패턴이 존재하기 때문이다. 그 전형적인 사례가 앞에서 말한 '델 모델'이다.

[축구계의 비즈니스 모델]

FC 바르셀로나의 전 최고책임자인 페란 소리아노(Ferran Soriano)가 쓴 매력적인 책 〈우연히 들어가는 공은 없다〉[26]에 의하면 축구 비즈니스에는 다음 세 가지 비즈니스 모델이 있다. (1) 팀플레이 또는 영상 콘텐츠를 시장에 유통해 수익을 내는 가장 기본적인 모델, (2) 지역에 독자적 청소년(청년) 조직

26_강민채 옮김, 잠, 2010년 / 일본판 〈골은 우연의 산물이 아니다(ゴールは偶然の産物ではない)〉, 페란 소리아노 지음, 그린 히로미(グリーン裕美) 옮김, 어치브먼트 출판, 2009 / 원서 La pelota no entra por azar, Ferran Soriano, Santillana, 2009

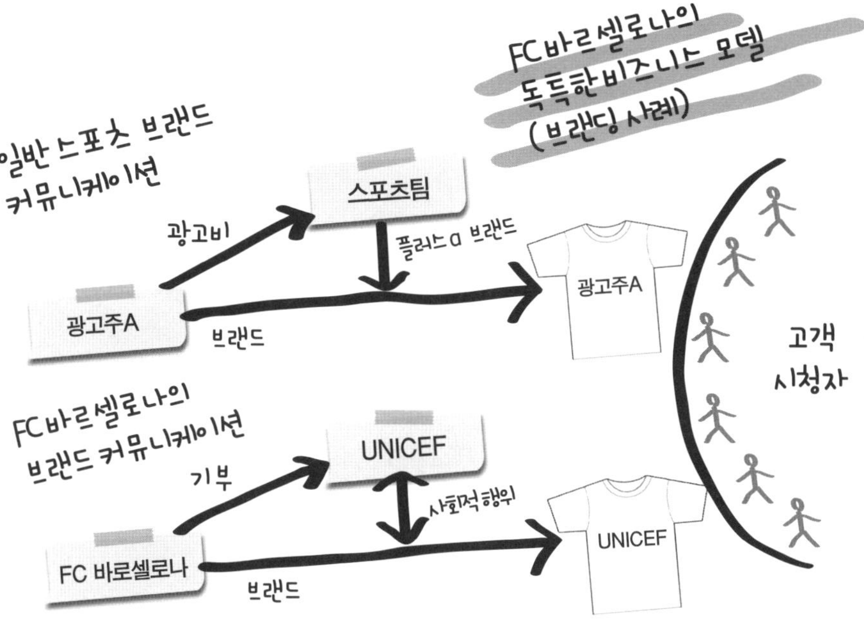

을 설립하여 젊은 층에 축구 교육을 하는 모델. 이로써 팬과 선수(자산) 쌍방을 육성할 수 있다. 그리고 (3) 클럽의 브랜드를 프랜차이즈로 만들어 지역 시장에 진입하는 모델이다.

FC 바르셀로나는 끊임없는 이노베이션을 추구한다. 일반적으로 유니폼에는 광고주의 로고를 붙여 수입원으로 삼지만, 그들은 역발상을 활용하여 유니세프에 기부금을 내고 자신들의 유니폼에 유니세프 로고를 넣어 사회적 공헌을 하고 세계를 위해 활동하는 클럽 혹은 소시오(지원조직, 특정 스폰서에 의존하지 않고 자금·운영 면에서 클럽을 유지하는 서포터-역주)임을 호소하면서 강한 브랜드 이미지를 형성했다.

〔Non-frill, 장식을 배제(뺄셈)한 비즈니스 모델〕

사우스 웨스트 항공과 라이언에어 등의 저가 항공 서비스(LCC ; Low Cost Carrier)는 독창적 비즈니스 모델로 잘 알려져 있다. 그러나 저가격이라는 겉모습만 보아서는 안 된다. 사실 항공업계는 원래부터 이익을 내기 어려운 업계 중 하나다. 서비스업이라고는 하지만 값비싼 기재(항공기)가 있어야 사업 확장이 가능하다는 제약이 있는데다, 에너지 가격 격변에 좌우되는 사업 환경에 놓여 있기 때문이다. 그래서 지금까지 많은 제도 및 이권의 혜택도 받아 왔다. 그런 가운데 필연적으로 비즈니스 모델의 이노베이션이 일어난 것이다.

사우스 웨스트 항공은 기존 항공사와 어떤 점이 다를까? 운임이 저렴할 뿐 아니라 시장을 미국 국내선으로 압축하고 기체 역시 한 종류(보잉737)로 압축하여 비용을 내렸으며 일반적인 '허브 앤 스포크'가 아닌 '포인트 투 포인트' 비즈니스 모델(허브가 아닌 비교적 단거리의 도시 사이를 효율적으로 연결하는 방식)을 채용했다는 점이다. 또 종업원의 창조성을 높여 항공기의 지상 체재시간을 최소화하고 가동률 향상을 위한 지식 이노베이션 활동에 힘쓰며 '승객이 하늘여행을 즐기게 만들도록' 종업원을 격려하고 있다. 사우스 웨스트는 비록 저가지만 지역 간 이동이 필요한 고객에게 저가격에 서비스를 제공해 높은 만족도를 얻었다.

한편 라이언에어는 유럽노선을 기반으로 한 '논프릴(Non Frill, 장식 배제)'이라는 비즈니스 모델을 통해 철저하게 비용을 절감하여 성장한 이색적인 항공사다. 라이언에어는 저가 운임회사 중 유럽 1위인데 기체는 사우스웨스트 항공과 같은 보잉 737을 쓴다. '논프릴'에서는 기내 서비스(비즈니스 클래스와 기내식 없음)와 지상 서비스(주로 인터넷을 통해 항공권을 예약함)뿐 아니라 다양한 추가 요금을 수익의 원천으로 삼고 있다. 기내 서비스와 화장실 사용료를 따로 받고 기내광고에서도 수입을 얻는다. 최근에는 좌석에 앉지 않는 '입석' 서비스를 검토하고 있다고 한다.

라이언에어의 비즈니스 모델은 공항과의 관계가 예전과 전혀 달라졌다는 점에서 더욱 특별하다. 우선, 사용료를 줄이기 위해 대도시 교외의 제2의 공항을 이용한다. 공항 측에는 공항 사용료 및 착륙료의 대폭 할인과 보조금 벌충, 이용 촉진 캠페인 등을 요구한다. 공석이 많을 때에는 운임을 대폭 인하하여 승객수를 확보한다. 즉 라이언에어는 지방공항으로 승객을 운송하는 비즈니스라고 볼 수도 있다. 심지어 언젠가는 무료 탑승이 실현될지도 모른다. 당연한 일이겠지만 가격 이외의 고객만족도는 낮은 편이다.

[비즈니스 모델 패턴의 조합]

'태양의 서커스'(Cirque du Soleil, 캐나다의 예술 서커스 기업-역주)는 라이언에어와는 달리 고객만족도가 매우 높다. 그러나 그들의 비즈니스 모델에는 공통점이 있다. '서커스(씨르크)'라는 말을 쓰기는 해도 사실 그들의 뿌리는 거리 공연이다. 태양의 서커스는 비즈니스 모델의 관점에서 보자면 일반 서커스처럼 고객을 유인하는 핵심 요인인 탤런트나 동물을 쓰지 않고 음식 판매도 하지 않는 '논프릴'에 속한다. 그 대신 오페라 등 인간의 '예술'을 기획하여 길거리 공연의 재능(기업능력)을 활용해 가치를 제공하고 있다.

이처럼 비즈니스 모델은 특정한 업종에 한정되지 않는 다양한 적용 가능성을 지닌다. 고객을 웅장한 이벤트로 매료시키기 위해 서비스를 제공한다는 측면에서 태양의 서커스와 FC 바르셀로나는 공통점이 있다. 둘 다 연기자나 선수를 격려하여 재능을 이끌어낸다는 의미에서 PSF(Professional Service Firm)

와도 상통하는 비즈니스 모델이다. 이처럼 경영의 핵심을 차지하는 서비스업의 비즈니스 모델은 몇몇 비즈니스 모델 콘셉트 혹은 패턴의 조합을 통해 디자인할 수 있다.

비즈니스 모델 연구자인 오스터왈더(Alexander Osterwalder)는 비즈니스 모델의 패턴으로 다음 다섯 가지를 들었다. 이들은 모두 전부터 알려진 사실을 집약한 것이다.

1. **분해**(Unbundling) : 가치 연쇄를 '분해'한 모델 – 고객과의 관계, 제품 이노베이션, 인프라 사업 (예) 프라이빗 뱅킹, 휴대전화 서비스. 존 하겔(John Hagel)과 마크 싱어(Marc Singer)가 제창했음.

2. **롱테일**(Long Tail)[27] : 대부분의 틈새 제품 제공 모델 (예) 전자인쇄, 레고 등. 크리스 앤더슨(Chris Anderson)이 제창했음.

3. **멀티 플랫폼**(Multi-platform) : 하나의 플랫폼 위에 복수의 고객 집단을 연계시킨 모델 (예) 구글. 안드레이 하주(Andrei Hagiu) 등이 제창했음.

4. **무료**(Free) **모델** : 특정 대상에 무료로 상품 · 서비스를 제공하며, 그것을 기반으로 다른 비즈니스와 고객을 연결시키는 모델 (예) 광고, 스카이프 등의 커뮤니케이션 서비스. 역시 크리스 앤더슨이 제창했음.

5. **개방형 비즈니스 모델** : 외부 파트너와의 협업에 의한 내외자원의 관계성을 활용한 모델 (예) P&G, 이노센티브(과학자 집단과 전 세계 주요 기업을 연결하여 각종 연구 · 개발 과제를 해결해주는 인터넷 비즈니스 회사-역주) 헨리 체스브로(Henry Chesbrough)가 제창했음.

27_롱테일법칙 : '결과물의 80%는 조직의 20%에 의하여 생산된다'는 파레토법칙에 반대되는 것으로, 80%의 '사소한 다수'가 20%의 '핵심 소수'보다 뛰어난 가치를 창출한다는 이론. 여기서 80%에 해당하는 것이 롱테일.

관계성 디자인의 중요성

이들은 모두 상품, 정보, 금전을 잘 활용하여 이익을 내려는 비즈니스 제1세대의 모델과는 달리 고객 가치의 실현, 고객의 필요와 감정을 구체화하기 위한 디자인 과정의 구축, 그리고 그에 필요한 능력·자산 자원과 파트너의 연계에 관한 지식 디자인을 실천하기 위한 패턴이다. 또한 이들은 공통적으로 관계성을 디자인하는 방법을 사용해 이를 표현하고 있다.

그 전형적인 예가 룩셈부르크에 본거지를 둔 스카이프(Skype Technologies)사의 '무료' 인터넷전화 서비스와 Skype(스카이프) 비즈니스 모델에 적용된 관계성 디자인이 아닐까? P2P(전화회선을 통하지 않고 컴퓨터끼리 직접 연결하는) 기술에 의해 누구나 인터넷에 접속만 하면 간편하게 소프트웨어를 설치하여 마이크와 스피커로 전 세계의 사용자와 무료통화를 할 수 있다. 이 뿐이라면 전혀 수입이 없겠지만, 사실 Skype의 대부분의 수입은 컴퓨터나 스마트폰에서 일반전화나 휴대전화로 전화를 거는 서비스인 SkypeOut(스카이프아웃)과 Skype 이용자에게 전화 ID를 발행하는 서비스에서 나온다. 이 서비스의 최대의 특징은 스카이프사가 사용자에게 무료라고 홍보한다는 점이다. 사용자는 무료 서비스를 목적으로 회원 등록을 하는데 참가자(컴퓨터)가 많아질수록 전화 회선을 거치지 않는 네트워크가 확대된다. 그리고 이 서비스는 인터넷이 아닌 곳과 통화할 때만 요금을 지불한다. 즉 Skype는 사용자를 '네트워크 자산'으로 전환하여 활용하는 것이다. 다시 말해 사용자와의 관계성을 디자인했다고 할 수 있다.

'관계성을 디자인한다.'라는 말을 어떻게 이해해야 할까? 예전에는 디자인이라고 하면 무엇을 만들고 디자인하라는 조건이 항상 주어졌으므로 그 조건에 따라 작업을 진행하면 되었다. 그러나 이는 물질시대의 디자인에 한정된 이야기다. 사회, 경영, 생활이 지금처럼 복잡한 환경에 노출되면서 많은 요소 간의 관계에서 무엇을 디자인해야 할지 찾아내는 능력이 필요해졌다. 또한 요소와 요소를 어떻게 연결할지 그 관계성도 디자인해야 한다.

성질이 각기 다른 요소(하드웨어, 소프트웨어, 시스템, 서비스, 사물, 기호, 인간의 마음 등)를 일관된 경험이나 과정, 흐름으로 연결시키는 '편집적 관계성' 디자인도 필요하다. 혹은 시스템적 '인과관계'에 의해 관계성을 디자인할 수도 있다. 이러한 디자인 작업에서는 전체와 부분, 환경과 자신의 관계를 관찰하면서 다양한 관점으로 구조 및 연계를 부여해야 한다. 또는 전체적 구조와 각각의 '역학 관계'도 디자인할 수 있다. 이러한 관계성 디자인이야말로 비즈니스 모델을 만들어내는 데 반드시 필요한 사고 과정이다.

이들 관계성은 고정적이지 않다. 특히 서비스 이노베이션은 시장화 과정에서 이루어지는 비연속적인 혁신에 의해 일어난다(가난한 젊은이가 지푸라기 하나로 물물교환을 하여 결국 부자가 되었다는 '와라시베 장남' 이야기처럼-역주). 서비스 비즈니스는 숙명적으로 이노베이션 주기를 반복하기 때문이다.

고객 가치, 가치 제공을 위한 역동적 모델

다시 한 번 비즈니스 모델을 어떻게 정의해야 할지 생각해보자.

'개방형 비즈니스 모델'을 주장했던 체스브로(Henry Chesbrough)에 따르면 비즈니스 모델이란 '아이디어나 기술을 경제적인 결과로 연결시키기 위한 틀'이며 '가치의 창출'(새로운 가치의 원천이 될 제품이나 서비스를 생산함)을 그 목적으로 한다. 그리고 비즈니스 모델은 다음 6가지 기능을 제공한다고 한다. ①가치제안의 명확화, ②시장 분류의 식별, ③가치연쇄의 정의, ④비용구조와 잠재적 이익의 평가, ⑤가치체계(생태계)의 기술(記述), ⑥경쟁전략의 명확화.

나중에 다시 언급할 비즈니스 모델 워크숍을 운영하는 오스터왈더(2004)는 비즈니스 모델을 다음과 같이 정의한다.

'비즈니스 모델이란 몇몇 요소와 그들의 관계성으로 이루어진 개념적 도구이며 기업에 수익을 가져다주는 논리를 말한다. 비즈니스 모델은 기업이 하나 또는 복수의 고객 집단에 제공하는 가치, 기업 구성방식, 파트너와의 네트워크를 기술한다. 비즈니스 모델이 가치와 관계적 자본을 창조하고 마케팅하며 고객에게 제공하는 과정에서 수익성 있는 지속적 수입의 흐름이 생성된다.'

비즈니스 모델은 디자인의 대상으로 더없이 적합하다. 또 비즈니스 모델은 고객 가치실현을 위한 과정 혹은 가치생산 시스템이어야 하고 역동적 진화의 여지가 있어야 한다. 비즈니스 모델은 단순한 틀이나 논리가 아닌 고객과 기업의 지속적인 상호작용 과정이므로 혁신이 일어날 여지를 항상 비워두어야 한다. 비즈니스 모델은 지속적인 고객 가치와 수익을 실현하기 위한 모든 자산의 역동적 관계성이다.

비즈니스 모델의 기점은 바로 고객 집단별 고객 가치 명제(Customer Value Proposition)다. 그것은 본질적인 이념인데 예를 들면 다음과 같다. 제조업의 경우 가전제품을 취급하는 VIZIO의 '가치 있는 상품을 저렴하게'(가격+품질+디자인), 자동차를 취급하는 BMW의 '최고의 드라이빙 머신(The Ultimate Driving Machine)'과 같이 상품에 관한 표현이 많다. 만약 서비스업이라면 은행의 고객 가치 명제는 '재무적 강력함' 등으로 표현될 것이다. 서커스 비즈니스 모델을 혁신한 태양의 서커스에서 고객 가치 명제는 CEO가 말한 것처럼 '고객이 꿈을 계속 꾸게 하는 것'이다.

비즈니스 모델 디자인에 관한 워크숍

앞에서 잠깐 언급했던 오스터왈더의 '비즈니스 모델 캔버스'는 고객과 고객 가치를 기점으로 비즈니스 모델을 디자인하는 데 큰 도움이 되는 워크숍이다. 아래 도표를 보면 비즈니스 모델을 생성하는 틀이 네 가지 영역과 9가지 요소로 표시되어 있다. 워크숍에서는 이를 기본 도구(비즈니스 모델 캔버스)로 활용하여 비즈니스 모델을 디자인한다. 이때 중요한 것은 고객 가치 명제, 고객 집단 분류, 조직 능력이다.

비즈니스 모델 디자인의 진화

비즈니스 모델 디자인은 탁상공론에 머물러서는 안 되며 비즈니스를 구

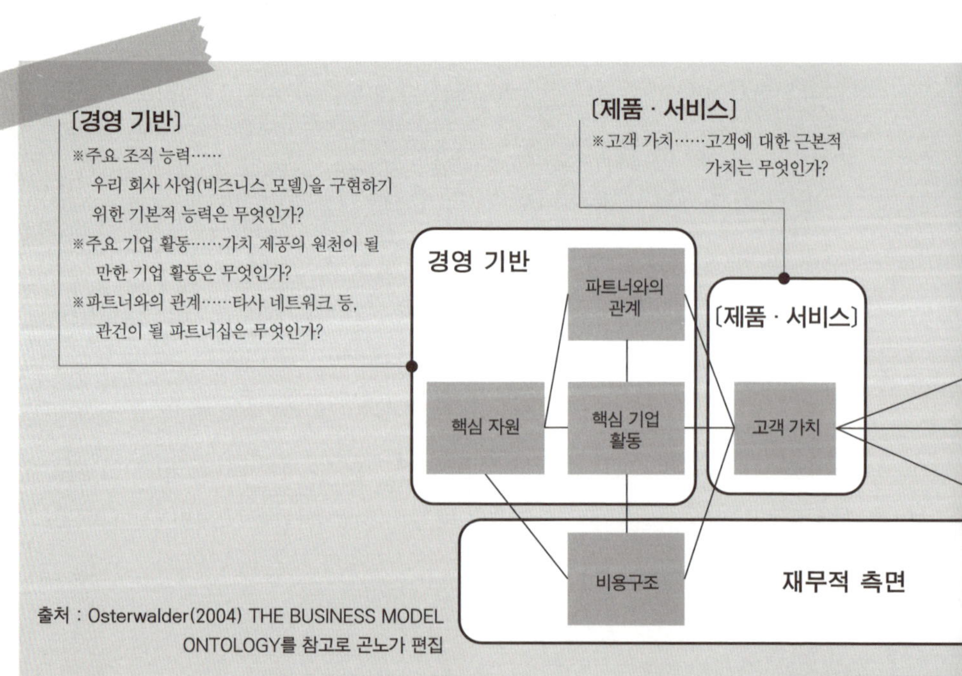

성하는 다양한 요소를 현장에서의 관찰과 대화에서 도출하는 방식을 택해야 한다. 다음에 이야기할 '경험 디자인' 접근방식은 그런 의미에서 더욱 중요하다.

'비즈니스 모델 캔버스'와 같이 비즈니스 모델의 전체 이미지를 디자인하는 틀은 매우 유용하다. 그러나 비즈니스 모델이 분석적 · 연역적으로 처음부터 정해져 있는 것이 아니라는 점에 유의하자. 실제 비즈니스 모델 디자인은 언제나 모든 상황에 대해 유연하고 기동적으로 진화해야 한다.

iPod의 경우에도 처음부터 '완벽한' 비즈니스 모델이 있었던 것은 아니다. 처음에는 iTunes라는 음악 재생 소프트웨어가 개발되어 애플 컴퓨터인 iMac에 표준장비로 설치되었다. 그러나 그 이상 확대되지는 못했다. 그다음에는

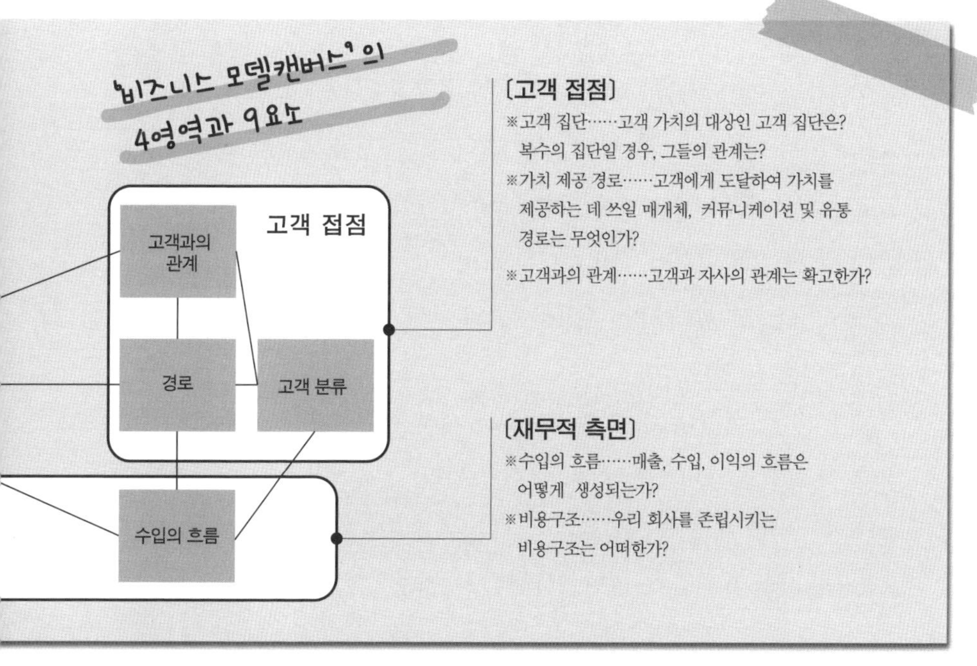

iTunes를 탑재한 음악 플레이어인 iPod이 도입되었다. 이때는 소니의 '워크맨'이 지배했던 시기였다. 그다음에는 워크맨이 접근하지 못했던 iTunes Music Store라는 서비스가 등장했다(소니는 음악 생산에 깊이 연루되어 있어서 CD 이외의 음악 콘텐츠 유통에 대해서는 주저했다). 이렇게 iTunes(소프트웨어), iPod(하드웨어), iTunes Music Store(서비스)가 삼위일체가 되어 큰 성공을 거두게 된 것이다.

JR동일본의 Suica에 대해서도 '우연히' Suica가 도입되면서 에키나카 비즈니스가 생겨났다는 평가가 많았다. 하지만 처음부터 비즈니스 모델을 멋지게 디자인하려고 생각해서는 안 된다. 사업 환경의 변화나 사업의 문맥에 따라 그 방향성이 끊임없이 달라지기 때문이다. 디자인은 언제나 지속적인 것으로 인식해야 한다.

많은 사람이 일본 기업의 문제점은 하드웨어, 비즈니스 모델, 경영이 통합되지 않는 것이며 이들을 일체화시켜야 한다고 주장한다. 그러나 현실은 그렇게 간단하지 않다. 처음부터 너무 많은 것을 하려다 보면 수많은 장애물을 만날 것이다. 다양한 시나리오를 갖고 상황에 맞추어 비즈니스 모델을 진화시켜야 한다.

비즈니스 모델은 본질적으로 고객과의 상호작용에 의해 진화한다. 그러나 대기업에서 흔히 그렇듯 어떤 사업부의 비즈니스 모델이 성공했다는 이유로 그것을 기반으로 삼아 사업 계획을 작성한다면 그 계획에 얽매여 운신의 여지가 없어질 수 있다.

이와 관련하여 인도의 휴대전화 충전 서비스에 얽힌 유명한 에피소드가 있다. 전기가 없는 마을에서 휴대전화가 팔리기 시작했고 사람들은 마을 광장의 한 구석에 새로 생긴 유료 충전 서비스 센터에 방문한다. 물론 이것만으로는 사용자를 확대할 수 없다. 그래서 사업자는 충전 서비스를 무료로 제공하기로 했다. 서비스 센터에 휴대전화 광고를 유치하면 전기료를 충당할 수 있고 사용자 확대도 꾀할 수 있기 때문이다. 여기서 끝이 아니다. 사용자들은 서비스 센터에 모여 무료 충전 서비스를 받았을 뿐만 아니라 무료 무선 인터넷을 통해 애플리케이션까지 구매하게 되었다.

'태양의 서커스'의 비즈니스 모델

'태양의 서커스'라는 뜻의 씨르크 뒤 솔레이유(Cirque du Soleil)는 캐나다를 거점으로 라스베이거스를 비롯한 전 세계에서 활동하는 캐나다 단체다. 그들의 비즈니스 모델을 다시 살펴보자. 태양의 서커스는 기존의 서커스를 '해체'하여 독자적 플랫폼을 구축한 사례다.

고객과 고객 가치 그들의 고객 가치 명제는 '청중이 꿈을 계속 꾸게 하는 것'이다. 그들에게 가장 중요한 것은 '사회적 예술'이라는 이념이다. CEO 기 라리베르테(Guy Laliberte)는 전 세계 사람들에게 즐거움을 주고 창조적으로 살아가자는 '꿈'을 품고 몇몇 젊은이들과 함께 1984년에 태양의 서커스를 설립했다. 그들은 길거리 공연을 통해 사회에 공헌하고 특히 길거리의 아이들을 구제하기 위해 조직된 젊은 예술가들의 단체다. 따라서 그들의 서커스는 고객에게 가치를 제공하는 경로로 존재한다.

그들의 주요 고객은 기존의 서커스 팬이 아니라 예술적인 쇼를 즐기는 오페라 팬과 연극 팬이다. 쇼는 인간이 주역이며 동물이나 위험을 볼거리로 삼는 공연은 하지 않는다. 길거리 공연 요소인 불 묘기, 곡예, 저글링, 서커스 요소인 공중그네, 줄타기, 익살, 거기에 오페라, 록까지 가미한 그들의 쇼는, 창조적이고 축제적이어서 많은 팬을 매료시킨다.

재무적 측면 대개의 서커스에서는 입장료 이외에 음식 판매가 큰 비중을 차지하지만 그들은 과자조차 판매하지 않는다. 그들의 주된 수입원은 입장료다. 기업으로서의 태양의 서커스는 쇼를 통한 수입, 미디어 수입 같은 다채로운 수입원과 기업 또는 단체에서의 기부를 수익 기반으로 한다. 그들은 NPO(Non-Profit Organization, 비영리단체)인 옥스펌(Oxfam) 인터내셔널과 제휴하는 등 비영리단체의 성격과 기업적 성격을 동시에 지니고 있다.

경영 기반 그들의 기본 능력은 예술이다. 그 능력을 세계 각국 도시에 즐길 거리로 제공하는 것이다. 그들은 도시지역의 문화적 재생 및 활성화에 적극적으로 협력하며 활동의 폭을 넓혀 왔다. 이 서커스 집단에서는 고전적인 서커스의 음울함은 찾아볼 수 없고, 공연자들에게는 예술가의 자부심이 넘친다. 그들의 정책은 문화적 환경에 대한 지원, 예술 커뮤니티의 통합, 예술 종사자 생활의 통합이다.

5.3. 비즈니스 모델을 구성하는 사회적 지식자산

지식자산과 자연자본

과거의 비즈니스 모델(제1세대)은 비즈니스의 성립에 필수적인 잠재적 자원과 능력을 중시하지 않았다. 그러나 21세기 이후, 지속성이 강조되는 지식사회에서는 비즈니스 모델 역시 이러한 요소를 고려하지 않을 수 없다.

자본에는 공업적 자본(물리자본), 금융자본, 인적자본, 자연자본, 그리고 지식자본(사회나 문화가 지닌 축적된 지식 및 능력, 사회적 시스템)이 있다. 이들은 생산적 이용 및 재투자 과정에 의해 성립된다. 그런데 기존의 시장주의인 자본주의는 오직 금융자본에만 집중되었기 때문에 진정한 의미의 '자본주의'라 보기 어렵다. 이상하게도 사실 자신의 경제활동이 어떻게 자연자본을 소비했는지

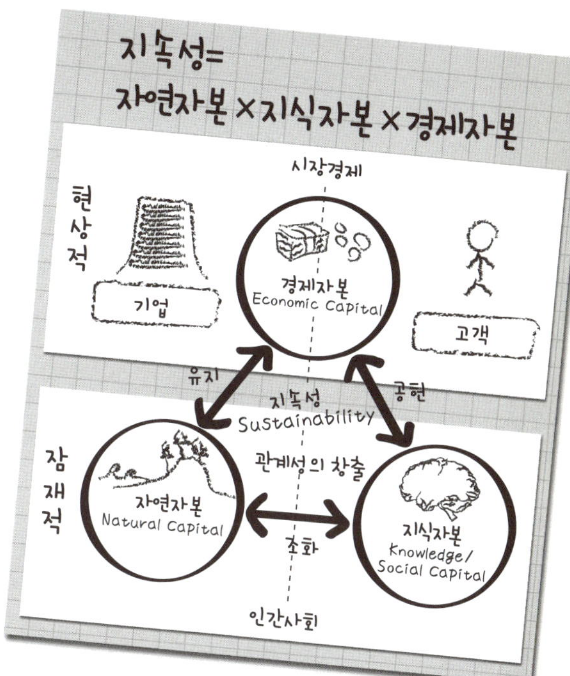

회계보고로 표현하는 기업은 거의 없다. 하지만 자연자본 만큼 중요한 것이 또 어디 있 겠는가. 자연자본 없이는 경 제활동도 생명도 존재할 수 없다. 그리고 재투자 없이 계속 소비된다면 자연자본 도 소멸되고 말 것이다. 그 런데도 현대 자본주의는 오로지 금융자본의 축적 에만 매진해 왔다.

특히 지속 가능한 비즈니스 모델 을 구상하려면 이러한 관점이 반드시 필요하다. 어떻게 자연자본과 지식자 본을 활용하여 지속 가능한 기업과 고객의 관계를 디자인할까? 제2세대 비 즈니스 모델은 인간과 사회의 관계가 더욱 심화할 것을 전제하고 있다.

경험 디자인의 관점

라스베이거스나 디즈니랜드에서는 무엇이 고객 가치를 창출할까? 그것은 사물이 아닌 '경험'이다. 지금은 기업의 고객과 사용자가 획득할 경험이나 행동, 인상과 같이 보이지 않는 사건을 디자인하는 일이 중요한 시대다.

스포츠 비즈니스 역시 대표적인 '사건'(문자 그대로 이벤트) 디자인 비즈니스 중 하나다. 스포츠 비즈니스는 올림픽, 월드컵, 유럽 축구 챔피언스리그, 미 국 풋볼, 야구, 농구와 같은 빅 이벤트를 동반하는 것이 특징이다. 이들은 입장료, 미디어, 스폰서, 머천다이징 등을 상호 연계하여 시장을 형성하며 시장 규모도 크고 성장률도 높아서 서비스 경제의 주요 산업 중 하나로 오랫동안 주목을 받아왔다. 그러나 지금까지 경영학의 대상으로는 별로 주목받지 못해서 과거와 똑같은 관리적 경영의 틀에 따라 경영되는 형편이었다.

일반적으로 그 수익에만 주목하기 쉽지만 스포츠 비즈니스의 본질은 '경험 산업'(Experience Industry)이다. 스포츠 비즈니스에서는 경험적 가치 연출을 중심으로 다양한 경로를 통해 가치를 실현한다. 스포츠 비즈니스의 가치는 고객 가치를 창출하는 이벤트 디자인과 그 가치를 이익으로 전환하는 다양한 자원 및 자산의 관계성 디자인에 의해 성립된다. 가령 축구 비즈니스에서는 지방 팬의 일상에 정착하여 팀의 승리라는 궁극적 목적을 이룰 뿐 아니라 특유의 스타일로 경기를 진행할 때 고객 가치가 창출된다. 따라서 팬과 클럽이 느끼는 가치를 핵심으로 하는 '스타일'의 디자인이 매우 중요하다. 팬과 클럽은 경기를 즐길 뿐 아니라 가족을 비롯하여 커뮤니티와의 커뮤니케이션, 그리고 공통감각의 양성까지 원한다는 점을 잊지 말아야 한다.

스포츠 비즈니스의 이노베이션 역시 그런 고객 가치를 기반으로 한다. 그 일례로 좋아하는 축구 클럽의 브랜드에 특화된 신용카드는 유럽을 중심으로 선풍적인 인기를 끌어 다른 지역까지 확대되는 중이다. 비슷한 사례로 중국 은련(銀聯, China Unionpay, 중국은행을 중심으로 한 은행 간 결제 네트워크-역주)과 중국건설은행은 2009년 이후 유럽 풋볼 클럽, 인텔 밀라노, AC 밀란, 바르셀로나, 레알 마드리드, 리버풀 등의 톱 10팀 중 7팀과의 제휴를 통해 챔피언 축구 카드를 개발했다. 카드 소지자는 좋아하는 클럽의 로고와 선수를 선택하여 카드 표면에 인쇄할 수 있다. 또 신용카드 이용자에게 주어지는 혜택은 축구 관전, 풋볼 클럽 견학, 선수의 사인이 들어간 기념품 증정, 기프트 포인트 교환

등이다. 이 서비스의 가입자 수는 2010년에 이미 42만 명을 돌파했고, 누계 소비액은 25억 위안(4,400억 원에 해당)을 넘는다고 한다.

지금까지 일본의 디자인은 물리적 사양이나 상품의 품질, 비용을 우선시 하는 상품 디자인에 치우쳐 있었다. 또한 가치를 높이려면 부가가치를 추가 하면 된다는 것이 기본적인 생각이었다. 그래서 휴대전화에도 각종 기능이 부가되었다. 부가가치 측면의 접근방식을 대표하는 사례가 바로 원세그(One seg, 휴대전화용 지상파TV 서비스-역주) TV가 들어간 휴대전화다.

그러나 여전히 전화를 거는 행위와 TV 시청, 인터넷은 각각 독립되어 있다. 서로 일관된 경험을 공유할 수 없었던 것이다. 그런데 iPhone과 같은 스마트폰에서는 애플리케이션이 웹의 인터페이스에 일체화되어 있다. 메일로 유튜브 주소를 공유하거나 유튜브에서 본 음악을 iPod에서 구매하는 등 서로 연계가 가능한 것이다. 다시 말해 경험이 일관적으로 디자인되어 있다. 스티브 잡스는 생전에 이런 말을 남겼다. '기존 휴대전화의 쓰기 힘든 작은 버튼, 너무 집약되어서 이해가 안 되는 기능, 단말기 사이즈를 축소하면서 능력이 소멸된 소프트웨어, 문자 기반의 볼품없는 GUI(Graphic User Interface) 등은 하나같이 사용자에게 불이익을 주었다'(사용자는 그것에 만족한 나머지 불이익을 당하고 있다는 것조차 알아채지 못했지만).

사실은 iPhone 이전에 iPad의 콘셉트가 있었다. 잡스는 한때 태블릿 컴퓨터의 GUI에 대한 철저한 연구를 지시했다. 그 결과 터치방식으로 조작할 수 있는 패널이 등장했다. 이 패널은 통화기능을 사용할 때는 버튼으로 유튜브 등 영상을 볼 때는 화면으로 기능 전환이 가능하다. 이것이 휴대전화(iPhone) 에 적용된 것이다.

경험 패키징

비즈니스 모델 디자인의 기점은 고객과 고객 가치이므로 비즈니스 모델을 디자인할 때는 추상적인 이미지를 추구하기보다 현장에서 고객이 어떤 경험을 하는가에 관심을 가져야 한다. 더 나아가 경험을 대상으로 하는 디자인을 경험 디자인(Experience Design®)이라 한다.

경험 디자인에도 많은 변형이 있는데, 여기서는 '경험 패키징'이라는 효과적인 디자인 발상을 소개하겠다(여행 패키지와는 전혀 무관함). 이때 중요한 것은 새로운 비즈니스 모델에 기존 비즈니스 모델이 갖지 못한 차별성을 부여할 고객 경험을 어떤 방식으로 제공하느냐 하는 점이다.

경험 패키징을 구성하는 요소는 다음과 같다.

① 시간과 과정

고객은 어느 정도의 기간에 그 경험을 할까? 미네랄워터라면 몇 분 안에 소비할지 모르지만 신개념 에너지 비즈니스라면 수십 년의 시간을 두고 생각할 필요가 있다. 그리고 그 기간에는 어떤 과정이 진행될까? '구매→사용→폐기' 등을 그 과정의 예로 들 수 있다. 미국 캘리포니아주 애너하임(Anaheim)의 디즈니랜드라면 2박 3일 안에 다양한 즐길 거리를 설정할 수 있을 것이다. 어느 정도의 기간이 걸려야 당신의 비즈니스가 그 가치를 현실화할 수 있을까?

② 장(場) · 핵이 될 사물

어떤 경험이든 사물, 상품과의 관련을 완전히 배제할 수는 없다. 그 핵심적인 사물은 무엇일까? 그것은 상징적인 건물일 수도 있고, 훌륭한 경험을 약속하는 황금 열쇠일 수도 있다.

③ 경험의 주요 부분

어떤 서비스라도, 그 가치를 상징하는 〈진실의 순간〉(스칸디나비아 항공(SAS) 전 사장인 얀 칼슨의 아이디어)[28]이 있다. 릿츠 칼튼의 영접 서비스? 아니면 노토(能登), 가가야(加賀屋), 도쿄, 다와라야(俵屋)의 영접? 아니면 디즈니랜드에서 미키마우스와 만나는 순간?

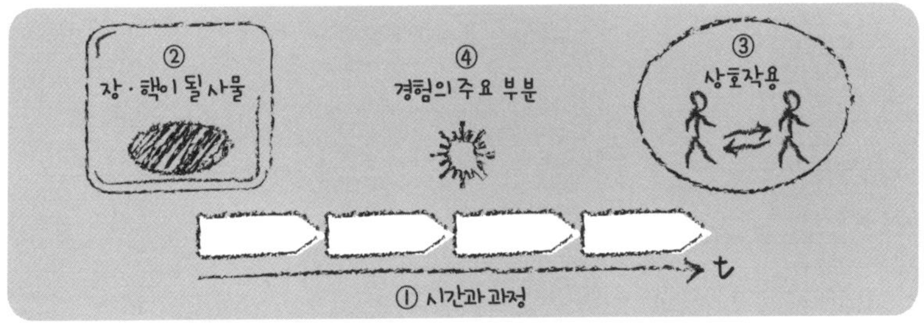

마지막으로, 당신의 기업이 제공한 경험은 어땠는지 고객에게 물어보자.

이러한 경험 디자인의 기반은 사회·문화적 지(知)와 '기억'이라는 요소다. 2004년 10월에 개관한 가네자와(金沢) 21세기 미술관은 과거의 지방 미술관과는 전혀 다른 '미술관 경험'을 제공하여 성공한 비즈니스 모델 중 하나다. 경험 부진에 빠지기 일쑤였던 지방 미술관에게 주어진 최후의 기회라는 말

28_쓰쓰미 유지(堤猶二) 역, 다이아몬드사, 1990년

까지 나왔다. 예전에는 이른바 '탁상' 행정이 많아서 하드웨어는 곧잘 만들어도 소프트웨어나 마케팅 측면이 약했다. 대부분 개관에 즈음하여 고가의 유명 작품을 구입한 덕에 개관 직후에는 관객 동원에 성공하지만 시간이 흐를수록 관람자가 줄어들었다. 그래서 예전의 미술관 경험은 '유명 작품을 보러 가는' 것에 불과했다.

가네자와 21세기 미술관은 이런 면을 반성하여 고가의 작품 구입을 피하고 일정 시기 이후에 나온 현대 아트를 집중적으로 구입하여 갖추었다. 그리고 지속적 기획전시를 할 수 있도록 하드웨어를 준비했다. 그들이 가장 고민했던 것은 어떻게 '가끔 관람하는' 시민들을 재방문하게 만들까 하는 점이었다.

가네자와 21세기 미술관이 경험 디자인을 하게 된 것은 미술관 애호가의 대부분이 어릴 적 미술관 경험, 즉 사회 · 문화적 '기억'을 지녔다는 점에 착안했기 때문이다. 그래서 이 미술관은 시내의 초등학생을 무료로 초대하고

가네자와 21세기 미술관의 아트 라이브러리.

‘재관람권’을 나눠주어 다음번에는 가족과 함께 다시 관람하게 하는 경험 패키징 및 마케팅 전략을 시행했다. 이 방법은 효과가 아주 좋았다.

또 제1회 전시는 소장품 전시였는데 무료로 입장할 수 있는 시민 갤러리에서도 명품 전시를 동시에 개최하여 많은 관객을 끌어 모았다. 그 결과 개관 후 1년 동안 지방 미술관으로서는 기록적인 157만 명이라는 관람객이 찾아왔고, 그 숫자는 2년 만에 250만 명으로 늘어났다.

Chapter 6

시나리오를 디자인하다
(시공간 디자인의 방법론)

The Long Now Foundation[29]
70년대의 전설적인 〈홀 어스 카탈로그(Whole Earth Catalog)〉[30]의 저자, 스튜어트 브랜드가 만든 '만년시계 프로토타입 1'. 요즘 기업들은 1만 년 앞까지 생각해야 한다.

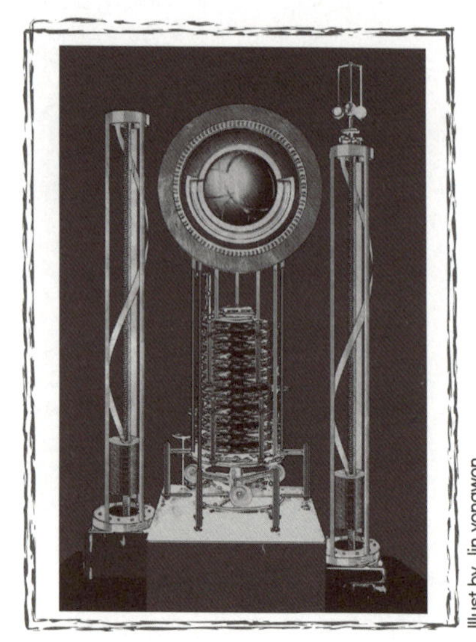

6.1. 기업 지속성의 조건

디자인의 시나리오 방식

경영에 관한 디자인 범위는 이노베이션 프로젝트의 제품 개발 또는 비즈니스 모델 디자인 같은 사업에 국한되지 않고 미래에 어떤 관점을 갖고 이노베이션을 전개해야 하는가 하는 비전 및 장기 구상까지 미친다. 특히 이 세 번째 디자인 방식은 경영전략뿐 아니라 사업전략 및 제품 개발의 기본적 지침과도 관련이 깊다.

이 책에서 마지막으로 다룰 시나리오 방식이란 시공간적 이노베이션 전개, 다시 말해 '가능한' 사건을 디자인하는 일을 가리킨다. 미래를 분석하여 예측하거나 '확실한' 요소를 집어내기보다 되도록 많은 가능성 혹은 불확실성에 초점을 맞춰 전략과 콘셉트를 심화함으로써 이노베이션의 영역과 사업 발전 가능성을 도출하는 것이 목적이다.

'시나리오'는 라틴어인 'scena'(무대, 장면)에서 파생된 말이다. 따라서 시나리오 디자인이란 시간 흐름에 따라 장면(공간)이 전개되는 줄거리(플롯)를 디자인하는 일을 말한다. 그리고 시나리오는 장면 전환, 의외의 의도치 않은 이야기, 놀라움을 선사하는 정경들로 이루어진다.

그것은 단순한 이야기가 아니라 상식을 타파하는 '세계 구상 능력/제작 능력'을 지닌 디자인이다. 참고로 지금 여기서 디자인을 논하면서 시나리오를 소개하는 것은 세계 디자인 교육계에서도 미래 시공간에 대한 디자인 능력을 중시하여 시나리오 방식을 많이 채택하고 있기 때문이다(헬싱키 예술 디자인 대학(UIAH), 밀라노 공대(Politecnico di Milano) 등). 과연 무엇을 디자인할지 문맥을 먼저 찾아낸 후 가능한 문제 해결과 가설을 구상한다는 점에서 시나리오와 디자인은 똑같다. 물론 시나리오에 관한 능력은 불확실한 환경을 극복하는 기업의 지속성과도 무관하지 않다.

29_롱 나우 재단. 1996년 설립된 개인단체. 현대의 빠른 시간 흐름에서 벗어나 긴 시간의 흐름 속에서 세상을 바라보는 시도의 일환으로 1년을 1초로 인식하는 만년시계를 만들고 있다. 이는 전 세계 1,000여 개의 언어를 디스크에 담아 1,000년 뒤 사라진 언어를 살아남은 언어와 비교해 이해할 수 있도록 하는 로제타 프로젝트와 함께 롱 나우 재단의 양대 사업으로 추진되고 있다.

30_스튜어트 브랜드(Stewart Brand)가 1968~1972년 사이에, 그리고 그 후 1998년까지 가끔 출간했던 미국 반문화 목록. 의류, 책, 연장, 기계, 씨앗 등 창조적이거나 자급자족 생활에 도움이 되는 다양한 상품을 등재했으나 직접 판매는 하지 않았다. 대신 판매자와 가격이 상품 옆에 표기되었다.

기업 지속성의 조건

1980~90년대에 번창했던 기업이 21세기가 되면서 쇠퇴한 사례가 적지 않다. 심지어 파산한 곳도 있다. 80~90년대와 21세기는 경제 환경이 전혀 다르다. 이처럼 시장과 세계의 경계가 소멸되고 생각지도 못했던 상대와의 경쟁이나 환경 변화에 휘말리게 되자 이노베이션과 자기 혁신은 기업의 필수 능력으로 떠올랐다.

기업의 지속성에 대해서는 대부분의 연구자와 실무자 사이에 공통된 견해가 존재하는 것 같다. 그 구체적인 예로 〈비저너리 컴퍼니2〉[31]의 저자 콜린스(James C. Collins)의 고찰을 들 수 있다. 콜린스는 과거 15년 동안 우수한 실적을 유지했던 질레트와 필립모리스 등 11개사를 '위대한 기업'으로 분류하면서 양호한 기업이 위대한 기업으로 변모하기 위해 필요한 조건을 밝혔다. 콜린스는 이들 지속적인 발전을 이룩한 기업과 경영자의 자질을 '고슴도치'에 비유했다.

'고슴도치'가 되라. '자신이 가장 좋아하고, 누구보다 잘하며, 이익으로 이어지는 일을 해야 한다. 그리고 그 한 곳에만 집중해야 한다.'

제임스 콜린스〈비저너리 컴퍼니2〉

그 후로도 이러한 관점에서 기업의 지속성에 관한 다양한 연구가 시행되었는데 '기본적 제공 가치와 고객을 명확히 정한 기업이 오래 지속된다.'라는 개념은 이미 하나의 상식으로 자리 잡았다고 할 수 있다. 그 대표적인 예는 도요타일 것이다.

31_『비저너리 컴퍼니2-비약의 법칙(ビジョナリー・カンパニー 2-飛躍の法則)』, 제임스 C. 콜린스, 야마오카 요이치(山岡洋一) 옮김, 닛케이(日経)BP사, 2001 / 원서 : Good to Great, James C. Collins, HarperBusiness, 2001

한편, 콜린스는 기업 쇠퇴의 조건(5단계)도 들고 있다.

1단계　성공 체험으로 인한 위기감 상실

2단계　규율 없는 규모의 추구

3단계　위험과 위태의 부정

4단계　구세주에 매달리기

5단계　기업의 존재 가치 소멸

미국 리콜 문제를 비롯한 일련의 사건이 터지기 직전인 2009년 가을, 도요타 자동차의 도요타 아키오(豊田章男) 사장은 일본 기자 클럽의 강연에서 '도요타는 현재 이 5단계 중 4단계에 있다.'라고 말했다. 그는 과거의 도요타의 자세를 골프의 핸디캡에 비유하여 "실력은 13~14인데도 주위의 도움으로 자신이 싱글 핸디캡이라고 착각했다.", "도요타는 고객으로부터 멀어져 버렸다.", "자동차에게서 멀어진 것은 젊은이가 아니라 우리 회사다."라고 지적했다. 그리고 구세주는 자신이 아닌 사원이라는 말도 덧붙였다.

설사 기본적인 시장과 제공 가치를 과거에 확립했다고 해도 시간의 흐름이나 환경 변화 속에서 기업의 지속성은 난관에 부딪히게 마련이다. 지속을 위해서는, 과거의 경험이나 가치관(필요조건)뿐 아니라 미래 지식을 창조하는 능력과 실천력(충분조건)이 필요하다. 그리고 배후의 리더나 조직의 내적 모델에 따라 기업이 격심한 환경 변화를 극복하고 지속적 성장을 실현하는 데 꼭 필요한 미래 능력이 달라질 것이다.

변곡점에서의 디자인력

사실 기업의 지속적 성장을 실감하기는 어렵지 않다. 우리의 일상은 대부분 어제와 같은 오늘, 오늘과 같은 내일로 이루어지기 때문이다. 미래 예측 비즈니스가 반드시 필요한 것도 그런 이유에서다. 예측이란 있어서는 안 될 사태를 예언하는 경고가 아니라 전문가나 관계자의 의견을 모아 '오늘과 똑같은 내일이 온다면 이 정도일 것이다.'라고 지적하는 역할을 한다. 80~90년대의 경제안정기에는 대부분의 기업이 지속적인 성장을 경험했다. 그러나 2001년 이후 모두 갑작스레 변화에 쫓기게 되었다. 안정성장 시대에는 그 성장이 지도자의 역량 덕인지 외적 변화로 인한 것이었는지도 몰랐다. 그런데 그 성장이 성공 체험이 되어 고정관념으로 굳어진 것은 아닌지 염려스럽다.

우리의 일상을 지속시키는 최대의 힘은 물리학 법칙에서 말하는 '관성의 법칙'이다. 지구의 공전과 자전은 자발적 의지가 아닌 모멘트(물리학에서 회전 능력의 크기를 나타내는 양, 능률-역자)에 의한 것이다. 경영에도 이 법칙이 충분히 적용되고 있는 것 같다. 그러나 문제가 되는 것은 극히 일시적으로 생겨나는 특이점, 혹은 변곡점이다(201쪽 도표의 a, b, c 등). 질적 변화가 일어나는 변곡점을 뛰어넘어 지식창조와 자기 혁신(내적 모델 또는 마인드셋 혁신)을 이뤄내는 능력이야말로 진정한 지속성의 조건이다. 그리고 지도자의 능력은 이 변곡점을 어떻게 뛰어넘느냐에 달렸다고 할 수 있다.

기술의 변화에 따라 스스로 변화하는 디자인이 있다면 어떨까? 이것은 드문 예인지도 모른다. 그러나 애플을 보면 그들은 이미 예전의 컴퓨터 기업이 아니다. 애플은 사업을 확장하면서도 애플의 '사과'로서의 정체성을 항상 유지해왔다. 그런데 애플의 본업은 무엇일까? 본업을 사업으로 생각하면 변화의 물결에 뒤처지고 만다. 일본 기업에는 사업부 제도가 많은데 각 사업부가

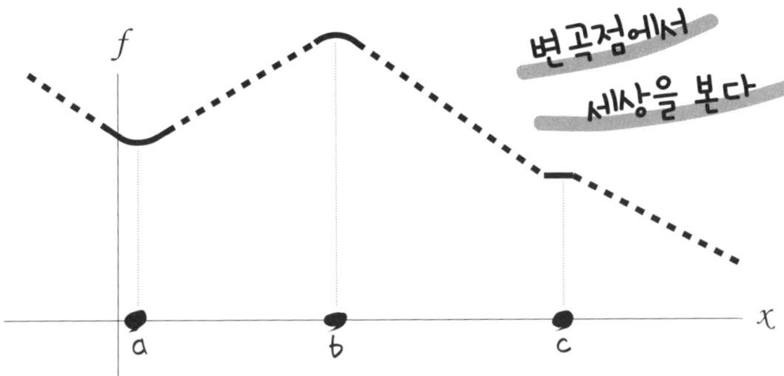

출처 : 2006년 11월 'MAKING SENSE OF THE FUTURE'라는 강연에 쓰인 카스티(J. Casti)의 자료에 근거

자신의 사업을 '본업'으로 생각하여 서로 시장의 변곡점을 공유하지 않으면 어떻게 되겠는가?

노키아는 예전에 장화, 제지, 통신 케이블을 취급하는 회사였다. 핀란드라는 가혹한 자연조건 속에서 통신 케이블을 취급한 것이다. 그러나 본업을 케이블 사업이라고 생각했다면 휴대전화 기술로의 전환은 일어나지 않았을 것이다. 그렇다면 노키아는 휴대전화 회사일까? 답은 '아니다'이다. 그들은 지금 인터넷 회사로 변모하고 있다. 지속성의 원천은 변곡점에 대한 대응력이다. 기존 업계의 기존 제품에서 나오는 전략 또는 기존 실적에 기초한 핵심 경쟁력만으로는 지속성을 유지할 수 없다.

변곡점을 넘어서는 능력은 기술의 '핵심'을 읽어내는 데 반드시 필요하다. 기술에는 '봉우리'와 '골짜기'가 있다. 봉우리에 오르는 과정에서는 아직 시장이 생성되지 않아 시간과 비용이 소요된다. 그러나 그 도중에 앞으로 확대될 가능성이 있는 기술을 간파한다면 그 기술이 발전했을 때 비용을 별로 들이지 않고 활용할 수 있다. 반대로 이미 '골짜기'로 진입한 기술에 관해서는 독창적인 즐길 거리를 부여할 필요가 있다.

운명을 디자인한다

변곡점을 넘어서려면 미래의 사건에 대비 또는 준비하기보다는 기동적이고 유연하게 마인드셋(mindset)을 바꿀 수 있는 자각적 변화 능력을 조직 능력과 리더십 능력으로서 미리 함양해 둘 필요가 있다.

그러나 거기에는 운명의 여신이 숨어 있다. 독일의 르네상스 화가 뒤러(Albrecht Durer)는 운명의 여신 '포르투나'의 불안정함과 제멋대로인 특징을 수레바퀴가 아닌 구체(球體)에 탄 모습으로 표현했다. 이 구체는 변곡점을 비유한 것으로 볼 수 있다. 이런 운명의 문제를 경영과 정치철학에 도입한 사람은 이탈리아 르네상스의 격동기를 살았던 사상가 마키아벨리(Niccolo B. Machiavelli)다.

마키아벨리는 흔히 생각하듯 마키아벨리스트(목적을 위해 수단을 가리지 않는 사람-역주)가 아니라 외교 및 군사의 실무적 전문가였다. 마키아벨리는 운명이 절반, 역량이 절반이라고 말한다. 강한 능력으로 운명을 제어해야 한다. 의지가 없으면 운명에 떠내려간다. 결정론적 자세를 취하면 환경 변화를 이기지 못하여 패배한다. 그러므로 비결정론적 자세를 취해야 한다. 다시 말해 운명을 극복할 의지와 힘을 비축하면서 운명의 가능성에 대해 유연하게 살아야 한다는 말이다. 그는 또한 젊은이의 무모함을 이야기하면서 포르투나(로마 신화에 나오는 행운의 여신)와 어떤 관계를 유지해야 할지 가르치고 있다.

운명의 여신 포르투나 Fortuna, Albrecht Durer(1502)

> 만약 운명이 인간 활동의 절반을 마음대로 결정한다 해도, 여전히 절반은 우리의 자유 의지에 맡겨져 있다.
> 특히 현대에는 인간의 생각과는 전혀 다른 세상의 격변을 주야로 볼 수 있으므로 (숙명에 몸을 맡긴다는) 이 견해를 받아들이기가 한층 쉽다.……그럼에도 우리 인간의 자유의지를 빼앗겨서는 안 된다.……운명은 변한다. 자기 나름대로 애를 쓴다 해도 운명과 인간의 길이 결합하는 경우는 성공하지만 그렇지 않을 경우는 불행해진다.……사람은 신중하기보다 오히려 과감하게 밀고 나가는 편이 좋다. 왜냐하면 운명은 여신이므로 그녀를 정복하려면 때려눕히고 들이받을 필요가 있다. 운명은 냉정한 방식을 취하는 사람보다 이런 사람이 예견한 대로 움직인다.
>
> 마키아벨리(1469~1527) 〈군주론〉 제25장

지속성은 대부분 과거의 현상이나 가치관에 의해 결정된다. 그러나 현실적으로 지속성을 유지하려면 지식창조 및 자기 혁신(내적 모델 및 사고 혁신)을 이뤄낼 수 있는 능력을 갖추어야 한다. 그래야만 미래에 기업의 지식창조력이나 실천, 변화 자체에 질적 변화가 닥쳤을 때 그것을 극복할 수 있다.

운명을 극복하는 힘을 보여준 경영자로 잡스만한 사람도 없을 것이다. 그의 내적 모델은 20세기 독일 철학자인 하이데거(Martin Heidegger)의 철학과 거의 유사하다. 하이데거는 〈존재와 시간(存在と時間)[32]〉에서 이런 말을 했다. 우리는 '기술적, 도구적인 환경 속에서 자신을 잃고 단순한 '인간'(Das Man)으로 살아가는 비본래적 실존인 인간 : 과거를 망각하고 미래를 예견하면서 분산

32_호소야 사다오(細谷貞雄) 옮김, 지쿠마문고, 1927

> 내가 곧 죽을 수도 있다는 사실을 잊지 말아야 한다. 이는 내가 지금까지 인생을 좌우하는 중대한 선택을 할 때마다 결단을 내리는 데 가장 큰 실마리가 되어주었다. 왜냐하면 모든 평범한 일들은(외부의 기대, 내 모든 자만심, 굴욕과 좌절에 대한 공포 등) 우리가 죽는 순간에 전부 깨끗이 지워질 것임에 틀림없기 때문이다. 그다음에 남겨지는 것들이 진정 중요하다. 나도 언젠가는 죽는다. 그 때를 생각하면 무언가 잃어버릴까 두려워하는 마음을 떨칠 수 있는데 이는 내가 아는 한 최선의 방어책이다. 자네들은 맨몸뚱이다. 마음이 이끄는 대로 살면 안 될 이유 따위는 하나도 없다.
>
> 스티브 잡스의 스탠퍼드대학 졸업 축하 연설

적으로 현재를 살아가는 인간'이다. 이때 본래적 실존이란 불안과 죽음을 자각함으로써 과거로부터의 자기를 되찾고 미래를 향해 내달으며 순간인 현재를 치열하게 살아가는 실존으로서의 '인간'이다.

그러므로 지속 가능한 기업 및 경영자의 내적 모델은 과거의 유산에 머무르지 않고 '언제 죽어도 이상하지 않다'는 사실을 자각하여 과거의 자신과 미래를 향한 비전을 품고 결의를 다져 살아가는 인생이어야 한다.

시나리오 사고의 철학

시나리오 사고의 기본적인 철학으로는 다음 세 가지를 들 수 있다.

(1) 예측은 들어맞지 않는다. 따라서 예측하기보다 되도록 다른 세계를 그려내고, 그것을 바탕으로 사고해야 한다. 그것은 백캐스팅(Backcasting, 재구성, 미래에서 유추함) 혹은 레트로스펙티브(Retrospective, 회고, 역방향) 사고다. 이들 사고방식에 반대되는 것이 미래를 예측하는 방법으로 잘 알려

진 델파이법이다. 델파이법은 전문가와 경험자의 식견을 집약하여 종합하는 기법인데 전문가의 식견을 압축하면 궁극적 답을 예측할 수 있다고 생각하는 일원적인 방법론이기도 하다. 그러나 현실은 다원적인 불확실성이 지배하고 있다.

(2) '만약……라면?(What-If)'은 시나리오 사고의 '만트라'(고대 인도에서 유래한 주문)다. 만약 어떤 사용자가 어떤 상품을 전혀 다른 용도로 쓰기 시작한다면? 만약 세금제도가 바뀐다면? 만약 다른 업종의 기업이 시장에 진입한다면? 이런 질문을 항상 던져야 한다.

(3) 세계 제작. 미래는 종종 '의외(Surprise)'의 모습으로 등장한다. 역사가 말해 주듯 세계는 종종 의도와 상관없이 전개된다. 이는 마치 연극, 영화와도 같다(그래서 시나리오인 것이다). 그러나 이런 의외성은 무작위로 일어나는 것이 아니라 배후의 심층 요인(Deep Cause)이 다양하게 축적되어 일어난다. 그러므로 그 요인들에 대한 통찰이 중요하다. 그래서 우리의 향후 목표는 '마인드셋 혁신'이다. 이를 위해서는 역사적 관점도 필수적이다.

스토라 엔소의 새로운 마인드셋

헬싱키에 본사를 둔 세계에서 가장 오래된 주식회사, 스토라 엔소(Stora Enso)의 주요 사업은 제지업과 목재 판매업이다(2008년 매출은 약 135억 달러로 유럽 1위, 세계 3위). 스토라 엔소는 13세기 말에 설립된 스토라 구리광산 회사와 펄프를 취급하던 엔소가 20세기 말에 합병하여 생긴 회사다. 17~18세기에는 제지업이 정점에 달했기에 3세기에 걸친 구리 광산은 주요 사업의 자리를 내주게 되었다. 또한 20세기 내내 삼림산업과 제지산업은 기나긴 쇠퇴의 길을 걸어왔다.

그러나 그들은 21세기 이후 마인드셋을 쇄신하면서 풍부한 자연자본에 다시금 눈을 떴다. 지(知)의 전승과 혁신이 이 기업의 미래를 재창조한 것이다. 그들은 전혀 달라진 새로운 세계를 직접 구상했다. 아래는 CEO인 달백(Claes Dahlback)이 주주들에게 했던 인사말이다.

> 친애하는 주주와 이 자리에 참석해주신 여러분!
>
> 스토라 엔소의 2010년도 연차총회에 여러분을 모시게 되어 큰 명예이며 기쁨입니다.
>
> 기존 지식은 이렇게 말해 왔습니다. 예전의 삼림산업은 이제 과거의 유물이다. 삼림산업은 부가가치가 낮고 석유산업과 정보기술, 서류 없는 사무실 때문에 죽어가고 있다고 말입니다.
>
> 얼마 전까지도 그랬습니다.
>
> 그러나 오늘날 우리는 더욱 잘 알고 있습니다. 삼림은 이산화탄소를 흡수합니다. 나무로 만들어진 제품은 이산화탄소를 축적하며 재활용이 가능합니다. 섬유제품과 그것들을 생산하는 산업은 기후변동 위기 시대에 지구의 생존을 돕고 있습니다.
>
> 예전에 삼림산업이었고 지금은 종이 및 패키지 산업이 된 우리의 사업은, 미래산업입니다.
>
> 우리는 석유제품에서 배출되는 이산화탄소를 대체할, 혁신적 섬유제품의 기본적 수요에 대해 시작 단계에 와있을 뿐입니다.
>
> 스토라 엔소는 이렇게 확고하고 장기적인 기반을 지닌 기업입니다.

6.2. '일원적'세계관의 함정

마인드셋의 위험성

기업이든 개인이든 마인드셋(사고방식)이 있게 마련이다. 그것은 기업의 비전, 경영 스타일, 역사, 전략, 조직적 경험, 제품 또는 서비스, 시장 특성 등에 의해 형성되고 체득된다. 마인드셋은 프랑스의 사회학자 브루디외(Pierre Bourdieu)가 말했던 아비토우스(Habitus, 신체적으로 획득된 사고, 행동 패턴, 습관, 기호-역자)와 비슷한 개념으로도 생각할 수 있다.

마인드셋은 조직문화나 정체성의 형태로 공유되므로 조직의 활동에 꼭 필요하다. 마인드셋은 다양한 전제나 방법의 집합이기 때문에 그에 따라 행동해야 성과도 올리고 인정도 받을 수 있다. 그러나 이는 편견이기도 하다. 복잡하고 불확실한 환경에서는 마인드셋의 속박이 의외의 사태를 기업에 초래하기도 한다. 하룻밤에 거대기업이 파산하고 안정적으로 성장하던 기업이 갑자기 위기에 빠진다. 모처럼 우월한 성장 모델을 보여주었던 우량기업이 갑자기 좌초한다. 이들의 공통점은 단일한 세계관(싱글 마인드셋, 단편적 사고)에 기초하여 행동했다는 점이다.

마인드셋의 혁신은 얼마나 중요할까? 안타깝게도 과거의 마인드셋에 사로잡혀 이노베이션 기회를 놓치는 기업과 개인이 수두룩하다.

성공한 1세의 후손 중 하나이자 본인 역시 유능한 경영자였던 헨리 포드 2세는 오일쇼크가 있던 1970년대에 미국 시장 내 자동차의 경제적 소형화(일본차, 독일차)에 대한 시나리오를 듣고 다음과 같이 단언했다.

"아랍 녀석들이 망할 일 있어? 게다가 미국인이 일본차 따위를 살 리가 있나! 미국인들이 사고 싶어한다면 우리가 만들었겠지. 헌데 미국인들은 그런

걸 원하지 않아!"(SRI사 자료 'A Heritage of Innovation'). 헨리 포드 2세는 석유 가격이 크게 오르지 않을 것이고 일본차는 인기를 끌지 못할 것이라 믿었던 것이다.

나중에 포드는 소형차를 준비하지 않은 탓에 치명적 손실을 입었고 일본 기업은 실질적인 미국 시장 진출을 이루어 냈다. 그야말로 편견의 함정에 빠졌던 것이다.

고정적인 마인드셋에서는 새로운 가치가 나올 수 없다. 항상 상식을 의심하자.

● 사업 계획을 세울 때 제3자인 조사 기관이 공표한 시장예측을 그대로 받아들이지 않는가? 아니면 자신의 눈으로 변화를 관찰하는가?

● 이노베이션을 외치는 목소리가 거세다 – 일본에서는 온 나라가 모노즈쿠리와 이노베이션을 외치지만 이노베이션은 고객과 사회를 위한 것이지 국가와 기업의 이익을 위한 것이 아니다. 왠지 일방적 생산을 지속할 때처럼 시대착오적이지 않은가?

● 일본 기업은 고부가가치(프리미엄) 제품을 만들고 뛰어난 기술이나 품질을 바탕으로 일용품화를 진행시켜 신흥지역의 양적 시장을 공략하려 하지만 이(위로부터의) 논리가 과연 타당할까?

● 산업사회를 구축했던 디트로이트의 거대 제조업이 그 자리를 내주려는 참이다(그들이야말로 20세기 대공황 때 새로운 마인드셋을 세상에 내놓았다). 공룡 멸망 후에 포유류가 등장했던 것을 연상시키지 않는가? 일본 기업은 그 운명을 피해갈 수 있을까? 등등.

또 조직에는 이의가 없는 공식 견해가 다수 존재한다. 예를 들자면 '우리는 원래 ○○○한 회사다.' '우리는 그 시장에 참여하지 않는다.' 같은 것들인데 이들이 생각의 올가미가 될 때가 있다. 애플은 오래전부터 컴퓨터가 수익의 주축이 아니라는 것을 깨닫고 회사명에서 '컴퓨터'를 지웠다. iMac 시대의 애플의 경쟁 상대는 IBM 또는 윈텔(Wintel, 윈도우와 인텔을 합한 말-역주)이었고 iPod 시대에는 '워크맨', iPhone 시대에는 휴대전화였다. 그러나 애플은 언제나 스스로 재빨리 모습을 바꾸어가며 새로운 시장을 개척해 왔다. 파나소닉 역시 다양한 분야에 걸쳐 나카무라 구니오(中村邦夫) 회장(당시 사장)이 이끄는 '나카무라 개혁'을 시행하면서 '창업자(마쓰시타 고노스케)의 경영이념 말고는 전부 파괴해도 좋다.'는 표어를 내걸었다.

로열 더치 쉘(Royal Dutch Shell)이 예전에 시나리오 플래닝으로 대성공을 거둔 것은 제1차 오일쇼크 후에 석유 가격이 급등하여 업계 전체가 '석유 가격이 얼마나 상승하느냐'에만 관심을 가졌을 때 남과 다른 시나리오(냉전 종결과 석유 가격 하락)를 갖고 활동했기 때문이다. 세계는 의외로 다양한 마인드셋에 속박당해 왔던 것이다.

시나리오에서는 무언가 예측하기보다 어떻게 새로운 관점을 얻느냐가 중요하다. 즉 미래에 대한 대비(정교하고 치밀한 시나리오 작성)가 아니라 마인드셋의 혁신이 중요하다.

명심하라. 세상이 믿어 의심치 않는 상식을 타파하여 미래를 창조해야 한다. 이는 곧 세계를 제작한다는 신념에 기초한 가능주의(Possibilism)다. 라디오에 부적합하다고 단정되었던 트랜지스터를 라디오와 TV에 활용했던 이부카 마사루(井深大)와 소니가 그 좋은 예다. 일본 기업에는 그런 가능주의가 풍부했다. '90%가 찬성하면 신사업이나 신상품은 실패한다.'라는 것이 과거 기업인들의 지혜였지만, 최근 '무엇이든 이론적으로 보여주고 전달하자'라는 효율주의와 '평이성 선호현상' 탓에 대부분이 사라져 버렸다.

일본 기업이 과연 불확실성을 허용할까?

한편 변혁기에는 많은 가능성이 분출된다. 기존 시장이나 업계의 벽을 초월하는 이노베이션, 그리고 기업 간 제휴에 의한 비즈니스 모델이 생겨나는 것이다. 미래는 예측할 수 없다. 세계가 다양하게 전개될 것이라고 생각하는 '가능주의적 마인드셋'이 예전의 분석적, 결정론적 경영을 대체할 시대가 다가왔다.

이는 해도(海圖)를 바꾸는 것과 같다. 시나리오 방식은 지금까지 '없던 것'을 발견하는 과정도, 단지 보지 못했던 것을 시각화하는 '가시화'도 아니다. 이는 상식에 대한 의심이자 창조적인 발견이며 지금까지 존재하지 않았던 무언가를 끄집어내는 과정이라 할 수 있다.

아래 내용에는 이견이 있을지도 모르겠다. 문화적 다양성을 연구했던 네덜란드의 학자 호프스테드(Geert Hofstede)의 〈다문화 세계(多文化世界)[33]〉에 의하면 일본은 세계에서 가장 '불확실성 회피' 문화가 강한 나라라고 한다. 그런 특성을 증명하는 지표로는 수많은 법과 규제, 규칙을 지키지 못하는 것이 자기 탓이라고 생각하는 성향, 시민의 정치에 대한 무력성, 보수주의, 민족주의, 전문가에 대한 높은 신뢰도, 관용적이지 않은 가치관 등이 있다. 이에 반대되는 것은 '불확실성 허용' 문화인데 화교국인 싱가폴이나 북유럽 제국이

33_〈다문화 세계- 차이를 배워 공존의 길을 찾는다(多文化世界―違いを学び共存への道を探る)〉, 헤르트 호프스테드 지음, 이와이 노리코(岩井紀子) & 이와이 하치로(岩井八郎) 옮김, 유히카쿠(有斐閣), 1995 / 원서 : Cultures and Organizations, Software of the Mind: Intercultural Cooperation and its Importance for Survival, Geert Hofstede, McGraw-Hill, 1996 / 한국판 : 〈세계의 문화와 조직〉, 차재호 옮김, 학지사, 1995

이에 해당한다. 최근에 시행된 페퍼다인(Pepperdine)대학의 조사(Graziadio Business Report, vol. 10. 3. 2007)에서도 일본의 '불확실성을 회피하려는 경향'이 러시아 다음으로 높은 것으로 나타났다. '준비 또 준비'하는 문화라고 해도 좋을 것이다. 이는 일본의 다양성 결여와 깊은 관련이 있다. 사실 호프스테드의 연구에 따르면 일본은 세계에서 가장 '남성적'인 문화를 지닌 나라이기도 하다. 그런 일본이 갑자기 변화를 좋아하는 나라가 되리라고 생각하기는 어렵다. 그러나 그런 경향이 있다는 사실만은 자각해야 할 것이다.

마인드셋을 구상하기 위한 시나리오 디자인

대전환기에는 어제까지 당연하게 생각했던 상식이 180도 바뀐다. 이미 말했다시피 오목렌즈가 볼록렌즈로 갑자기 바뀌듯 조류가 달라지는 이런 지점을 수학에서는 변곡점(Inflection Point)라 부른다. 세계와 시대 변화는 연속적이지만 변곡점은 비연속적 연속이다. 변곡점에 이르면 새로운 창조와 혁신이 성난 파도와 같이 일어난다. 이러한 시대에는 우리 자신의 마인드셋의 본질에 집중해야 한다.

디자인 씽킹을 실천할 때 직면한 문제에 정면으로 도전하기 전에 먼저 해야 할 중요한 일이 있다. 그것은 디자인 과정 초기에 문제를 직관적, 다면적으로 이해하고 고객과 사회 구성원들이 실제로 제품, 서비스, 비즈니스와 어떻게 접촉할지 다양한 가능성을 열어두고 생각하는 일이다.

이는 진정한 시나리오 사고다. 시나리오는 하나의 이야기(Story)가 아닌 이야기들(Stories)이다. 과거의 성장담이나 미담 같은 한 가지 이야기에 고정되는 것이 가장 위험하다. 중요한 점은 이야기에 말려들지 않고 가능한 다양한 세계를 그려내어 그 대담한 가설들을 종합해서 문제를 해결하고 질문에 답하는 것이다.

마인드셋 혁신을 위한 시나리오 방식은 이노베이션의 출발점이 될 것이다. 시나리오 방식은 과거와 다른 시각으로 문제를 이해하는 방식이다. 다시 말해 가능한 세계를 대담하게 그려내는 일, 새로운 가설을 수립하는 일, 새로운 세계를 이야기하는 일이며, 디자인 씽킹의 첫걸음이기도 하다. 그러려면 다음에 소개할 스캐닝법 등의 시나리오 구축 기법이 필요할 것이다.

6.3. 시나리오 기반 디자인

과거에도 시나리오 플래닝 기법은 존재했지만 여기서는 장래의 변화 요인을 바탕으로 복수의 다른 세계를 상상함으로써 눈앞의 문제를 고찰하고 해결(혹은 혁신)의 가능성을 생각하는, 지(知)의 방법론으로서의 시나리오 플래닝을 살펴보려 한다. 시나리오에서는 무언가 예측하기보다 어떻게 새로운 관점을 얻느냐가 중요하다. 즉 미래에 대한 대비(정교하고 치밀한 시나리오 작성)가 아니라 마인드셋의 혁신이 중요하다.

유감스럽게도 미래를 예측하는 일은 불가능에 가깝다. 그러므로 장래의 경과를 대담하게 가설로 그려내고 상식에 얽매이지 않는 '이야기'와 에피소드를 상상하면서 새로운 마인드셋을 적용한 전략 및 사업을 구상해야 한다. 그 기본이 되는 것이 시나리오 방식 혹은 시공간적 세계 제작 등의 디자인 씽킹이다. 이는 또한 우리의 문제를 더 큰 시간과 공간 속에서 인식하는 일이기도 하다.

디자인 씽킹으로서의 시나리오 기반 디자인

① 시나리오 플래닝

시나리오 플래닝 방식은 특히 21세기 이후에 경영 도구로 활발하게 채택되기 시작했다(하버드 비즈니스 리뷰). 시나리오 플래닝 기법이란 시나리오 방식을 전략 입안의 가교로 활용하기 위해 도구로 패키지화한 것을 말한다. 시나리오 플래닝은 주로 로열 더치 쉘 등 미국·유럽의 일부 기업이 1970년대부터 활용해왔지만, 사실 2001년 이후에 더 많은 주목을 받았다. 그 배경에는 닷컴 거품 붕괴, 테러리즘의 성행, 카트리나 피해(기후 변동, 지구 온난화), 신흥시장의 대두 등 세계적으로 불안했던 상황이 있었다.

시나리오 방식에도 많은 변형이 있었지만 그 원형은 SRI(Stanford Research Institute, 세계 최대의 비영리 독립연구기관인 미국 3대 싱크탱크 중 하나) 또는 로열 더치 쉘과 같은 기업 경영계획 부문에서 나왔다. 시나리오 플래닝 기법은 기존에 이들 기관 및 조직의 '기밀'이었던 것을 형식지(知)로 변환한 것으로서 처음에는 특정 '천재'나 '장인'에만 국한된 기술이었다. 이처럼 극히 속인(屬人)적인 '암묵지'를 '리버스 엔지니어링'(Reverse Engineering, 완성된 제품을 분석하여 제품의 기본적인 설계 개념과 적용 기술을 파악하고 재현하는 것-역주)에 활용하기 시작한 것이 SRI와 쉘 출신인 피터 슈워츠(Peter Schwartaz)와 제이 오길비(Jay Ogilvy)가 창설한 GBN(Global Business Network)이라는 컨설팅 회사였다.

구체적으로 말하자면 시나리오 플래닝은 장래에 비즈니스를 좌우할 불확실한 요인이나 능력을 규명하고 사업 환경의 미래를 복수의 시나리오로 표현함으로써 기업행동을 사전에 상정하는 기법이다. 예를 들어 214~215쪽 도표와 같이 기업에게 가장 중요하면서 불확실성이 높은 대표적인 요인을 축(장래 에너지 시장의 석유 가격 변동 여부, 기후 변동에 따른 기업의 사회적 비용 변동 여부)으로 삼아 각각의 다른 세계를 그려내고 그 틀에 따라 대응전략을 시뮬레이션 하거나 변화의 방향성을 고찰, 판단하는 방식이다.

원래 로열 더치 쉘은 도표와 같은 십자 축을 쓰지 않았으므로 분석 작업에 많은 시간이 소요되었다. 그래서 GBN사가 이를 간편한 2×2의 매트릭스로 만들어 대중화시켰다.

이 전력회사의 예(아래 도표 참고)를 살펴보면 가로축이 재래 에너지 시장의 석유 및 천연가스 가격 동향, 세로축이 이산화탄소(CO_2) 비용인데 세로축은 환경문제에 관한 세간의 동향을 나타낸다(사회적 의식이 높아지면 CO_2 비용도 높아 진다). 두 축 모두 매우 불확실하며 CO_2를 배출하는 에너지 사용자인 전력회 사 경영에 있어서 대단히 중요한 요소다. 이 두 축의 조합을 통해 네 개의 다 른 세계가 나온다. 주의할 것은 네 개의 세계가 동시에 존재하는 것이 아니라 각각 독립적으로 존재하는 가능 세계(可能世界)라는 점이다. 각각 간단하게 설명해보자.

① 현상 지속 : 석유 · 천 연가스 가격(높음), CO_2 비용(낮음) 세간의 환경 에 대한 의식은 아직 높지 않고(이는 2005년에 책정된 시나리오임) 에너지 비용은 높다. 이는 도표

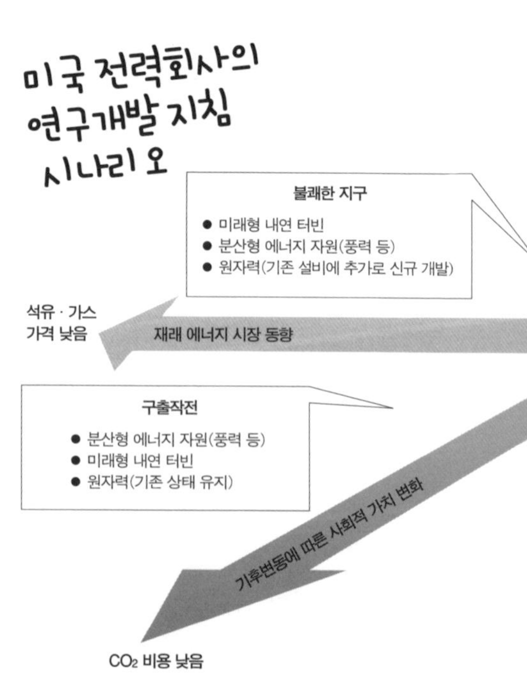

를 작성하는 '현재의 상황'과 동일하며 에너지 가격 인상에 대한 대책으로 저가의 석탄가스를 이용하는 방법 등을 생각해야 한다.

② 이중고 : 석유 · 천연가스 가격(높음), CO_2 비용(낮음) 석유 · 천연가스 가격, CO_2 비용 모두 높아서 전력회사는 이중고를 겪는다. '친환경' 발전, 저비용 원자력 발전의 증설이 필요하다.

③ 불쾌한 지구 : 석유 · 천연가스 가격(낮음), CO_2 비용(높음) 에너지 비용은 늘지 않지만 그만큼 재래형 에너지 소비가 확대되어 CO_2 증가가 심각해진다. 기존 발전 시스템의 효율화와 함께 대체 에너지에 대한 투자가 필요하다.

④ 구출 작전 : 석유 · 천연가스 가격(낮음), CO_2 비용(낮음) 세계적인 경제 침체로 재래형 에너지에 대한 수요가 줄어들어 비용이 내려가고 환경에 대한 의식도 높아지지 않는 어려운 상황. 이러한 상황에서는 지구 환경을 회복시킬 분산형 풍력발전 등이 주목받게 된다.

이러한 불확실성으로 인해 각 세계에 적합한 연구개발 등의 투자 시책이 크게 달라질 것이다. 또 이 모든 세계가 가능하므로 어느 하나로 압축할 수 없다. 그저

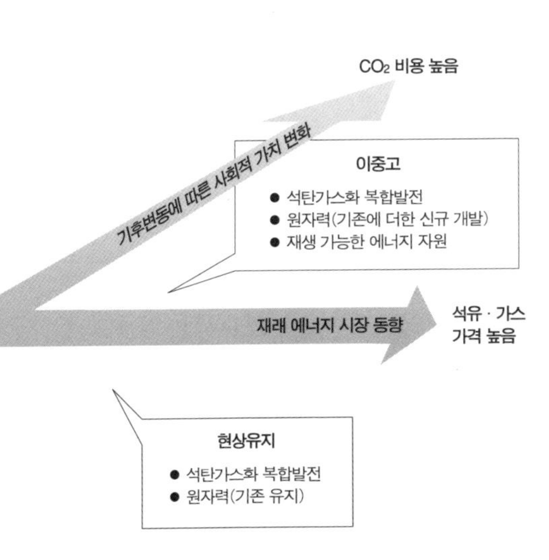

출처 : Program on Technology Innovation : Electric Power Research Institute – Electric Power Industry Technology Scenarios (ESRI 2005)

고찰과 대화를 통해 판단할 수 있는 재료를 경영진이나 주주에게 제공하는 것이다.

시나리오 플래닝의 본질은 불확실한 변화를 가져올 심층 요인(Deep Cause)을 통찰하여 가능한 미래 전개에 대한 복수의 가설을 세우고 그것들에 기초하여 의사 결정과 판단을 하게 돕는 것이다. 하지만 최종 목적은 어디까지나 시나리오와 이야기의 창작이 아니라 시나리오와 이야기가 나올 때까지 현실과 미래를 왕복하는 사고 과정에 있다.

이 과정은 시뮬레이션이나 단순한 비용편익에 관한 의사 결정을 넘어선 판단이다. 시나리오 플래닝을 통해서 장래에 어떤 분야에 얼마만큼 투자해야 할지 의사를 결정하고 상황을 판단하는 데 큰 도움이 되는 지식을 얻을 수 있다. 시나리오 플래닝 과정에는 다음과 같은 작업이 포함된다.

- 과거와는 다른 미래를 인식하고 예상한 미래와 관련하여 무엇에 어떻게 투자해야 할지(혹은 투자하지 말아야 할지) 판단한다.
- 시나리오를 전략의 방향성 또는 책정된 전략, 책정 중인 전략의 '풍동' (Wind Tunnel, 공기의 흐름 등을 조사하기 위해 인공적으로 공기가 흐르도록 만든 장치)으로 삼아 시나리오를 시뮬레이션 한다.
- 복수의 시나리오에 대응할 수 있는 전략을 구상하고 기동성을 확보한다.
- 시나리오를 구체적인 전략계획으로 변환한다(시나리오를 둘러싼 배경이나 징후, 제품, 서비스, 위협, 실천계획). 따라서 시나리오가 바뀌면 비즈니스 모델과 시책도 바뀐다.

시나리오 플래닝은 시스템 사고의 일종으로 분류될 때가 많지만, 그 핵심은 가설을 도출하는 업덕션이다. 이는 단순한 문제 해결 기법이 아닌 '복잡하고 창조적인 문제'를 대상으로 하는 해법이다. 또 창조적인 지식을 폭넓게 얻

경영대학원의 연구 프로그램으로 시행 중인 시나리오 워크숍 광경 사진 : 곤노 노보루

는 편이 효과적이므로 시나리오를 책정하는 워크숍에는 외부 인재를 반드시 참여시키는 것이 좋다.

시나리오의 목적은 마인드셋을 혁신하여 과거와 다른 관점으로 시장이나 사용자의 행동을 파악하고 최종적으로 의사결정에 도움이 될 더 나은 지식을 얻는 것이다. 그러기 위해서는 분석적 방식과는 다르게 미래에서 현재를 들여다보는 방식이 필요하다. 그것은 과거의 방식을 답습하여 계획을 세우거나 미래를 예측하여 자사가 원하는 일을 할 수 있도록 전략을 세우는 일과는 다르다. 따라서 미래를 예측하여 대비하기보다 변화를 우리 것으로 잘 소화해야 한다.

어떤 경우든 미래 변화를 좌우할 소프트웨어 및 하드웨어에 관한 사회적·문화적·경제적·기술적·환경적 요인들의 관계를 심층 요인 수준에서 고찰해야 할 것이다.

시나리오 플래닝은 방법론적 측면에서는 콘셉트 디자인 작업과 구조적으로 비슷하다. 둘 다 데이터를 획득하고 변수를 추출하여 그것들을 대조하면서 카테고리를 형성하고, 그 조합으로 모델을 만들어내는 과정으로 이루어지기 때문이다. 그러나 콘셉트 디자인에서 콘셉트를 구성하는 변수는 하나로 압축되는 데 비해 시나리오 플래닝은 불확실한 변수를 지닌다는 점이 다르다.

이러한 사고법은 마치 불확실성의 수프를 바짝 졸여 파이 재료인 반죽을 만드는 작업과 같다. 이 비유는 불확실한 현상을 분석하여 '확실한' 요소를 발견하려 하지 않고 불확실성인 채로 다루는 자세를 상징한다. 미래는 예측 불가능하며 '확실한' 요소란 전혀 없고 그 불확실성 속에 바로 미래의 가능성이 숨어 있기 때문이다. '불확실성의 수프'란 우리가 판단하려는 문제에 답하기 위해 집약된 미래 가능성의 최소공배수의 집합이라고 해도 좋다. 그리고 '수프'를 졸인 다음 불확실성의 덩어리를 늘려서(사각 피자 반죽을 상상해 보라) 두 개의 칼로 4등분한다. 그래서 나온 네 덩어리에 기초하여 우리의 문제를 생각하는 것이다. 그 과정은 다음과 같다.

스텝1. 불확실성의 수프를 졸여서 파이 반죽을 만든다.

● 일단 테마를 잘 조사한다. 20××년에 개업할 복합시설의 핵심 사업은 ○○가 적당한가? 클라우드 컴퓨팅 시장에서 성공하려면 무엇에 투자해야 하는가? 이 외에도 다양한 예가 있지만 여기서는 '우리 회사는 가상현실(VP, Virtual Presence) 서비스에 투자해야 하는가?'를 판단하기 위해 2020년의 세계를 그려보고 과연 10년 후에 수익을 낼 수 있을지, 그러려면 어떤 조건이 필요한지 생각해 보자.

- 미래로부터 생각한다……20××년의 우리 사업에는 어떤 요인이 영향을 미칠까? 주변에서 찾아보자. 지금 사소한 것이 나중에 큰 영향을 미친다는 사실은 역사가 증명하고 있다.

- '주변의 친숙한' 것부터 '멀리 떨어진' 요인까지, 이 문제에 영향을 미칠 것 같은 모든 불확실성을 탐색한다. 수프 냄비에 불확실한 변수가 가득 차 있다. 20××년에 중국이 정말로 대국이 될까? 중국과의 커뮤니케이션은 질적, 양적으로 어떻게 변할까? 아무도 모르는 일이다.

- 그리고 가장 '불확실(모르는)하면서도 중요'한 것이 무엇인지 면밀히 조사한다. 불확실하지만 중요하지 않은 것이나 중요하고 확실한 것이 아닌 매우 불확실하고 영향(중요도)력이 큰 것은 무엇인지 생각한다.

> **스텝2. 파이 반죽(불확실성 변수의 양극)을 되도록 늘린 뒤,**
> **서로 다른 몇 개의 세계로 나눈다.**

- 수프 냄비를 뒤적여서 '중요한 불확실성'의 몇몇 굵은 축을 찾아보자.
- 그 결과 다음과 같은 '불확실한' 축을 찾아냈다!

기술 변화 / 극적으로 변화	↔	점진적으로 변화
인간 행동 / IT 기동성 증가	↔	대면 커뮤니케이션 중시
환경규제 / 정부 주도	↔	민간 주도
석유 가격 / 고가격	↔	저가격
세계 경제 / 지역 회귀	↔	세계 평준화

> **스텝3. 이렇게 도출한 네 가지 세계는 병행 세계다.**
> **그 중 어떤 세계가 실현될지는 아무도 모른다.**

- 축의 의미를 잘 살펴보고, 어떤 축이 핵심 테마로 적합한지 살펴보자.
- 축과 축을 십자로 연결해 보고 정보 가치가 낮거나 서로 겹치는 것(두 축이 사실상

같거나 비슷한 경우), 불합리한 것, 모순된 것, 문제에 대한 답이 나오기 어려운 것 등을 골라낸 후 최적의 두 축을 선별한다(늘린 파이 반죽을 두 축으로 4등분한다).

● 다음으로 축의 이름과 의미를 기재하고 네 가지 세계에 이름을 붙인다.

- 창조성을 발휘하자. 여기서 나온 시나리오(줄거리)의 질이 미래를 결정한다. 네 가지 세계는 각각 전혀 다른 미래 전개를 나타낸다.

- 이렇게 세계를 제작하는 작업이 곧 시나리오 디자인이다. 깊이 파고드는 작업도 필요하지만, 이 작업을 통해 우리의 마인드셋을 바꿀 디자인의 방향성과 줄거리를 도출할 수 있다.

예)

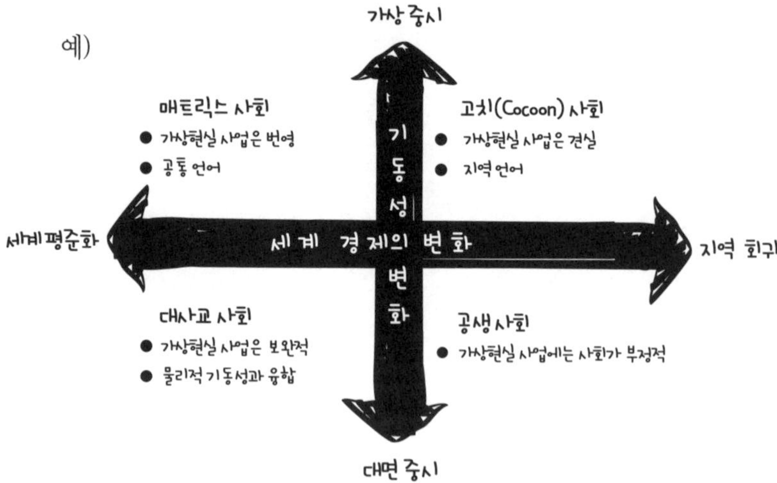

스텝4. 각각의 세계를 더 깊이 이해하면서 전체를 살펴보고 자사의 실천 방향을 모색하여 더 나은 조치나 방법을 취한다.

● 20××년의 사업을 구상하는 데 필요한 시간, 공간, 장면이 디자인되었다. 이를 다음과 같이 그려보자.

- 시나리오를 전략 책정 방향성의 기초로 삼는다(네비게이터로 활용한다).

- 시나리오를 책정 예정인(책정 중인) 전략의 '풍동'으로 삼아 시뮬레이션한다(우리 전략이 공중 분해되지는 않을까?).
- 시나리오를 모델화(어떤 논리에 따라 성패가 갈릴까?)한 다음, 구체적인 전략계획으로 변환한다.

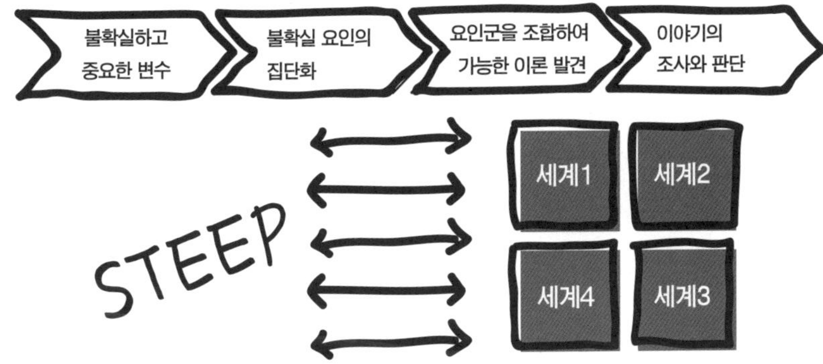

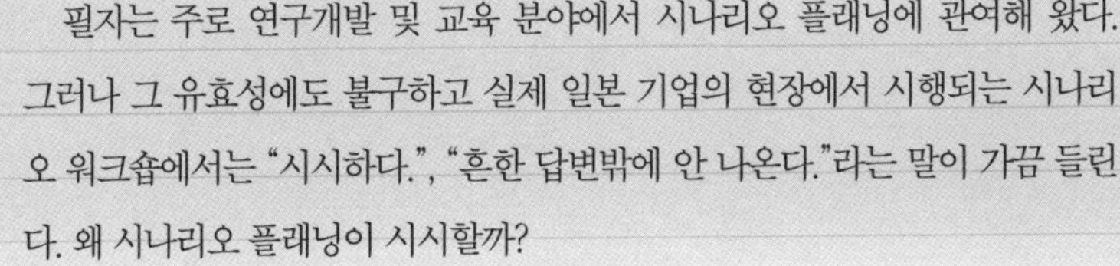

필자는 주로 연구개발 및 교육 분야에서 시나리오 플래닝에 관여해 왔다. 그러나 그 유효성에도 불구하고 실제 일본 기업의 현장에서 시행되는 시나리오 워크숍에서는 "시시하다.", "흔한 답변밖에 안 나온다."라는 말이 가끔 들린다. 왜 시나리오 플래닝이 시시할까?

일본도 오래전부터 싱크탱크를 정책 책정의 도구로 이용했지만, 이 싱크탱크가 미국·유럽만큼 대중화되지 못한 탓에 시나리오 역시 일부 전략을 수립하는 도구에 머물렀기 때문이다. 게다가 일본 기업들은 이 기법을 실제로 경험한 후에도 미국·유럽 기업처럼 좋은 반응을 보이지 않았다. 그것은 이 기법이 주로 전략 입안의 일환으로 이용되었기 때문인 것 같다. 시나리오 플래닝과 전략 입안은 전혀 다르다. 기업이 미래에 대비할 요량으로 의외의 사태에 대한 준비에 시나리오를 사용한다면 힘없고 소극적이며 결착을 추구하는 태도가 나타날 수밖에 없다.

또 다른 이유는 장(場)을 제대로 못 열어 준 것이다. 시나리오 플래닝에 기존의 같은 부문 관계자만 참여한다면 발상이 확장되지 않는다(따라서 "재미있는 발상이 나오지 않는다."는 비판을 받는다).

그러나 무엇보다 중요한 것은 조직이 자신을 혁신하려는 의도로 시나리오를 채택해야 한다는 것이다. 아무리 훌륭한 시나리오라도 그것을 사용할 조직이 변하지 않으면 결국 미래에 대한 대비 이상이 되지 못한다. 시나리오를 만들어 대비한다는 말에는 무어라 대꾸할 말조차 없다.

만약 확실한 효과를 원한다면 시나리오 방식은 경영 및 조직이 능동적으로 변하기 위한 세계 제작의 '디자인 방법론'임을 인식하고 이를 새로운 영역 발견, 사업 혁신, 그리고 이노베이션을 가로막는 조직적 폐쇄성을 깨뜨리기 위한 기법으로 활용해야 할 것이다.

그 핵심은 '만약……라면'이라는 질문을 통해 조직의 '마인드셋을 바꾸는' 것이다. 즉 분석이 아닌 창조의(디자인의) 기점으로 시나리오 방식을 활용해야 한다.

② 스캐닝

사업환경 스캐닝이라고도 부르는 스캐닝(Scanning)은 원래 전략적 목적을 위해 정보를 수집·분석·제공하는 일련의 과정을 말한다. 다시 말해 스캐닝은 기업과 조직의 대상인 업계와 시장에 관한 객관적·주관적 정보를 획득하는 기법과 활동을 가리킨다.

스캐닝은 생활자 트렌드, 전문가 의견, 비즈니스 트렌드와 같은 징후 데이터를 집약하여 분류하는 과정으로 이루어진다. 변화의 신호와 유형을 찾아내어 이에 대한 통찰을 얻는 것이다.

이 역시 SRI가 불확실한 기업환경 속에서 통찰을 얻는 기법으로 개발한 것이다. 워크숍 형식이나 통찰 추출의 방법으로 들어가면 난해해지지만 그 기본은 지금 말한 대로 징후 데이터의 집약, 집단화 과정이다. SRI 컨설팅 부문의 서비스화를 예로 들어보면 '변화의 신호 포착(데이터 표본화) → 변화의 유형 파악(데이터 비교) → 통찰(이론화)'이라는 GTA와 같은 귀납적 단계를 거치고 있다.

스캐닝과 시나리오 플래닝은 이 세상의 변화를 면밀히 관찰하는 관점 및 작업이라는 면에서 동일하다. 스캐닝의 일반적인 과정은 다음 다섯 가지 단면(STEEP 혹은 PEETS라고도 불린다)을 통한 환경 변화 관찰로 이루어진다.

1. Society   사회적 변화 (국제 사회, 문화, 의식)
2. Technology   기술적 변화 (기술 추세, IT, 기술혁신)
3. Economy   경제적 변화 (세계화, 지역 경제, 구조적 변화)
4. Environment   환경적 변화 (지구 온난화, 기후불순, 환경 유지비)
5. Politics   정치적 변화 (정치, 제도적 변화, 규제 완화)

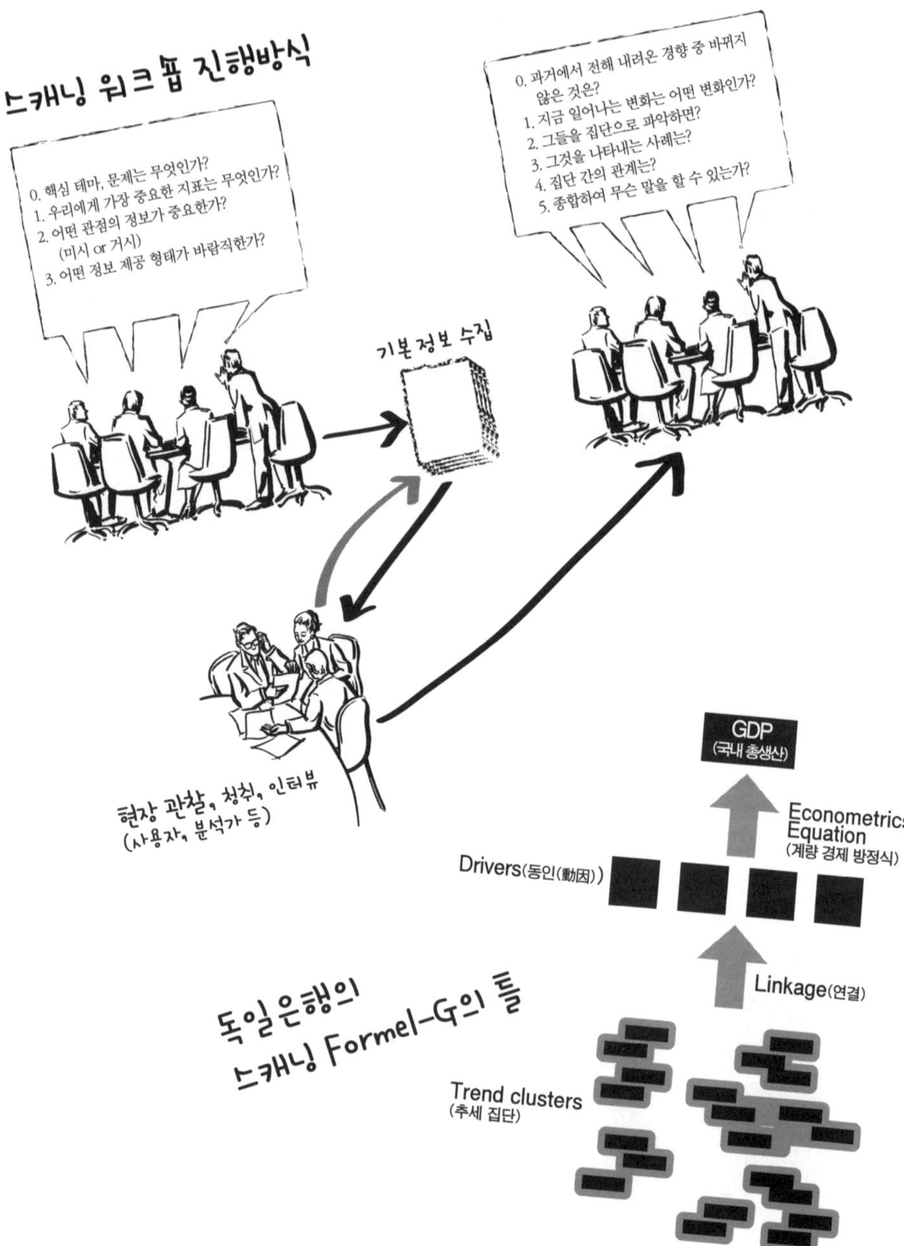
느캐닝 워크숍 진행방식
0. 핵심 테마, 문제는 무엇인가?
1. 우리에게 가장 중요한 지표는 무엇인가?
2. 어떤 관점의 정보가 중요한가?
  (미시 or 거시)
3. 어떤 정보 제공 형태가 바람직한가?
0. 과거에서 전해 내려온 경향 중 바뀌지
  않은 것은?
1. 지금 일어나는 변화는 어떤 변화인가?
2. 그들을 집단으로 파악하면?
3. 그것을 나타내는 사례는?
4. 집단 간의 관계는?
5. 종합하여 무슨 말을 할 수 있는가?
기본 정보 수집
현장 관찰, 청취, 인터뷰
(사용자, 분석가 등)
독일은행의
느캐닝 Formel-G의 틀
GDP
(국내 총생산)
Econometrics
Equation
(계량 경제 방정식)
Drivers(동인(動因))
Linkage(연결)
Trend clusters
(추세 집단)

출처 : 독일은행 자료

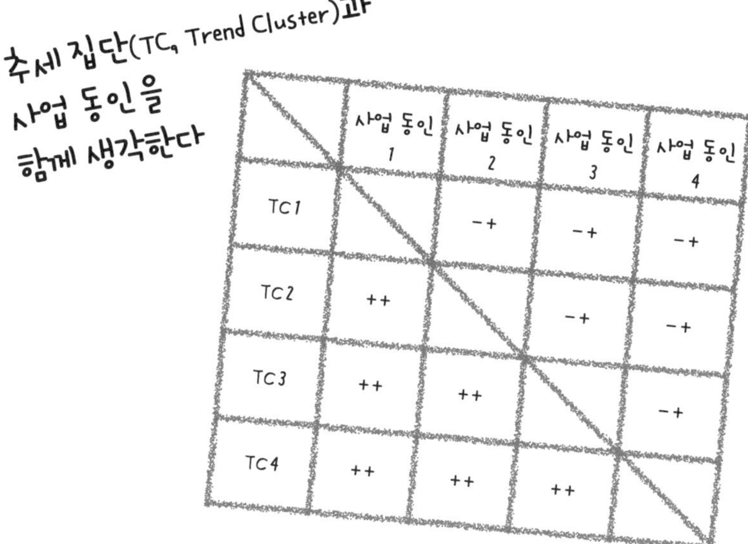

스캐닝 역시 워크숍을 통해 시행되고 있다. 구체적인 작업을 살펴보면, 이들 단면에 나타난 수많은 변화 요인을 조사자가 평가(득점화)한다. 그리고 상위 항목을 중심으로 각각의 요인을 모아 집단화한 뒤 집단별 득점을 집계하고 변화 요인을 모두 포함한 도표를 만든다. 그다음 이러한 환경 변화 요인과 사업 요인을 조합하여 질문에 대한 답변을 가설로 제시한다. 이는 독일은행이 사용하는 Formel_G(G 공식)라는 패키지 수법으로 추세 집단을 몇 개로 집약한 후 그들이 경제성장의 구동 요인에 어떤 영향을 끼치는지 평가하는 틀이다.

(注) 이 스캐닝에서 나온 변화 요인(Driving Force)과 사업의 구성 요인(기술, 마케팅 등)을 매트릭스로 만든 후 각각 예상되는 변화와 전체적 시사점 등을 의논하는 과정이 중요하다.

③ 시나리오 기반 디자인

시나리오 방식에서 또 한 가지 짚고 넘어가야 할 것이 시나리오 기반 디자인이다. 이 기법은 주로 소프트웨어 디자인 분야에서 사용되었다(Caroll,[34] 2003). 시나리오 기반 디자인의 역할은 시나리오를 경영이나 사업의 관점뿐 아니라 제품 개발이나 콘셉트 디자인에도 응용할 수 있게 하는 것이다.

이해를 돕기 위해서는 GUI(Graphic User Interface) 개발이나 제품 개발 과정의 프로토타입, 서비스 디자인 현장, 프로토타이핑 작업 현장을 염두에 두기 바란다.

시나리오 기반 디자인에서는 프로토타입을 사용할 사람, 즉 디자인 대상은 누구인지, 그 외의 중요한 당사자(Actor)는 누구인지, 그들의 이용 동기는 무엇인지, 또 실제로 프로토타입을 사용할 현장 상황은 어떤지 미리 상정하는 과정이 중요하다.

예를 들어 반도체 공장용 진단 서비스 시스템을 생각해 보자. 디자이너는 사용자인 연구자와 작업원이 쓰기 편한 도구나 소프트웨어를 개발하려 한다. 그래서 우선 관찰을 마친 후 이용 과정을 시나리오로 상정하고 사용자의 행위에 영향을 미칠 요인을 평가자에게 알려준다.

여기서 활용될 시나리오 역시 특정한 줄거리 혹은 서술(이야기)로 이루어진다. 그리고 그 시나리오가 전개되는 중에 가능한 행동과 사건을 설정한다. 사용자는 이때 어떻게 반응하거나 행동할까? 어떤 시점에 어떤 일이 일어날까? 이러한 시나리오를 작성해 나가는 것이다.

이때, 무조건 시나리오의 질이 좋아야 한다. 시나리오 기반 디자인에서는

34_Archie B. Carrol, 미국의 경영학자

다양한 사건을 가정하기도 하고 사용자의 현장을 재현한 서술식 대화를 사용하기도 한다. 현실적·구체적인 사용자 관점에서 이해하고 경청함으로써 사용자가 어떻게 제품이나 서비스에 관여할지 미리 상상하여 디자인을 발전시키기 위해서다.

그 배후에는 완전한 모델에 대한 계획이 아닌 다양한 가능성을 포함한 시각이 존재한다. 따라서 그때 가장 중요한 질문이 '만약⋯⋯라면?'(What-If)이다. 시나리오 사고의 중요성이 이 질문에 집약되어 있다고 해도 좋을 것이다. 이노베이션을 위해서는 과거에서 물려받은 사고나 특정 프레임워크를 적용하는 논리적 사고를 탈피하는 마인드셋 전환이 중요하다. 이런 마인드셋 전

① 문제 시나리오(Problem Scenario)

우선 사용자 현장의 문제를 기술하는 일부터 시작한다. 사용자와 대상 제품 및 서비스, 사용자의 의도, 그리고 환경과의 관계를 참고하여 사용자가 어떤 상황에 처했는지 서술한다. 그리고 서술 도중에 예상되는 서로 다른 방향성을 도출한다.

② 행동 시나리오(Activity Scenario)

사용자가 취할 예상 행동을 목록으로 표현한다. 그리고 그 행동을 개별적, 또는 공통적인 해결법에 비추어 기술적 대응 등에 의한 복수의 해결책을 표시한다.

③ 디자인 시나리오(Design Scenario)

프로토타입을 통해 사용자에게 대안을 제시하고, 대화하면서 평가를 받는다.

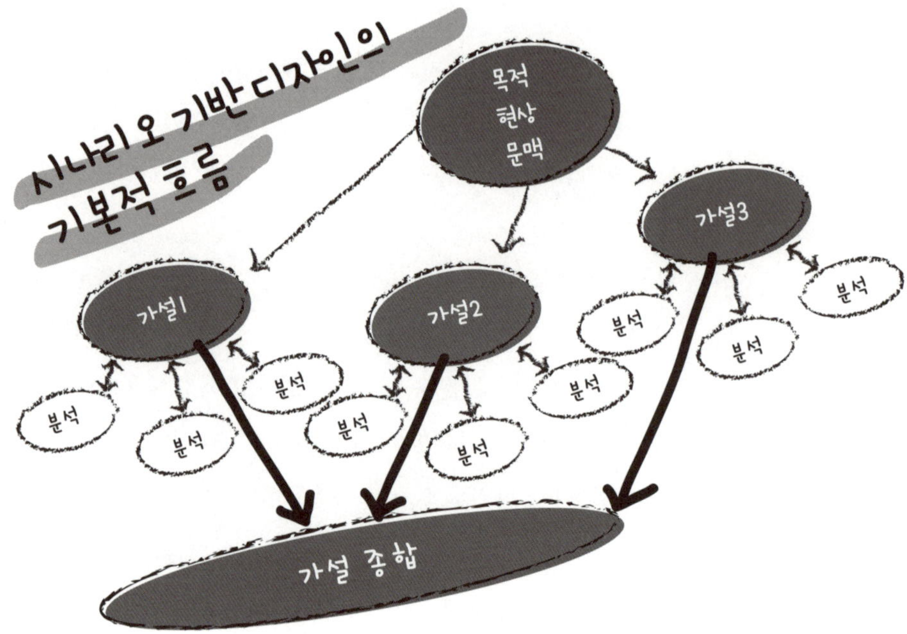

환이야말로 시나리오가 디자인 씽킹에 대해 갖는 의미일 것이다. 모든 단계를 시작하기 전에 '만약 ……라면'이라는 질문을 던져야 할 것이다.

이러한 시나리오 기반 디자인은 프로젝트나 TF(Task Force), 워크숍 등에 주로 활용된다.

시나리오 방식의 의미

기업은 사회·경제의 변화로부터 자유로울 수 없으므로 사회적 가치를 계속 생산하지 못하면 존속이 어렵다. 모노즈쿠리 시대에는 상품을 잘 팔기만 하면 되었지만 경제가 서비스화된 후로는 다양한 관계성 속에서 사업을 전개해야 한다. 따라서 사회적 변화라는 철학적 수준에서 생활자의 현장까지 파악하고 기업과 개인이 어떤 관계성을 가지는지 항상 의식하며 경영을 구

상해야 한다. 지식 디자인이나 디자인 씽킹은 그런 관점을 빼놓고는 생각할
수 없다.

따라서 시나리오 방식은 단순히 미래를 가정하고 변화에 대응하기 위한
기법이 아니라 이러한 미시적, 거시적 관점을 역동적으로 조합하여 변화를
세계의 본질로 이해하기 위한 '철학'이라고도 할 수 있을 것이다.

시나리오 사고의 계보

이번 장은 시나리오 사고의 역사를 돌아보며 마무리하도록 하자.

〔제1세대〕 시나리오 사고를 처음 실천한 사람은 허먼 칸(Herman Kahn, 1922~83년)이다. 칸은 미국의 미래학자, 군사이론가인데, 저서 〈초대국 일본의 도전(超大国日本の挑)〉에서 '21세기는 일본의 세기', '2000년경 일본의 국민 1인당 소득이 미국과 비슷해져 세계 제일의 수준에 도달한다'는 예언을 하기도 했다. 칸은 SRI에도 참여했는데 거기서 최초로 시나리오의 씨앗이 잉태되지 않았을까 생각된다.

미국의 평론가, 작가, 미래학자인 앨빈 토플러(Alvin Toffler, 1928년~)는 〈미래의 충격(未来の衝撃)[35]〉, 〈제3의 물결(第三の波)[36]〉, 〈대변동(大変動)[37]〉, 〈파워시프트(パワーシフト)[38]〉, 〈부의 미래(富の未来)[39]〉를 비롯한 일련의 저작에서 이러한 시대의 변화를 예견한 바 있다.

이들 1세대에 공통되는 것은, 방법론을 명확히 밝히기보다 그 내용(메시지)에 주된 메시지를 담았다는 점이다.

〔제2세대〕 미래연구자, 미래사상가, 세계적 미래예언자로 다양하게 불리는 존 나이스빗(John Naisbitt, 1929년~)이 《메가트렌드(メガトレンド)》에서 제시한 예

언은 제1세대와 크게 다르지 않았다. 다만 메가트렌드로 사물을 보는 방법론을 소개했다는 것이 그 차이점이다.

이처럼 변화의 배후 요인을 발견하고 그들을 통합하여 장래를 내다보는, 혹은 불확실성을 이해하는 이론을 구축한 것이 이들 2세대다.

그 중에 로열 더치 쉘의 피에르 왁(Pierre Wack, 1922~97년)과 그 뒤를 이은 시나리오 플래닝의 전문가이자 GBN사의 창업자인 피터 슈워츠(Peter Schwartz, 1948년~)가 대표적이다. 슈워츠는 시나리오 플래닝 기법을 통해 냉전의 종결을 지적한 것으로도 유명하다.

〔제3세대〕 제1, 제2세대가 세계적인 변화에 관심을 가졌던 데 비해 다음 세대는 사람들의 동향이나 사회·문화와 같은 소프트웨어한 시나리오 적용에 집중했다.

대표적인 주자는 이 책에서도 소개된 GBN과 Brain Reserve사의 창립자이며 트렌드 예측 전문가인 페이스 팝콘(Faith Popcorn, 1948년~)이다. 그녀는 스캐닝을 활용하여 '코쿠닝'(Cocooning, 사람들의 고치화)이라는 말을 퍼뜨린 것으로도 유명하다.

한편, 1990년대가 되면서 디자이너 또는 디자인 기법을 연구하는 사람들이 시나리오를 적극적으로 디자인 기법에 도입하기 시작했다. 전에는 보이는 것을 디자인하던 그들이었지만, 이제는 인간과 컴퓨터의 상호작용이라는 보이지 않는 것의 관계성을 디자인하기 위해 이노베이션을 추구했기 때문이다.

35_한국판《미래쇼크》, 이규행 옮김, 한국경제신문사, 1989
36_한국판《제3물결》, 한국경제신문사, 1989
37_한국판《예견과 전제》, 이규행 옮김, 한국경제신문사, 1992
38_한국판《권력 이동》, 이규행 옮김, 한국경제신문사, 1990
39_한국판《부의 미래》, 김중웅 옮김, 청림출판, 2006

세 가지 방식을 어떻게 사용할 것인가

이상, 경영을 위한 세 가지 디자인 방법론은 개별적으로도 이용할 수 있지만 상호 연계하여 사용할 수도 있다.

시나리오 방식은 과연 어떤 관점으로 전략을 구상하고 이노베이션을 지향해야 할지 방향을 제시하는 역할을 한다. 또 지금까지 진행된 프로젝트의 방향성이 어떤 영향을 받을지 평가 · 조사하는 데에도 효과적이다.

에스노그래피 방식은 고객 및 사회 현장에서 지(知)를 획득하는 디자인 씽킹의 기점이 된 방법론이다.

그리고 비즈니스 모델 디자인은 콘셉트를 고객 가치 및 시장의 생태적 관련성에 비추어 종합하는 역할을 담당한다.

이들은 아래 도표처럼 서로 관련되어 있다. 물론 이것들이 경영의 지(知)에 관한 모든 방법론은 아니다. 그러나 이들은 서로 형식적, 분석적 전략에 반대되는 현장의 생명감(에스노그래피), 기존 기업의 틀에 얽매이지 않는 관계성(비즈니스 모델), 일원적 마인드셋에 구애되지 않는 가능성(시나리오)이라는 '지(知)의 디자인' 시대의 경영에 중대한 관점을 공유하며 보완하고 있다.

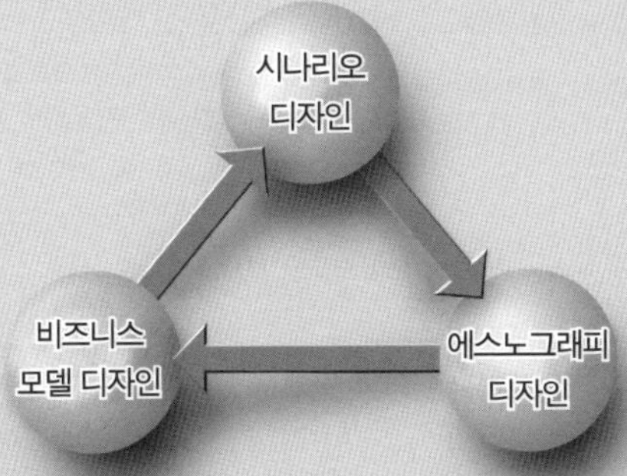

맺음말 ——————————————'장'의 디자인

스마트 파워로서의 디자인

역사학자이며 도쿄대학 부학장인 다나카 아키히코(田中明彦) 씨는 〈새로운 '중세'(新しい中世)〉에서 냉전 후의 세계를 세 그룹으로 나누고 있다.

첫째 그룹은 국경의 의미가 희박해진 '신중세권'으로 EU 제국이 대표적이다. 이는 유럽의 중세처럼 사람들이 국경을 넘어 자유롭게 왕래할 수 있는 권역이다. 일본도 유럽과 문화·사회 수준이 비슷하기 때문에 신중세권은 유럽, 일본, 미국의 서해안 등을 포함한다. 참고로 지식경제화에 따른 편익을 향유하는 국가들에 대한 한 조사에서도 미국, 노르웨이, 아일랜드, 스위스, 네덜란드, 오스트리아, 영국, 핀란드, 프랑스, 독일 그리고 일본을 똑같은 집단으로 간주하고 있다. 이를 지식경제 구역이라고 불러도 좋을 것이다.

두 번째 그룹은 국민국가를 지향하는 '근대권'으로 그 전형적인 예가 중화인민공화국이다. 러시아, 한국, 북한 등도 이에 포함되며 BRICs와도 일부가 겹친다.

세 번째 그룹은 질서가 붕괴된 '혼돈권'이며, 정치 혼란, 전쟁, 자연재해 등이 이러한 나라들을 휩쓸고 있다. 미얀마, 아프가니스탄, 아이티 등이 그 대표적 국가다. 이라크 등도 해당한다.

다나카 씨에 의하면 일본은 신중세권 국가이면서 정치학적으로는 근대권 국가에 둘러싸여 있다. 그래서 이들 각각의 세계권에 의식적으로 대응해야 한다는 것이 일본의 난제다. 일본은 '신중세권 속에서 방향성을 잃지 말 것, 근대권 국가와 좋은 관계를 유지할 것, 혼돈권에도 확실히 대응할 것'이라는 세 가지 조건을 다 충족시켜야 한다.

이 새로운 중세 시대에는 하드웨어 파워와 소프트웨어 파워를 겸비한 스마트 파워 경영이 중요하다. BRICs는 기본적으로 하드웨어 파워로 싸우고 있다. 이에 정면 대항하는 것은 전시대적 발상이다. 그런데 스마트 파워로 이행하기 위해서는 지(知)의 디자인력이 무엇보다 중요하다.

도요타는 일본의 대표적인 우량 회사지만 도요타뿐 아니라 일본 기업 전체가 GM 등이 만든 비즈니스 모델을 답습하여 현지화해 그들을 따라잡는 데 급급했던 것이 사실이다. 선두 주자를 따라잡는 전략에서는 쫓는 쪽이 분명 유리하다. 학습 효과가 높아서 뒤따라가는 속도도 점점 빨라진다. 그 이론에 비추어 보면, 일본 역시 다른 나라에 더 빠른 속도로 추격당할 것이 분명하다. 이제 이노베이션 전략으로 이행해야 한다. 지금처럼 디자인 등을 포함한 스마트 파워가 절실한 시기도 없을 것이다.

일본에는 전통적 문화가 있다. 그 문화를 살려야 하는데도 1980~1990년대 내내 일본 기업은 전통적 문화를 배제하고 모노즈쿠리의 효율성만을 추구해 왔다. 그래서 이제는 디자인을 주목해야 한다는 것이다. 버냉키나 소로우 같은 경제전문가와 경제학자들은 기존 경제학이나 경영학의 한계를 넘어설 만한 인간의 정신력에 의한 사고가 필요하다는 메시지를 보내고 있다. 이것은 분명 예전의 기술적, 논리적, 분석적 사고와는 다른 사고다.

만약 디자인이 이노베이션에 관여한다면 단순히 콘셉트나 프로토타입을 만들 때 편리한 방식이라서가 아니라 디자인이 인간과 조직의 창조성을 해방시키면서 기업의 경영에 관여하기 때문일 것이다.

장(場)의 리디자인

한때, 디자인경영은 곧 경영혁신을 의미했다. 어디까지나 개인적으로 관찰한 결과지만 이노베이션이 일어나는 조직과 그렇지 않은 조직을 비교해 보면, 후자에는 많은 제약, 규정, 장애물이 있다. 이를 이노베이션을 억제하는 '중력의 법칙'(Laws of Dis-innovation)이라 부르면 어떨까?

- 사업부 제도 등에 따른 조직의 벽(탑형 조직문화)
- 조직의 사회적 네트워크 빈곤(가령, 경영자와 현장이 멀다)
- 조직 외부(사회)에 대한 개방성이 없다
- 일원적(결정론적) 마인드셋(분석적 방식 등)
- 과거의 성공 체험(예 : 모노즈쿠리에 대한 과잉 적용)
- 기존 과정(개발 과정 등) 또는 사업 플랫폼
- 무겁고 둔한 재무시스템

이러한 '중력'이 강하면 우리는 자유로운 창조 활동을 할 수 없다. 하지만 조직이 개발 팀에 디자인 씽킹을 침투시킨다면 이러한 중력에서 벗어날 힘이 생길 것이다.

그러나 그러기 위해서는 일단 '장(場)'을 리디자인해야 한다.

기업은 여전히 조직도로 표현되지만 그 실제 형태는 점점 네트워크 형태로 변해가고 있다. 성장하는 기업의 현장을 조금만 지켜보면 알 수 있는데, 모두 고정된 자리에 앉아 있지 않고 그 자리에서 발견한 문제를 함께 논의하면서 해결한다. 그런 기업이 이노베이션을 통해 성장하는 것이다. 또한 지금은 다중인생, 다중직업의 시대다. 다른 일이나 역할, 예컨대 자원봉사도 괜찮다. '퇴직 후 인생'이라는 말은 이미 사라졌는지도 모른다. 이러한 조건이라

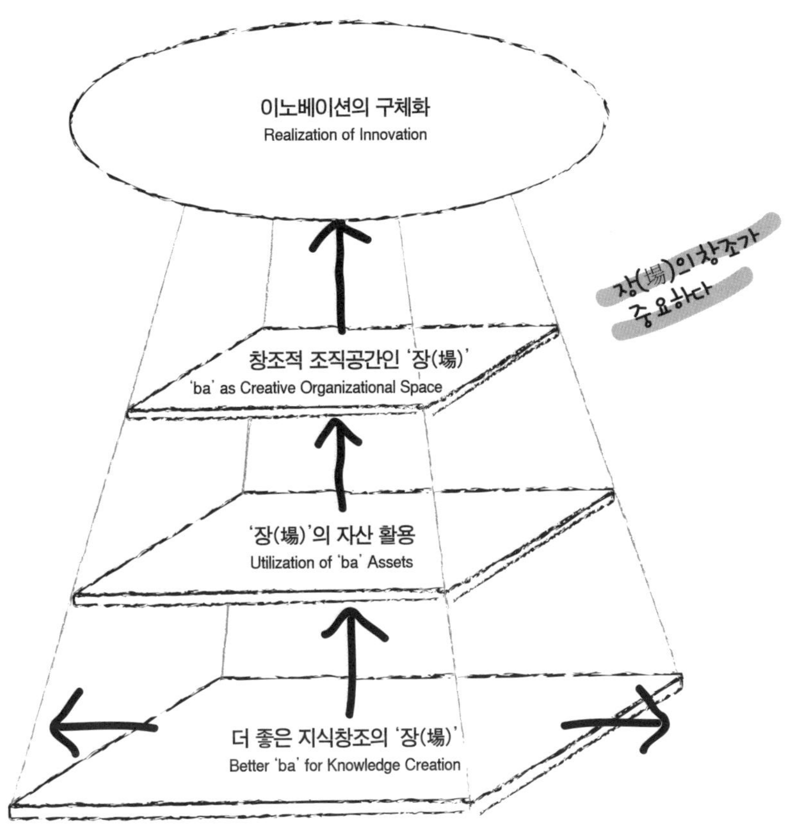

면 조직론, 리더십 이론, 기업 이론 역시 예전과는 딴판으로 달라져야 한다.

　기업에게는 조직의 벽을 뛰어넘는 새로운 '장(場)'이 반드시 필요하다. 이는 정보통신 환경, 프로젝트 제도, 유연한 인사제도, 통합적 지식재산 관리까지 포함하는 개념이지만 그중에서도 가장 중요한 것은 조직문화와 사무환경을 좌우하는 '일터'의 디자인이 아닐까 생각한다.

기존 기업이나 조직의 사무실에서는 볼 수 없었던 새로운 장이
유럽 도시에 급속히 퍼지고 있다.
예전과는 다른 도시의 모습 — 지식시대의 지식도시(Knowledge Cities)로서의 새로운 일면인 퓨처센터.

네덜란드 수자원관리청 퓨처센터 LEF와 워크숍 공간(사진제공 : LEF)

퓨처센터 : 지식도시(Knowlege City)로의 진화

최근 유럽을 중심으로 정부 기관과 기업이 지역경제·사회의 이노베이션을 목적으로 한 '퓨처센터'의 설립을 추진하고 있다. 퓨처센터는 '장(場)'의 적극 활용을 통한 이노베이션 유도를 목적으로 관청 내에 설치된 다목적의 독립된 업무공간이며 여기서 여러 관계자들이 모여 중장기적인 과제해결을 목표로 폭넓은 대화를 진행하고 있다. 즉, 퓨처센터는 정책 입안, 문제 해결, 정책 실행을 도모하고 추진하는 장(場)으로 인식되고 활용되는 것이다. 여기

에 일본에서 나온 개념인 '장(場)'이 중요한 핵심개념으로 활약하고 있다.

일본 기업은 현장에 강하다. 따라서 현장의 암묵지는 언제나 창조경영에 중요한 전제였다. 그러나 사업부 내, 틀 안쪽의 장(場)은 있어도 조직 간 벽으로 말미암아 조직 횡단의 장은 매우 빈곤한 수준이었다. 또한 장(場)은 한계를 지닌 오감과 암묵지에 기초하므로 이노베이션의 장(場)을 열기 위해서는 그것을 극복할 정감적 지(知)가 반드시 필요하다. 그러나 일본의 전통적 장(場) 역시 구세대의 환상에 머물기 쉽다. 의식적인 장(場)의 디자인이 필요한 것이다.

그러므로 유럽의 퓨처센터가 디자인 씽킹과 지식 디자인 방법론을 도입한 바람직한 장(場)의 사례라 해도 무방할 것이다.

예를 들어 네덜란드 수자원관리청 내 퓨처센터인 LEF에서는 다음 단계에 따라 장(場)을 운영하고 문제를 해결하며 새로운 아이디어를 낳기 위해 노력하고 있다.

1. Familiarisation(친밀)　2. Contraction(도급)

3. Design(설계)　　　　　4. Implementation(실행)

5. Evaluation(평가)　　　6. Application(응용)

7. Integration(통합=침투)

이처럼, 기존 사무실에서 볼 수 없었던 장(場)이 앞으로 계속 생겨날 것이다. 지금 가장 중요한 혁신의 열쇠는 장(場)의 대화 및 협업을 통해 나온 지식일 것이다. 이처럼 기업과 조직 현장은, 경영기획이 정밀하고 치밀하게 전략을 세우고 집행 부문이 실행하던 모델에서 탈피하여 사람들의 능력과 지식이 포함된 다양한 네트워크를 통해 전략 과정을 실천하며 도시와 사회를 형성하는 모델로 이행하는 중이다.

주요 테마별 문헌 안내 (중요 참고서에 주석 설명)

〈디자인 사상사〉

● Architecture and Utopia, Manfredo Tafuri, The MIT Press, 1979
〈건축신화의 붕괴-자본주의사회의 발전과 계획의 사상〉, 만프레도 타프리 지음, 후지 히루미 & 미네오 마사히코 옮김, 쇼코쿠샤, 1981
〈건축과 유토피아〉, 김원갑 옮김, 기문당, 1999
이탈리아의 건축사 비평의 중진, 만프레드 타프리(1935~1994)의 현대건축비판. 부제는 '자본주의사회의 발전과 계획의 사상'. 근대건축 이데올로기의 계보와 건축가의 역할을 논한다. 경제 발전과 디자인(예술)의 관계를 생각하는 데에 빼놓을 수 없는 책.
● 〈창조경영의 전략〉, 곤노 노보루, 지쿠마신서, 2004

〈지식경영〉

● 〈애자일 컴피티션-'빠른 경영'이 기업을 바꾼다〉스티븐 L. 골드먼 & 케네스 프라이스 지음, 노나카 이쿠지로 감수, 곤노 노보루 옮김, 일본경제신문출판사, 1996
Agile Competitors and Virtual Organizations, Steven L. Goldman & Kenneth Preiss & Roger N. Nagel, Wiley, 1994
● 〈지식자본의 경영〉, 곤노 노보루 지음, 일본경제신문사, 1998
〈뉴밀레니엄 지식경영〉. 이봉호 옮김, 매일경제신문사, 1999
자사가 지닌 노하우나 기술, 브랜드, 디자인 등의 '지식자산'을 지식창조와 함께 중요한 지식경영의 구성 요소로 논한다. 지식의 자산으로서의 특성, 자산 평가, 담당 임원의 역할 등, 포괄적으로 지식자산에 기초한 경영의 바람직한 모습을 소개했다.
● 〈지식창조의 방법론〉, 노나카 이쿠지로 & 곤노 노보루 지음, 도요케자이신보샤, 2003
지식 노동자인 개인이 지식 창조력을 높이기 위한 안내서. 지식창조 방법론의 정수를, 선도적 철학자나 사회학자의 지(知)의 방법론에서 찾아 재구성·체계화하여 콘셉트 창조의 실천으로 나아가려 한다.
● 〈전략에의 이야기 어프로치〉, 노나카 이쿠지로 & 곤노 노보루, 〈히토쓰바시 비즈니스 리뷰 2008년 가을호, AUT. (56권 2호)〉

〈실천을 위한 철학〉

● 〈니코마코스 윤리학〉 아리스토텔레스 지음, 다카타 사부로 옮김, 이와나미문고, 1971
〈니코마코스 윤리학〉 홍석영 옮김, 풀빛, 2005
고대 그리스의 철학자이며 알렉산더 대왕의 가정교사이기도 했던 아리스토텔레스가 자신의 윤리학 연구 업적을 편찬한 책. 전 10권에 걸쳐 '바르게 살기'를 테마로 있어야 할 행복과 그것을 위한 바른 행위, 덕 등에 대해 논하고 있으며, '현려(賢慮)'나 '아크라시아(약한 의지)' 등 실천을 위한 지혜에 대해 고찰하는 원전이다.
● 〈하이데거〉, 아라이 시게오 지음, 시미즈쇼인, 1970
● 〈마키아벨리 새번역 군주론〉, 이케다 기요시 지음, 쥬코분코 BIBLIO, 1995
정치학의 고전적 명저이나, 20세기 이후의 '마키아벨리즘' 측면에서 읽지 않고 철학의 관점에서 읽도록 되어 있다. 기존의 가치관에 얽매이지 않는 실천적인 철학, 혹은 의지와 운명 등, 리더십 및 경영 판단을 위한 지식을 풍부하게 담고 있다.

● 〈플로네시스의 지: 미덕과 실천의 지식창조론〉 노나카 이쿠지로 & 곤노 노보루, 〈하버드 비즈니스 리뷰 일본판, 2007년 3월호〉

〈디자인 씽킹〉
● 〈디자인 씽킹 과정〉 피터 G. 로우 지음, 오쿠야마 겐지 옮김, 가시마 출판회, 1990
Design Thinking, Peter G. Rowe, The MIT Press, 1987
〈디자인의 씽킹 과정〉, 편집부 옮김, 화영사, 1993
원제는 Design Thinking(1987년 초판), 지금 '디자인 씽킹'이 화제가 되고 있는데, 디자인을 하는 디자이너의 내면적 사고 과정과 좋은 디자인의 관계를 처음으로 이론화한 것이 이 책이다. 필자는 이 책에서 영감을 얻어 〈디자인 매니지먼트〉(1992)를 썼다.
● 〈사람을 현명하게 하는 도구- 소프트 테크놀로지의 심리학〉, 도널드 A. 노먼 지음, 사에키 유타카 & 야기 오히코 외 옮김, 신요샤, 1996
Things That Make Us Smart: Defending Human Attributes In The Age Of The Machine, Donald A. Norman, Basic Books, 1994
휴먼 인터페이스 디자인 및 인지과학 연구자로 저명한 저자가 인간 중심 기술은 어때야 하는가를 논한다. 체험적 인지, 반성적 인지와 같은 핵심 단어가 여기서 인용되었다.
● 〈디자인 씽킹이 세계를 바꾼다- 이노베이션을 이끄는 새로운 사고방식〉 팀 브라운 지음, 지바 도시오 옮김, 하야카와쇼보, 2010
Change by Design: How Design Thinking Transforms Organizations and Inspires Innovation, Tim Brown, HarperBusiness, 2009

〈직관/가설적 추론〉
● 〈네 개의 서명〉, 코난 도일 지음, 노부하라 겐 옮김, 신쵸분코, 1953
Sherlock Holmes, The Sign of Four, Arthur Conan Doyle, Oxford University Press, 2010
● 〈기호론1,2〉, 움베르토 에코 지음, 이케가미 요시히코 옮김, 이와나미쇼텐, 1980
A Theory of Semiotics (Advances in Semiotics), Umberto Eco, Indiana University Press, 1978
〈기호학 이론〉, 서우석 옮김, 문학과지성사, 1999
〈장미의 이름〉 등을 쓴 소설가이며 이탈리아의 기호론자, 볼로냐 대학교수인 움베르토 에코의 기호론 연구서. 기호론의 창시자인 소쉬르와 기호학(Semiology)의 창시자 퍼스(Charles Sanders Peirce)의 기호론 연구의 종합 작업을 중심으로 다양한 기호론에 관한 업적을 체계화했다. 연역, 귀납, 업덕션 등에 대해서도 논한다.
● 〈셜록 홈즈의 기호론-C.S. 퍼스와 홈즈의 비교연구〉, 토마스 시비오크 & 진 유미커 시비오크 지음, 도미야마 다카오 옮김, 이와나미쇼텐, 1981
Sherlock Holmes and Charles S. Peirce: You know my Method, Thomas A. Sebeok & Jean Umiker-Sebeok, Paidos Iberica Ediciones S a; Tra edition, 1984
미국의 기호론 연구자 시비오크 부부가 쓴 퍼스의 추론 연구. 셜록 홈즈의 탐정술은 퍼스의 사고법과 동일했다고 추론한 연구서.

〈기업 디자인, 디자인 매니지먼트〉

● 곤노 노보루 〈디자인 매니지먼트〉, 일본공업신문사, 1992

● 곤노 노보루 〈지식 디자인 기업〉, 일본경제신문출판사, 2008

〈아트 컴퍼니〉 유주현 옮김, 이콘, 2010

● 〈소셜 이노베이션 디자인-일본디자인의 도전〉, 곤노 노보루 엮음, 일본경제신문출판사, 2007

● 〈초감성경영-소니 전설의 스트라티지스트가 받은 디자인 매니지먼트 메소드: 25〉, 와타나베 히데오 〈超感性経営〉 편집위원회 러틀즈(rutles, ラトルズ), 2009

소니의 디자인 황금기를 구축한 와타나베 히데오씨의 추도 출판. 필자 포함 주변의 지인·우인과 조치대학의 강의 노트를 서적으로 편찬한 명서. 디자인 매니지먼트의 궁극적 의미를 다루고 있다.

〈이노베이션〉

● 〈슘페터-기업가 정신·신결합·창조적 파괴란 무엇인가〉, 네이 마사히로 지음, 고단샤, 2001

20세기 초두의 오스트리아 경제학자 슘페터는 불황을 이노베이션(신결합)에 대응하는 경제의 적응 과정으로 생각하고, 유효수요의 부족으로 불황을 이해하는 케인즈설에 저항했다. 또 슘페터의 기업가에 대한 생각, 실망 등도 그려져 있는 명저.

〈지속성·지속가능성〉

● 〈비저너리 컴퍼니 2-비약의 법칙〉, 제임스 C. 콜린스, 야마오카 요이치 옮김, 닛케이 BP사, 2001

Good to Great, James C. Collins, HarperBusiness, 2001

원제는 Good to Great. 비저너리 컴퍼니의 저자 짐 콜린스는 지속적으로 성장을 계속한 기업(대부분은 일반적인 기업)의 경영자가 어떤 자질을 지녔는가를 표현했다.

● 〈스몰 이즈 프로피터블- 분산형 에너지가 낳는 새로운 이익〉, 에이머리 B. 로빈스 지음, 산토 야스시 역, 에너지절약센터, 2005년

Small is Profitable, Amory B. Lovins, Earthscan, 2002

〈서비스 경제〉

● 〈도해 세븐일레븐식 서비스 이노베이션의 조건〉, 우스이 마코토 지음, 닛케이 PB사, 2009

● 〈글로벌 제조업의 미래〉, 카즈 그리즈닉 & 콘래드 윙클러 & 제프리 로드페더 지음, 부즈앤컴퍼니 옮김, 일본경제신문출판사, 2009

Make or break: how manufacturers can leap from decline to revitalization, kaj Grichnik & Conrad Winkler & Jeffrey Rothfeder, McGraw-Hill Professional, 2008

〈비즈니스 모델〉

● 〈오픈 비즈니스 모델-지식재산 경쟁시대의 이노베이션〉, 헨리 체스브로 지음, 구리하라 기요시 옮김, 쇼에이샤, 2007

〈오픈 비즈니스 모델〉, 서진영 등 옮김, 플래닛, 2009

Open Business Models: How to Thrive in the New Innovation Landscape, Henry Chesbrough, Harvard Business Press, 2006

● Business Model Generation: A Hnadbook for Visinaries, Game Changers, and Challengers, A. Osterwalder & Y. Pigneur, Wiley, 2010
〈비즈니스 모델의 탄생〉, 유효상 옮김, 타임비즈, 2011
신세대 비즈니스 모델에 대한 방식으로 오스터왈더의 틀에 맞춰 세계 각국에서 비즈니스 모델 워크숍을 실천해 왔던, 470명의 실천자가 공동 저작한 독특한 책이다.
● 〈골은 우연의 산물이 아니다〉, 페란 소리아노 지음, 그린 히로미 옮김, 어치브먼트 출판, 2009
La pelota no entra por azar, Ferran Soriano, Santillana, 2009
〈우연히 들어가는 공은 없다〉, 강민채 옮김, 잠, 2010
FC 바르셀로나의 최고책임자인 부회장을 역임했던 저자가 스포츠 비즈니스의 실제 체험을 바탕으로 축구 경영사고, 비즈니스 모델을 말한다. 과거에 이런 부류의 책은 일반적인 경영개념을 스포츠에 끼워 맞추기만 한 것이 많았지만, 이 책은 스포츠 비즈니스만의 시점을 제시하고 있다.
● 〈Suica가 세계를 바꾼다-JR동일본이 가져온 생활혁명〉, 이시바시 아키오 지음, 동경신문출판국, 2008
● NTT DoCoMo Annual Report 2001

〈소셜 이노베이션〉

● 〈미덕의 경영〉, 노나카 이쿠지로 & 곤노 노보루 지음, 정선우 옮김, 에버리치홀딩스, 2009
미덕의 경영이란, '공통선(common good)'의 추구를 궁극의 목적으로 사회공동체의 지를 살려 공진화하는 경영이다. 미덕이란 사회 윤리적 덕, 심미성, 지력이다. 예를 들어 지속성은 이제 기업이 윤리적 의무로 행하는 것이 아니라, 사회를 위한 이노베이션, 지속적 이익을 내는 원천이다.
● 〈무하마드 유누스 자서전〉, 무하마드 유누스 & 앨런 졸리 지음, 하야카와쇼보, 1998
Banker to the poor: micro-lending and the battle against world poverty, Muhammad Yunus & Alan Jolis, PublicAffairs, 2003
〈가난한 사람들을 위한 은행가〉, 정재곤 옮김, 세상사람들의책, 2002

〈질적 연구 방법론〉

● 〈질적 연구 입문〉, 우베 플릭 지음, 오다 히로시, 가스가 쓰네 등 옮김, 쥬샤(春秋社), 2002
An Introduction to Qualitative Research, Uwe Flick, SAGE Publications Ltd, 2009
〈질적 연구 방법〉, 임은미 등 옮김, 한울아카데미, 2009
질적 연구 방법론에 대한 최적의 안내서. '입문' 수준을 넘어선 현장 기반 이론방식, 이야기 분석, 에스노그래피 등에 대한 이론 설명, 연구 방법의 핵심적인 소개가 들어있다. 일본어판만의 해설, 문헌안내, 용어집이 첨부되어 있다.
● 〈현장 작업의 기법〉, 사토 이쿠야 지음, 신요샤, 2002
● 〈데이터 대화형 이론의 발견-조사로부터 어떻게 이론을 만들어낼까〉, B.G. 글레이저 & A.L. 스트라우스 지음, 고토 다카시 등 옮김, 신요사, 1996
The Discobery of Grounded Theory: Strategies for Qualitative research, B.G. Glaser & A.L. Strauss, Aldine Publishing Company, 1967
글레이저와 스트라우스가 제창한 현장 기반 이론방식

이 처음 소개되어 신기원을 만들어 낸 책이다. 기존의 대이론과 달리, 어떻게 현장에서 이론을 만들어내는가에 초점을 맞춘 지적 탐욕을 느낀다. 일본어 번역은 난해하나, 그 후 수많은 변형이 나오는 GTA의 원점이 되는 고전이다.

● 〈워드맵- 현장 기반 이론방식 이론을 낳기까지〉, 사이키 크레이그힐 시게코 지음, 신요샤, 2006

● 〈그린할 교수의 이야기 의료학 강좌〉, 트리샤 그린할, 사이토 세이지 옮김, 미와쇼텐, 2008
Narrative Research in Health and Illness, Trisha greenhalgh, John Wiley and Sons, 2008

〈시나리오 사고〉

● 〈다문화 세계-차이를 배워 공존의 길을 찾는다〉, 헤르트 호프스테드 지음, 이와이 노리코 & 이와이 하치로 옮김, 유히카쿠, 1995
Cultures and Organizations, Software of the Mind: Intercultural Cooperation and its Importance for Survival, Geert Hofstede, McGraw-Hill, 1996
〈세계의 문화와 조직〉, 차재호 옮김, 학지사, 1995

● 〈시나리오 플래닝 기법〉, 피터 슈워츠 지음, 다오모토 가즈오 & 이케다 아키히로 옮김, 도요 경제신보사, 2000
The Art of the Long View: Planning for the Future in an Uncertain World, Peter Schwartz, Currency Doubleday, 1996
〈미래를 읽는 기술〉, 박슬라 옮김, 비즈니스북스, 2004
원제는 The Art of the Long View. 쉘의 시나리오 부문에서 일했다가 후에 GBN을 설립한 P. 슈워츠의 베스트

셀러. 번역으로 읽히는 시나리오 플래닝의 교과서 중 최고의 책이다.

● 〈시나리오에 기초한 설계-소프트웨어 개발 프로젝트 성공의 비결〉, 존 M. 캐롤 지음, 고 간타로 옮김, 교리쓰 출판, 2003
Making Use: Scenario-Based Design of Human-Computer Interactions, John M. Carroll, The MIT Press

● 〈시나리오 플래닝의 기본〉, 제임스 오길비(Jay Ogilvy) & 곤노 노보루 & 노나카 이쿠지로, 〈Think!〉 SPR. No.13, 2005

● 〈파서블리즘 전략론 '분석과 계획'에서 '가설과 실천'으로〉, 곤노 노보루, 〈하버드 비즈니스 리뷰 일본판 2005년 7월호〉

● 〈새로운 '중세'-21세기의 세계 시스템〉, 노나카 아키히코 지음, 일본경제신문사, 1996년

〈장(場)〉

● 〈돈 버는 오피스〉, 곤노 노보루, 일경 BP사, 2008
● "The Concept of 'ba': Building a Foundation for Knowledge Creation", Nonaka, I. and Konno. Califronnia Management Review, 40(3), 1998

저자_**곤노 노보루**

다마대학 대학원 교수 · KIRO(주) 대표. 경영정보학 박사. 1954년 출생. 와세다대학 이공학부 건축학과 졸업하고 광고회사 하쿠호도에 근무하며 글로벌 마케팅, 도시개발사업 등에 참여했다. 호쿠리쿠첨단과학기술대학원 객원 교수를 거쳐 2005년부터 다마대학 대학원에서 지식경영, 시나리오 플래닝 등을 가르치고 있다. 다마대 과학기술리더십연구소 소장을 지냈으며, 교토공예섬유대학 차세대오피스연구센터 특임교수도 겸하고 있다. 디자인경영의 개념을 일본에 소개하였으며, 지식 경영 컨설팅, 차세대 리더십 프로그램 개발, 워크플레이스 개발 등에 관여하며 디자인경영 혁신과 지식 경영(knowledge management) 연구에 힘쓰고 있다. 저서로는 〈다이내믹 지식 자산〉, 〈창조 경영 전략〉, 〈지식 경영 입문〉, 〈디자인 매니지먼트〉 등이 있으며, 지식 경영의 세계적 대가인 노나카 이쿠지로와 공저로 〈미덕의 경영〉, 〈지식창조 방법론〉, 〈지식 경영의 권유〉, 〈지력 경영〉 등이 있다.

역자_**노경아**

한국외국어대학교 일본어학과를 졸업했으며 현재 번역 에이전시 엔터스코리아 출판기획 및 일본어 전문 번역가로 활동 중이다.
역서로는 〈15분이 쓸모 있어지는 카페 전략〉, 〈나는 페이스북 마케터다〉, 〈페이스북, 세계를 정복한 소셜 플랫폼〉, 〈물류&로지스틱스〉, 〈쉽고 간단하게 치료하는 고혈압〉, 〈유능한 신입사원이 되는 84가지 방법〉, 〈자원, 식량, 에너지가 바꾸는 세계〉 등이 있다.

감수_**나건**

· 홍익대학교 IDAS(국제디자인전문대학원) 디자인경영학과 교수
· IDTC(국제디자인트렌드센터) 센터장
· 한국디자인단체총연합회(KFDA) 부회장
· 한국산업디자이너협회(KAID) 부회장
· 한국디자인문화학회 부회장
· 디지털디자인학회 부회장
· 디자인코리아국회포럼 에코특별위원회 위원장
· 지방브랜드세계화추진단 위원
· ADC(아시아디자인센터) 이사
· 2013 순천만국제정원박람회 자문위원
· 기술사검정. 심의위원

생각 정리를 위한

디자인 씽킹

개정판 1쇄 인쇄 2018년 2월 5일
개정판 1쇄 발행 2018년 2월 10일

저　　자 | 곤노 노보루
역　　자 | 노경아
출　　력 | 도담프린팅
인　　쇄 | 도담프린팅

발 행 인 | 손호성
펴 낸 곳 | 생각정리연구소

일 원 화 | 북센

등　　록 | 제 312-2013-000016호
주　　소 | 서울시 종로구 송월길99 경희궁자이 2단지 204동 1402호
전　　화 | 070.7535.2958
팩　　스 | 0505.220.2958
e-mail | argo9@argo9.com
Home page | http://www.argo9.com

ISBN 979-11-5895-117-7 13320

※ 값은 책표지에 표시되어 있습니다.
※〈생각정리연구소〉는〈아르고나인미디어그룹〉의 자회사입니다.